복 있는 사람

오직 여호와의 율법을 즐거워하여 그 율법을 주야로 묵상하는 자로다.
저는 시냇가에 심은 나무가 시절을 좇아 과실을 맺으며 그 잎사귀가 마르지 아니함 같으니
그 행사가 다 형통하리로다. (시편 1:2-3)

오늘날 기독교 신앙의 문제는 하나님으로부터 얻는 유익과 혜택에 대한 관심은 많으나 하나님에 대해서는 너무 모른다는 것이다. 우리는 하나님을 아는 만큼 하나님을 향유한다. 그 구원과 은택을 풍성히 누린다. 이 책은 우리가 섬기는 하나님이 누구신지, 그분이 얼마나 복되고 자비하며 선하신지, 그 모든 성품과 속성을 명쾌하면서도 쉽게 풀어낸다. 이 책을 읽다 보면 그리스도 안에 계시된 하나님의 탁월한 영광과 아름다우심에 우리 마음과 생각이 침잠됨으로써 식었던 신앙의 열기가 되살아난다. 하나님을 더 깊이 알고 더 풍성히 향유하기를 원하는 모든 이들이 읽어야 할 책이다.

박영돈 고려신학대학원 교의학 교수

신앙인임을 자처하면서도 우리는 하나님을 아는 것이 신앙의 요체요 본질이요 전부임을 너무 자주 망각하며 살고 있는 것 같다. 그렇기에 하나님 앎을 강조하는 일은 언제나 귀하고 바람직하게 여겨진다. 한 걸음 더 나아가 하나님 앎을 온당한 방도로 소개하는 일은 더더욱 그러하다. 이 귀한 책자를 통해 우리 신앙의 초점이 그리스도 안에 나타난 하나님께 맞추어지고, 하나님 자신이 최고의 선물이라는 사실을 지속적으로 상기하게 된다면 얼마나 좋겠는가!

송인규 한국교회 탐구센터 소장

그리스도인의 최고의 관심사는 마땅히 하나님을 알아 가는 일이다. 2천 년 교회사를 통해 교회를 위해 하나님의 지식을 알리고자 수고해 온 많은 신실한 종들이 있었다. 마크 존스의 이 책은 특별히 앞선 종들이 신앙 대중에게 주는 선물이다. 하나님의 속성을 글로 전달한다는 것은 난해한 진술이 되기 쉬워서 따라가기가 결코 쉽지 않다. 그런데 이 책은 주제에 관한 교리 해설을 성경 구절을 들어 풀어 주면서 교회의 신앙 표준문서들 그리고 교부들로부터 교회사 속에 빛나는 신학자들의 탁월한 가르침을 덧붙여 제공함으로 이해를 돕는다. 뿐만 아니라 글을 전개하면서 그리스도와 관련한 언급을 빠뜨리지 않는다. 특별히 하나님의 속성에 관한 이해가 단순한 사변에 그치지 않도록 매 주제마다 적용 방향을 제시해 준다. 이것은 성경적으로 하나님을 묵상하는 신학이 신앙의 열매로 나타나야 하는 신학의 본래적 목적을 이 책이 충실히 의식하고 있음을 잘 보여 준다. 참 잘 쓴 글이다. 신앙의 대상이며 목적이고 또한 신앙 자체를 주시는 하나님을 아는 일에 참된 행복과 위로를 찾는 그리스도인 모두에게 꼭 알맞은 책이다. 소그룹 모임을 통해 교인들과 함께 읽으면 더없이 좋을 것이다. 속 빈 강정같이 신앙의 모양은 가졌으나 속을 채우지 못한 결함을, 이 책은 상당히 채워 주는 커다란 유익을 틀림없이 줄 것이다.

김병훈 합동신학대학원대학교 조직신학 교수

오늘 우리가 사는 조국 땅에는 실천과 삶의 적용이라는 주제가 주된 관심사로 강조되고 있는 데 반하여, 이 책은 하나님의 본질과 속성이라는 주제에 집중하여 우리로 묵상하고 사유할 수 있게 해준다. 하나님을 아는 지식은 우리를 단순히 지식적 동의나 학문적 만족에 머물게 하지 않고, 하나님을 경배하며 넘치도록 그분을 즐거워하는 자리로까지 이끌고 간다. 우리의 크신 하나님과 아름답기 그지없는 그분의 성품을 그리스도 중심적으로 다루는 이 책은 우리의 영혼에 헤아릴 수 없는 풍요로움과 함께 일상의 경건 생활에도 큰 진보를 준다. 시간을 가지고 묵상하면서 천천히 읽으면 오늘 조국 교회가 간절히 원하는 삶의 변화와 실천이 있는 성도가 되게 도울 것이므로 모든 성도들이 즐겨 읽기를 적극 추천한다.

화종부 남서울교회 담임목사

이 책은 신학적인 사전 지식 없는 성도들도 하나님의 속성을 쉽게 이해할 수 있도록 탁월하게 쓰였다. 하나님은 누구신가? 이 물음의 답변은 그리스도 안에 있다고 존스는 강변한다. 어떠한 사람의 시선과 발걸음으로도 접근할 수 없는 빛 가운데 거하시는 하나님을 인간은 오직 그리스도 안에서만 보고 다가갈 수 있기 때문이다. 이것은 존스가 논하는 주제의 갈피마다 짙게 밴 통찰이다. 하나님을 아는 지식은 우리의 실질적인 삶과 무관하지 않기에 존스는 교리와 적용의 조화도 도모한다. 또한 하나님의 성품이 독자의 의식에 잔잔히 스며들 수 있도록 존스의 어법은 친절하고 필체는 간결하다. 하나님의 성품으로 우리의 영혼을 물들이고 싶은 모든 성도에게 추천한다.

한병수 전주대학교 교목

"신은 죽었다"라고 니체가 말했을 때, 그는 과연 기독교 신앙을 한 번에 무너뜨릴 수 있는 표현을 발견한 것이었다. 그런데 니체는 죽었지만 기독교는 무너지지 않았다. 그 이유는 지금도 살아서 말씀하시고 역사하시는 하나님을 수많은 사람들이 생생하게 경험하고 있기 때문이다. 이 책은 하나님이 어떤 분이신지를 매우 성경적인 동시에 풍부한 적용과 함께 진술한 탁월한 작품이다. 아우구스티누스-아퀴나스-개혁신학으로 이어지는 전통적 유신론은 현대에 와서 과정신학과 범재신론에 의해 크게 도전받고 있는 중이다. 하지만 이 책은 전통적 유신론이 성경적으로 건실할 뿐 아니라 논리적으로도 타당하며 신자의 삶을 위해 가장 뛰어난 길을 제시한다는 사실을 설득력 있게 보여 준다. 특별히 각 장章의 주제가 예수 그리스도와 어떻게 연결되는지 설명한 것은 백미白眉다. 신학神學은 삼위 하나님에 대해 계시적 근거를 가지고 논하는 작업이다. 그런 점에서 이 책은 위대한 신神학을 담고 있다. 책을 읽으면서 가슴 뛰는 감동을 느끼는 곳이 적잖았는데, 그런 감동을 느낄 독자들이 많을 것을 상상하노라면 또다시 가슴이 벅차오른다.

우병훈 고신대학교 신학과 교수

하나님의 속성을 다룬다는 것은 육중한 신학적 기계 장치로 신의 계시를 깊이 굴착해 들어가는 대규모 채굴 작업과 비슷하다. 마크 존스는 하나님의 완전이라는 다이아몬드를 캐내어 다듬고 윤을 낸 뒤 우리에게 건네주어, 우리 영혼을 헤아릴 수 없을 만큼 풍요롭게 해준다. 이 책을 연구하라. 가족과 함께 이 책을 읽으라. 소그룹에서 토론하라. 교회 성경공부 모임에서 이 책을 가르치라. 그리고 이웃에게도 권하라. 이 책은 실로 보석이다!

조엘 비키 퓨리턴 개혁 신학교 총장

J. I. 패커 J. I. Packer의 『하나님을 아는 지식』의 전통을 좇아 집필한 마크 존스의 이 책은 우리의 크신 하나님과 아름답기 그지없는 그분의 성품에 관한 지극히 유익하고도 꼭 필요한 입문서다. 개인 경건 시간이나 그룹 스터디용 교재로 강력 추천한다.

마이클 A. G. 헤이킨 서던 뱁티스트 신학교 교회사/성경적 영성 교수

마크 존스는 이 책을 통해 교회에 진짜 선물을 주었다. 그의 방법론은 신학과 적용이 병행한다는 지혜로운 확신뿐만 아니라, 하나님을 알기 위해서는 그리스도 안에 가장 풍성하게 주어진 하나님의 자기 계시를 주시해야 한다는 흔들림 없는 믿음에 지배되고 있다. 이러한 관점에서 그는 학자들을 위해서가 아니라 하나님의 경이로움에 대해 생각해 보고자 하는 신실한 신자를 위해 하나님의 속성을 쉽게 이해할 수 있도록 한 이 책을 선보인다.

켈리 M. 캐픽 커버넌트 칼리지 신학 교수

어떤 텍스트에서든 '실천적' 결론을 찾아내는 데만 몰두하는 일부 복음주의 진영의 현실을 고려할 때, 거기 계신 하나님의 본질과 속성을 그저 묵상하고 숙고할 수 있게 해주는 책이 나오니 속이 후련하다. 우리가 고백한 신앙의 중심이시며 실체이신 그분을 두고 복음주의가 이렇게 혼동을 일으키거나 의견이 갈린 적은 일찍이 없었다. 따라서 신자라면 누구나 복음을 통해 우리를 구원하신 하나님에 대해 계시된 내용을 차분히 앉아 검토하고 경배해야 할 필요성이 그 어느 때보다 크다.

리엄 골리어 제10장로교회 담임목사, 『예수 복음』 저자

이 시대의 그리스도 중심적 설교에는 기이하게도 하나님이 없는 경우가 상당수다. 하나님의 이 부재不在는 신학적 결손뿐만 아니라 그리스도와 복음에 대한 개념에서 정점이 잘려 나갔음을 반영한다. 그러므로 하나님의 속성을 경건히 묵상하게 해주는 마크 존스의 이 안내서는 목회자와 성도 모두의 서재에 큰 기여를 하는 반가운 책이다. 이 책은 성경이 계시하고 교회가 고백한 대로 우리 성삼위 하나님의 완전함을 믿음직하게 펼쳐 보이며, 예수 그리스도의 얼굴에서 반짝이는 하나님의 완전함의 다양한 빛을 추적하고 있다.

스코트 R. 스웨인 리폼드 신학교 제임스 우드로 허셀 석좌교수 겸 조직신학 교수

역사적 개혁주의 신학의 그리스도 중심적 특성은 현대 학자들의 글에 잘 정리되어 있지만, 내가 알기로 마크 존스는 평범한 언어로 신의 속성을 그리스도 중심적으로 철저하고도 분명하게 설명하며 신자의 일상 경건 생활에 어울리게 이 신학을 목회적으로 적용할 줄 아는 우리 시대 유일의 개혁파 교의학자다. 우리 시대의 책 중 패커의 『하나님을 아는 지식』과 마크 존스 자신의 저서 『그리스도를 아는 지식』의 속편이라 할 만한 것이 있다면 바로 이 책이다.

샤오 카이 쳉 저장 대학교 철학과 연구교수, 『칼 바르트의 후택설 신학』 저자, 『19세기 기독교 사상 옥스퍼드 핸드북』 기고자

마크 존스는 교리 부문에서 교회 전반을 위해 특별히 신뢰가 가는 목회적 안내자임을 계속 입증하고 있다. 위대한 청교도 전통의 정신을 지니고 그 전통에 속한 글들을 아주 솜씨 있게 인용하는 존스는 깊이와 경건, 정확성과 열정을 다시 한 번 융합해 보이면서 '참된 신학은 송영을 위한 신학'이라는 패커의 명언을 계속 증명한다. 천천히, 묵상하면서, 기도와 함께, 그리고 다른 이들과 더불어 이 책을 읽으라. 그리고 하나님에 대한 생각이 널리 확장되고 다시 활기를 얻고 따뜻해지지 않았는지 확인해 보라. 앞으로 내가 다른 이들에게 추천하고, 나눠 주고, 나 자신 또한 몇 년간 되풀이하여 읽을 책이다.

라이언 켈리 데저트 스프링 교회 설교 목사, The Gospel Coalition 자문위원

하나님을 아는 지식

God Is _Mark Jones

God
Is

하나님을 아는 지식

마크 존스 지음 · 오현미 옮김

복 있는 사람

하나님을 아는 지식

2018년 3월 20일 초판 1쇄 발행
2022년 12월 12일 초판 2쇄 발행

지은이 마크 존스
옮긴이 오현미
펴낸이 박종현

(주) 복 있는 사람
주소 서울특별시 마포구 연남동 246-21(성미산로23길 26-6)
전화 02-723-7183, 7734(영업·마케팅)
팩스 02-723-7184
이메일 hismessage@naver.com
등록 1998년 1월 19일 제1-2280호

ISBN 978-89-6360-244-8 03230

이 도서의 국립중앙도서관 출판예정도서목록(CIP)은
서지정보유통지원시스템 홈페이지(http://seoji.nl.go.kr)와 국가자료공동목록시스템
(http://www.nl.go.kr/kolisnet)에서 이용하실 수 있습니다. (CIP 제어번호: 2018006962)

God Is
by Mark Jones

Copyright © 2017 by Mark Jones
Originally published in English as
God Is: A Devotional Guide to the Attributes of God
by Crossway, a publishing ministry of Good News Publishers
1300 Crescent Street, Wheaton, Illinois 60187, U.S.A.
All rights reserved.

This Korean translation edition © 2018 by The Blessed People Publishing Co.,
Seoul, Republic of Korea.
This Korean edition is published by arrangement of Crossway
through rMaeng2, Seoul, Republic of Korea.

이 한국어판의 저작권은 알맹2 에이전시를 통하여 Crossway와 독점 계약한 (주) 복 있는 사람에 있습니다.
신저작권법에 의하여 한국 내에서 보호받는 저작물이므로 무단 전재와 무단 복제를 금합니다.

사랑하는 부모님, 케빈 존스와 패트리샤 존스께
사랑하는 형제들, 대런 존스와 라라 존스에게

교의학은 각 부문과 하위 부문에서, 그 모든 질문과 답변과 더불어, 성경/역사 관련 그 모든 주장과 더불어, 그리고 형식과 자료 측면에서 고려하고 검토하고 요약해야 할 전 영역과 더불어, 대체로, 전반적으로나 부분적으로, 다른 말은 하지 않고 오로지 하나님이 어떤 분이신지만을 이야기한다. _칼 바르트 『교회 교의학』

하나님을 모르는 자들은 얼마나 어리석은가! 눈앞에서 선한 일들을 그렇게 많이 보면서도, 하나님이 누구신지는 알지 못하도다. _아우구스티누스 『고백록』

그리스도 안에서 우리는……우리의 구속과 구원이 유효하게 성취되는 데 작용하는 하나님의 지혜, 선하심, 사랑, 은혜, 자비, 능력을 본다. 이는 신적 탁월함 그 고유의 사랑스러움을 볼 수 있는, 말로 다할 수 없는 영광을 준다. _존 오웬 『그리스도의 영광』

차례

한국어판 서문   014
서문   016
감사의 말   019
들어가는 말   021

01} 하나님은 삼위일체시다   030
02} 하나님은 단순하시다   042
03} 하나님은 영이시다   052
04} 하나님은 무한하시다   061
05} 하나님은 영원하시다   072
06} 하나님은 불변하시다   082
07} 하나님은 독립적이시다   090
08} 하나님은 편재하신다   098
09} 하나님은 전지하시다   107
10} 하나님은 전능하시다   119
11} 하나님은 야훼이시다   126
12} 하나님은 복되시다   133
13} 하나님은 영화로우시다   141

14 } 하나님은 엄위하시다   148
15 } 하나님은 주권자시다   159
16 } 하나님은 사랑이시다   171
17 } 하나님은 선하시다   182
18 } 하나님은 오래 참으신다   192
19 } 하나님은 자비로우시다   200
20 } 하나님은 지혜로우시다   211
21 } 하나님은 거룩하시다   218
22 } 하나님은 신실하시다   228
23 } 하나님은 은혜로우시다   237
24 } 하나님은 공의로우시다   246
25 } 하나님은 진노하신다   257
26 } 하나님은 신인동형론적이시다   267

맺는말   280
주   285
찾아보기   299

한국어판 서문

세상에서 가장 중요한 질문은 "어떻게 하면 하나님을 알 수 있는가?"가 아닙니다. 하나님의 말씀에 따르면, 위의 질문 대신 우리는 이렇게 물어야 합니다. "예수 그리스도를 통해 하나님을 얼마나 많이 알고 있는가?" 하나님을 아는 지식은 주로 하나님의 독생자 예수 그리스도를 통해서 옵니다. 이는 특히 하나님의 속성에 해당되는 사실입니다. 하나님의 아들은 하나님의 영광의 광채시요 그 본체의 형상이십니다. 하나님께서 그리스도를 통해 자기를 계시하시지 않았다면 우리는 하나님을 알 수 없었을 것입니다.

그런 이유로 한국어판 『하나님을 아는 지식』 God Is: A Devotional Guide to the Attributes of God 의 서문을 쓸 수 있게 된 것을 특별히 더 기쁘게 생각합니다. 바라기는, 한국에서 이 책을 읽는 분들이 하나님의 속성을 더 많이 알고 더 사랑하되 예수께 초점을 맞추어 그렇게 할 수 있었으면 합니다. 이 책에서 내가 목표로 한 것은 독자들을 하나님과 그리스도께로 인도하는 것입니다.요 17:3

신론 the doctrine of God 은 그리스도인으로 살아가는 삶을 위해서도 쓸

모가 있습니다. 그래서 나는 이 책 각 장에서 하나님의 속성 및 그 속성이 그리스도와 어떻게 연관되는가 하는 것뿐만 아니라 각 속성이 그리스도인으로서의 우리 삶에 어떤 관계가 있는지도 강조했습니다. 신학을 바르게 하면, 즉 성령의 능력으로 그리스도를 통해 하나님의 영광을 보는 관점을 가지고 신학을 하면, 신학이 실로 얼마나 실용적일 수 있는지 독자들이 이 책을 통해 알 수 있게 되기를 기도합니다.

우리의 크신 하나님, 곧 그 존재는 물론 우리가 받은 큰 구원의 역사 가운데 우리를 위해 하신 일로 인해 영원히 찬양과 경배 받으실 분에 대해 우리 모든 이들이 다 알 수 있게 되기를 간절히 바랍니다.

캐나다 밴쿠버에서,
마크 존스

서문

주님보다 더 큰 존재는 상상할 수 없으니 우리는 주님을 그런 분으로 믿습니다. _안셀무스『프로스로기온』

누구든 하나님을 보고 나서 자신이 무엇을 봤는지 깨닫는 자는 아무것도 보지 못한 것이다. _고백자 막시무스『디오니시우스의 서신』

하나님의 엄위는 너무 높아 인간은 오를 수 없나니, 인간은 벌레처럼 땅 위를 기어 다닌다. _장 칼뱅『기독교 강요』

참되며 살아 계신 하나님은 우리에게는 너무 엄청난 분이라 우리가 감당할 수도, 논할 수도, 상상할 수도, 찬미할 수도, 알 수도, 믿고 의지할 수도, 깨달을 수도, 경배할 수도 없다. 우리가 이해할 수 없는 분이신 하나님은 어느 모로 따져 봐도 우리에게는 그저 너무 크신 분이다.

    하지만 성자께서 육신이 되신 덕분에 우리 인간의 그런 본성이 하나님 보시기에 사랑스럽게 보인다. 또한 성자께서는 하나님이 우리 눈에 인자하게 보이게도 하신다.¹ 그리스도, 곧 신인(神人)이신 그분을 제거해 보라. 그러면 우리는 하나님께 괘씸한 존재이고 하나님 또한 우리에게 비난받을 분이 된다. 그러나 그리스도 안에서 하나님은 우리를 기뻐하시고 우리는 하나님을 기뻐한다.

　우리는 그리스도를 통해 하나님을 보며, 그리스도는 하나님의 속성이 우리에게 더욱 기쁨이 되게 하신다. 그래서 토머스 왓슨은 이렇게 말한다.

> 그리스도께서는 우리의 육신으로 옷 입으사 신적 본성이 우리에게 더욱 기쁨이 될 수 있게 하셨다. 인성은 일종의 유리로, 이를 통해 우리는 하나님의 사랑과 지혜와 영광이 우리에게 뚜렷이 나타나는 것을 볼 수 있다. 그리스도의 인성이라는 등불을 통해 우리는 신성의 빛을 볼 수 있다. 성육신하신 그리스도 덕분에 우리가 신성의 빛을 보는 게 무서운 일이 아니라 즐거운 일이 된다.²

우리가 하나님을 기뻐하기를 얼마나 바라셨던지 하나님께서는 자기 아들을 세상에 보내사 모든 면에서 우리와 똑같되 죄는 없게 하셨다. 바라기는, 이 책이 독자 여러분들을 도와 그 목표에 이르게 하기를, 즉 그리스도 안에서 하나님을 넘칠 만큼 즐거워하게 되기를 바란다. 그보다 더 중요한 것으로 나는 여러분들이 그리스도 안에서 하나님을 경배하게 되기를 간절히 바란다. 어떤 책이든 하나님을 주제로 한 책이라면 독자들이 그렇게 되는 게 목표일 것이다. 이는 단지 개인 예배의 자리를 말하는 게 아니라 하나님을 아는 우리의 지식이 더 선명해지고 더 훌륭해지며 더 풍성해지는 공동예배의 자리를 뜻한다. 그 결과, 공동예배 때 우리는 하나님을 더 잘 예배하기 위해 하나님을 더 잘 알게 될 것이다.

조나단 에드워즈는 27세 때 한 설교에서 "구속救贖받은 사람들은 하나님 안에서 모든 실재적 선善을 소유한다"고 말했는데, 왜냐하면

> 하나님 자체가 이들이 구속받음으로써 소유하고 누리게 되는 큰 선이기 때문이다. 하나님은 최고선 highest good 이시요, 그리스도께서 값 주고 사신 모든 선한 것의 총합이시다. 하나님은 성도의 기업基業이시며, 하나님은 성도의 영혼의 분깃이시다. 하나님은 성도의 부와 보화이시고, 성도의 양식, 성도의 생명, 성도의 거처, 성도의 훈장과 왕관, 성도의 영원한 명예와 영광이시다. 성도는 천국에서 다른 무엇도 아닌 오직 하나님만 소유한다. 하나님은 구속받은 자가 죽을 때 받는, 그리고 세상 끝 날 부활하여 받는 큰 선이시다."[3]

우리는 오직 그리스도 안에서만 하나님을 우리의 최고선으로, "그리스도께서 값 주고 사신 모든 선한 것의 총합"으로 소유하게 될 것이다. 우리는 오직 그리스도 안에서, 그리고 그리스도를 통해서만 하나님을 볼 것이고 하나님을 알게 될 것이다. 우리는 하나님에게서 상급을 받되 오직 그 아들로부터만 받을 것이다.

하나님이 그리스도의 성령의 권능을 통해 자기 아들 주 예수 그리스도 안에서 실로 여러분에게 "큰 선"이요 "최고선"이 되신다는 사실을 알고,룸 8:9 그 "큰 선", 그 "최고선"에 관한 이 책을 읽어 나가라.

감사의 말

원고 작성에 도움을 주신 밥 매켈비, 스티브 팁튼, 돌프 테 벨드, 조너선 톰스, 데이비드 칸스, 게리 반더빈에게 감사드린다.

피터 에스칼런트, 데릭 리쉬머위, 마크 가르시아, 마이클 린치, 리처드 멀러, G. A. 반 덴 브린크와의 대화도 신론과 관계된 다양한 이슈들을 통찰하는 데 도움이 되었다.

저스틴 테일러는 크로스웨이 출판사에서 책을 내보면 어떻겠느냐고 말해 주었다. 하나님에 관한 책이 필요하다고 생각해 주어 감사하다. 크로스웨이 출판사와 함께 일하면서 즐거웠다. 데이비드 바싱어의 편집은 언제나 훌륭하다. 다른 많은 분들 또한 열심히 일해 주셔서 이 책이 세상에 나올 수 있었다.

늘 그랬던 것처럼 페이스 밴쿠버 장로교회의 우리 교인들에게도 감사드린다. 교인들의 격려 및 하나님 나라가 확장되는 것을 보고자 하는 소망은 이 책이 만들어지는 과정 내내 나에게 큰 도움이 되었다.

내 아내 바바라, 그리고 우리 아이들 케이티, 조쉬, 토머스, 매튜 모두 특별상을 받아야 한다. 내가 원고를 쓰는 일에만 몰두할 때가 많앉는데 그런 나를 모두들 인내해 주었다.

    마지막으로 성삼위 하나님께 기도드린다. 내가 이 책에서 오류가 아니라 진리를 진작시켰기를. 그 일을 해낸 만큼, 내가 사랑하고 섬기는 내 하나님께 모든 영광과 찬양을 드린다.

들어가는 말

여호와께서 이와 같이 말씀하시되 지혜로운 자는 그의 지혜를 자랑하지 말라. 용사는 그의 용맹을 자랑하지 말라. 부자는 그의 부함을 자랑하지 말라. 자랑하는 자는 이것으로 자랑할지니 곧 명철하여 나를 아는 것과 나 여호와는 사랑과 정의와 공의를 땅에 행하는 자인 줄 깨닫는 것이라. 나는 이 일을 기뻐하노라. 여호와의 말씀이니라. _렘 9:23-24

그러므로 우리가 여호와를 알자. 힘써 여호와를 알자. _호 6:3

하나님을 알기

우리는 하나님에 관해 무슨 말을 할 수 있을까? 우리는 하나님에 관해 무엇을 말해야 할까? 이 두 질문은 서로 연관되어 있기는 하지만 똑같은 질문은 아니다. 성경, 곧 하나님께서 자기 자신에 관해 하신 말씀도 하나님에 관해 말할 수 있는 것을 다 말해 주지는 않는다. 실로 유한한(한계가 있는) 피조물로서 우리는 천국에서 완벽히 영원한 상태에 있게 될 때에도 우리의 무한하신(한계가 없으신) 하나님에 대해 결코 모든 것을 다 말할 수 있게 되지는 못할 것이다. 우리는 하나님을 그 자체로 공부하는 게 아니라 그분의 말씀에 계시된 대로 공부할 뿐이다. 제임스 헨리 손웰은 다음과 같이 말한다.

> 하나님은 알려지기도 하는 동시에 알려지지 않기도 하신다. 절대적이고 무한한 분으로서 초월적으로 존재하시는 하나님은 신앙의 필연적 대상이기는 하지만 생각의 대상이실 수는 없다. 우리는 하나님을 이해하기 쉽게 서술하지도 못하고, 하나님을 하나님의 모습 그대로 생각하지도 못한다. 하지만 하나님께서는 유한한 것 안에서, 그리고 유한한 것을 통해, 우리가 이해하지 못하는 자신의 무한한 실재를 현시顯示하시며, 이는 사변思辨의 요구를 충족시키지는 못하지만 신앙의 모든 목표를 이루기에는 충분히 적절하다.[1]

오늘날 우리를 위해 하나님의 말씀에 이 '현시' 내용이 요약되어 있으며, 이는 우리가 하나님에 대해 무엇을 말해야 하는지를 지시한다. 우리는 하나님께서 자기 자신에 관해 말씀하신 것만 확언해야 한다. 이생에서는 성경이 하나님에 관해 말해 주는 것을 다 이해하지 못할 수도 있지만, 하나님에 관해 할 수 있는 한까지 믿고 전하는 것을 우리의 목표로 삼아야 한다. 우리는 힘써 여호와를 알아야 한다.호 6:3 이는 힘들지만 보람 있는 일이다.히 11:6 지식 없는 예배는 우상 숭배다.

모든 참된 신학은 하나님에 의해 좌우된다. 우리의 신학은 하나님을 원리로 해서 그 위에 건축된다. 인격적이고 자비로운 하나님으로서 그분은 우리에게 아낌없이 자신을 계시하신다. 신학의 다른 모든 논제(예를 들어 인간·구원·그리스도 등)는 신론으로 지탱된다. 그래서 신학은 늘 어느 정도는 하나님을 연구하는 일이다.

신론은 힘든 시기를 겪고 있다. 많은 이들이 하나님보다는 개인 구원에 훨씬 더 관심이 많다. 결혼을 주제로 한 책들은 차고 넘치지만 신론에 관한 책은 드물다. 이는 유감스러운 일이다. 하나님이 어떤 분이신지 제대로 알지 못하는 한 이생에서 그 어떤 일도 우리에게 사실상 의미가 있을 수 없기 때문이다.

하나님을 알려면 우리의 온 마음과 목숨과 힘과 뜻을 다하여 주 우리 하나님을 사랑해야 한다.눅 10:27 하나님을 아는 지식은 하나님을 단순히 인지적으로 알거나 학문적으로 아는 데 그칠 수 없다. 이 책은 독자 여러분들이 뜻을 다해, 그리고 큰 힘을 다해 하나님을 사랑하도록 도와서, 여러분들이 정결한 마음으로마 5:8, 딤전 1:5 "내가 하나님을 안다"고 말할 수 있게 되는 것을 목표로 한다. 영생이란 하나님을 아는 것이다.요 17:3 찰스 스펄전은 하나님의 불변성에 관한 설교에서 이렇게 말했다.

> 영혼의 폭을 넓히는 데 가장 탁월한 공부는 그리스도학the science of Christ 십자가에 달린 그리스도, 그리고 영화로운 성삼위로 계신 하나님에 관해 아는 지식이다. 지성을 확대시켜 주고, 인간 영혼 전체를 확대시켜 주는 것으로 하나님the Deity이라는 대주제를 경건하고 진지하게 계속 연구하는 일만 한 것은 없을 것이다.[2]

영혼의 폭이 넓어지기를 원하는가? 스펄전의 말에 귀 기울이라. 그는 그런 확장에 관해 확실히 뭔가를 알고 있다. 먼저 주목할 것은, 사람을 영적으로 건강하게 해주는 방식으로서 스펄전이 그리스도학을 하나님에 관한 지식과 올바로 연결시키고 있다는 점이다. 하나님의 계시는 그리스도를 보여 주고, 다음에는 하나님을 나타내 보여 준다. 하나님은 자기 아들을 영화롭게 하기 위해 만물을 창조하셨고골 1:16 아들은 아버지를 계시하려고 오신다.마 11:25-27, 요 17:5-6, 26 우리는 성령으로써 이 초자연적 계시의 세상으로 들어가, 영생이신 그리스도를 통해 우리가 하나님을 안다고 기쁘게 선언할 수 있다.

그리스도는 모든 진리의 성결한 보고寶庫로 존재하신다. 그리스도께서는 하나님의 계시의 총합이자 중심으로 자기 자신을 나타내신다. 그리스도께서는 교회를 위한 자신의 구원 사역에 기초를 두고 중보하실 뿐만 아니라 하나님과 타락한 인류 사이를 소통시켜 주심을 통해서도 중보하신다. 지상에서 그리스도의 큰 목표는 성부 하나님을 계시하는 것이었다.마 13:35, 요 1:18 사실 그리스도에게는 우리에게 하나님을 아는 지식을 줄 수 있는 독특한 능력과 역량이 있었다.잠 8:22, 요 1:3-4; 3:13, 히 1:2 그리스도께서는 지식과 은혜와 관련해 성부에게서 받은 것을 값없이 자기 신부에게 선물로 주신다. 그리스도는 우리가 무지 상태에 있기를 바라지 않으신다. 그리스도는 하나님 알기를 기뻐하시며, 우리에게도 동일한 기쁨이 있기를 원하신다.

이 책의 목표

많은 위대한 신학자들이 하나님을 주제로 광범위하게 글을 써 왔다. 아우구스티누스, 안셀무스, 아벨라르, 아퀴나스 같은 '국가 대표

급 팀'A Team을 생각할 때면 엄위하신 하나님에 관해 장엄하게 글을 쓰는 사람들 모습이 떠오른다. 이들을 뒤따라 많은 이들이 하나님의 속성을 주제로 글을 썼다. 내가 알기로, 유능하고 견실한 정통 신학자들이 하나님의 속성을 주제로 쓴 글은 수백여 편에 달한다. 초대교회에서부터 시작해 현재에 이르기까지 우리는 하나님을 주제로 한 여러 탁월한 논문들뿐만 아니라 하나님에 관한 기억에 남을 만한 금언들을 선물로 받았다. 교회사 연대기에 확고히 자리 잡게 된 그런 금언들 중, 예를 들어 안셀무스는 이렇게 말했다. "주님보다 더 큰 존재는 상상할 수 없으니, 우리는 주님을 그런 분으로 믿습니다."[3]

하지만 신론을 다루는 이런 글들은 대부분 교의학이나 조직신학 부문의 좀 더 광범위한 저작들 가운데서 발견된다. 하나님의 속성에 관한 최고의 해설은 대개 라틴어나 옛날 영어를 쓰는 사람들의 펜 끝에서 나온 탓에 현대인들은 읽기가 매우 어려울 때가 있다.

더 나아가, 청교도 스티븐 차녹의 유명한 대작 『하나님의 존재와 속성』The Existence and Attributes of God 같은 책을 읽으려면 엄청난 시간과 노력이 요구되는데, 평범한 신자들은 여간해서 그런 역량을 갖추기 힘들다. 신학적 통찰 면에서나 목회적 성찰 면에서 여전히 찬란한 역작으로 남아 있지만, 진솔한 마음으로 하나님을 더 잘 알기를 바라는 대다수 사람들은 결코 차녹의 이 책을 처음부터 끝까지 완독해 내지 못할 것이다.

그래서 나는 하나님의 속성을 다루되 (바라기는) 가능한 한 짧고 단순해서 독자들이 첫 장부터 마지막 장까지 읽을 수 있는 책을 제공하려는 것을 목표로 삼았다. 몇 가지 예외가 있기는 하지만 나는 라틴어, 헬라어, 히브리어 단어나 인용문은 피하면서 신론을 단순하게 제시하려고 애를 썼다(언어유희가 등장하는 것은 관대히 봐 주기를 바란다. 읽을 때는 이해가 안 되어도 책을 다 읽을 무렵에는 의미를 깨달을 수 있을 것이다).

오늘날, 초대교회가 우리에게 전해 준 정통 교리를 지속하는 방식으로 신론의 다양한 측면을 옹호하는 신학자들이 있다. 예를 들어 폴 헴,Paul Helm 제임스 돌절,James Dolezal 토머스 웨이넌디,Thomas Weinandy 스티븐 더비Stephen Duby 같은 사람들은 하나님의 속성에 관해 아주 훌륭한 자료들을 써 내지만, 이는 평범한 일반 성도들이 읽기에는 쉽지 않은 책들이다. 이들의 수고가 아주 많이 감사하기는 해도, 이들의 책은 신론 독서 경험이 별로 없는 일반 신자에게는 좀 부담스럽다. 평범한 신자가 신론에 쉬이 접근할 수 있게 만드는 것만큼 어려운 일도 없을 것이기에, 능력 있고 시간 있고 마음의 소원이 있는 사람이라면 교회에게 기독교 신앙의 심오한 진리를 간략하고 명쾌하게 늘 가르치는 일을 목표로 삼아야 한다(칼뱅처럼). 이 책에서 나는 바로 그 일을 시도했다.

또한 내 목표는, 하나님의 속성을 다루는 글에서 흔히 보는 것과는 뭔가 좀 다른 작업을 해보는 것이다. 하나님의 속성을 다루는 책이라 해도 그리스도인의 삶에서 그 속성이 어떻게 실제적으로 적용되는지에 대해 모두 다 관심을 보이지는 않는다. 신론을 실천적으로 다룬 가장 유명한 예는, 아마 여전히 패커의 기념비적 저작 『하나님을 아는 지식』Knowing God 일 것이다. 패커의 책이 많은 사람들에게 그토록 깊이 영향을 끼친 것은, 신학을 우리가 다가가기 쉽게 만들 뿐만 아니라 확연히 적용 가능하게 만들기 때문이다. 이 책에서 나도 거기에 주

안점을 두었다. 따라서 이 책에서 하나님과 하나님의 속성을 공부하면서 독자들이 그리스도인의 삶에서 실제적 의미가 있는 사실 몇 가지를 발견하게 될 것으로 믿는다. 각 장마다 실제적 적용점 한두 가지를 선별해서(적용점을 총망라하지는 않았다!) 제시했다.

신론을 다루는 이 연구에서 내가 또 한 가지 다른 연구서들과 구별되기를 바라는 점은, 이 책은 그리스도에게 구체적으로 초점을 맞춘다는 사실이다. 그리스도를 따로 떼어 놓을 경우, 하나님의 속성은 여전히 우리에게 아무 의미가 없다. 오직 그리스도 안에서만 우리는 참되고 살아 계신 하나님을 이해할 수 있다. 그리스도께서 영적 어둠과 하나님에 대한 공포에서 우리를 건져 내시어 하나님의 속성을 우리가 보기에 아름답고 다가가기 쉬운 것으로 만들어 주기 때문이다. 그리스도를 제쳐 놓은 이른바 하나님의 초자연적 계시는 거짓이며, 하나님의 속성에 관한 어떤 연구든 하나님의 아들과 연관되어 제시될 때에만 참되다.골 1:16 우리는 그리스도인으로서 예수께 시선을 고정시킨 채 살고 배우되, 죄와 유혹에 맞서 싸울 때뿐만 아니라 성경을 통해 하나님께 다가갈 때에도 그러하다. 그 목표를 위해, 하나님의 속성을 다루는 책의 단 한 장도 그리스도에 대한 언급을 빼먹어서는 안 된다. 하나님의 속성에 대한 적절한 이해는 오직 그리스도에게서만 오기 때문이다.

이 사실과 관련해 청교도 신학자 토머스 굿윈이 중요한 점을 지적한다.

하나님의 모든 속성의 영광스러운 형상이 있으니, 이 형상은 그리스도의 위격에서, 그리스도께서 우리를 위해 이루신 일에서, 그리고 그 일에 의해 우리에게 미친 열매와 유익에서 빛이 난다. 그리스도는 이제 천국에 계시지만, 우리 안에서 이루어지는 자신의 역사 가운데, 우리를 인도해 자신과 교통하게 하신다. 이 모든 일이 하나님 영광의 부요함에 대해 하나의 완전한, 아니 좀 더 완벽한 형상을 이루어 내는데, 이것이 복음의 큰 기쁨이다.[4]

이와 같이 이 연구서는 여러분이 하나님과 그리스도를 볼 수 있게 해주고자 하며, 하나님의 속성이 어떻게 그리스도인으로서의 우리 삶에 영향을 끼치는지 알게 해주고자 한다. 내가 이 작업을 실제로 얼마나 잘 해내느냐에 따라, 그리고 복잡한 신학적 개념을 얼마나 쉽게 풀어내느냐에 따라 나는 그만큼 나 자신을 복된 교사로 여기게 될 것이다. 사람들이 하나님을 더 잘, 더 선명하게, 그리고 좀 더 세련된 방식으로 알고 사랑할 수 있도록 돕는 교사로 말이다. 이 책의 목적은 "영과 진리로" 예배하는 자를 키워 내는 것이며, 하나님께서 찾는 이는 바로 그런 예배자들이다.요 4:24

사실 이 정도 두께의 책으로는 하나님에 관해 모든 것을 다 말하지 못한다. 그리고 하나님의 속성에 대해서는 좀 더 상세히 논할 여지가 있다는 것 또한 부인할 수 없다. 정통 신앙이 복음주의는 물론 좀 더 배타적인 개혁주의 진영 내부에서까지 공격을 당하는 시대인 만큼 나는 하나님의 속성을 두고 벌어지는 논쟁을 침묵시키려는 의도는 추호도 없다. 이 책에서 나는 다른 분들이 다른 책에서 더 상세히 다룬 내용들을 아주 당연한 것으로 받아들인다.

또한 이 책에서 나는 하나님의 속성을 분류하는 패턴에 지나치게 집착하지 않는다. 이는 다분히 의도적인 선택이다. 하나님의 속성이 비공유적 속성과 공유적 속성으로 구별된다는 것은 많은 이들이 익히 알고 있다. 하나님의 속성을 그렇게 구별하는 데도 모종의 가치가 있기는 하지만, 나는 이런 구별을 선호하지 않는다. 하나님의 속성을 분류해야 할 때 나는 절대적 속성과 상대적 속성으로 구별하는 방식을 쓴다. 하지만 이런 성격의 책에서 그런 구별 방식과 이에 대한 논의는 불필요하다.

이런 사전 준비 사항을 염두에 두면서, 이와 더불어 내가 아우구스티누스, 안셀무스, 아퀴나스, 그리고 종교개혁 후의 개혁파 신학자들, 이를테면 스티븐 차녹, 에드워드 리, 존 오웬 같은 사람들에게 확연히 의지하고 있다는 사실을 밝히면서, 여러분들이 하나님을 더 잘 알고 즐거워할 수 있도록 이 책이 도움을 줄 것을 기대한다.

우리의 크신 하나님에 대해 말하는 책들은 우리에게 기쁨과 만족은 물론 하나님에 대한 새로운 인식과 이해를 주어야 한다. 이 책이 그런 역할을 하지 못한다면 옆에 던져 두고 잊어버려도 좋다. 그리스도 예수 우리 주로 말미암아 천국에서 영원히 알고 즐거워하게 될 하나님에 대해 배우고 즐거워하기를 기도하는 바이다. 아멘.

01 } 하나님은 삼위일체시다

주 예수 그리스도의 은혜와 하나님의 사랑과 성령의 교통하심이 너희 무리와 함께 있을지어다. _고후 13:13

교리

하나님의 속성을 논하기 전(하나님이 삼위일체로 계신 것은 기술적으로 하나님의 '속성'이 아니므로) 우리가 유념해 두어야 할 것은, 우리가 하나님에 대해 말할 때 이는 기독교의 하나님, 곧 삼위일체이신 분을 말하는 것이라는 점이다.

그리스도인은 일신론자다. 우리는 참되고 살아 계신 한분 하나님을 믿는다.[신 6:4; 32:39, 사 44:8, 고전 8:6] 그러나 일신론자라고 해서 모두 다 똑같은 하나님을 믿는다는 뜻은 아니다. 하나님에 관해 말할 때 우리는 하나님의 온전한 정체성을 말해야 한다. 그래서 우리는 신성의 '단일성'과 통일성을 증거하는 한편, 신성의 삼위일체적 성격 또한 그에 못지않게 강력히 주장해야 한다.[마 28:19] 하나이신 하나님은 그와 동시에 세 위격으로 계신다. 우리는 나지안주스의 그레고리우스와 마찬가지로 "하나"와 "셋의 광채"를 모두 받아들인다. 그는 다음과 같이 유명한 묵상의 말을 남겼다.

> 한 신적 실체를 알게 되자마자 나는 세 위격의 광채로 조명을 받는다. 그 셋을 구별하자마자 나는 한 신적 실체로 다시 옮겨 온다. 셋 중 어느 하나를 생각할 때 나는 그 하나를 전체라고 생각하며, 따라서 내 눈은 그 신성 전체로 인해 충만해지고, 내가 생각하고 있는 위격에서 더 큰 신성을 생각해 낼 수 없다. 다른 두 위격에게 더 큰 위대함을 돌리기 위해 한 위격의 위대함을 파악할 수는 없다. 세 분을 함께 묵상할 때면 횃불 하나를 보게 되며, 완전한 그 불빛은 나뉘거나 측량될 수 없다.[1]

신성에는 성부·성자·성령, 세 위격가 있다. 성부는 하나님이고, 성자도 하나님이며, 성령도 하나님이다. 하지만 하나님은 한분이시고, 이 한 하나님은 성부·성자·성령이시다. 우리는 이 삼위일체 교리를 부인할 수 없다. 우리는 신적 본질의 통일성(즉, 하나님의 '실체', 혹은 하나님의 본질)뿐만 아니라 삼위가 구별된다는 사실 또한 굳게 붙잡아야 한다.

성경은 신성이 성부·성자·성령에게 있다고 말한다.

1. **성부** 롬 15:6, 고후 1:3-4, 벧전 1:3
2. **성자** 행 20:28, 롬 9:5, 딛 2:13
3. **성령** 시 95:3, 8-9(참조. 히 3:7-11), 행 5:3-4

성경이 신성을 삼위 모두에게 돌릴 뿐만 아니라 하나님은 한분이라

단호히 주장하기에 초대교회 기독교 신학자들은 기독교 신학 용어로 삼위일체라 부르게 된 것에 대해 논했다. 유대인과 무슬림에게는 절대 용납 안 되는 것이 그리스도인에게는 가장 소중하다.

무슨 내용이든 하나님의 속성에 관한 말은 성부에게도, 성자에게도, 성령에게도 해당된다. 그러므로 만약 하나님은 전능하시다고 말한다면, 이는 삼위 모두가 똑같이 전능하시다는 말이다. 이는 신적 속성 모두에 해당되는 사실로서, 이것이 바로 우리가 '고유한 본질 특유의'essence-appropriate 용어로 삼위에 대해 말하는 이유다. 동일한 본질이란 성삼위 하나님 안에 있는 동일한 권능·지혜·거룩함·공의·선함 등을 뜻한다. 또한 이는 동일한 의지를 의미한다. 무슨 일이든 하나님께서 하나님 자신이나 다른 것을 위해 하시는 일은 다 하나님의 단일한 신적 의지의 결과다. 그러므로 삼위는 영원하고 필연적인 관계에서는 절대 서로에게 '복종하지' 않는데, 이는 삼위가 서로 구별되는 세 가지 뜻이 아니라 하나의 뜻을 공유하기 때문이다.

고유한 본질 특유의 용어에 더하여 우리는 '고유한 위격 특유의'persons-appropriate 용어를 쓰기도 한다. 그래서 예를 들어, 성부가 아니라 성자께서 성육신하셨다고 한다. 성부는 영원히 성자를 낳지만, 성자는 영원히 성부를 낳지 않는다. 성령은 성부와 성자에게서 나오지만, 성부와 성자는 성령에게서 나오지 않는다. 삼위일체 교리는 본질의 구별은 없고 그보다 위격의 구별이 있다는 의미다.

교회사 전체에 걸쳐 정통 신학자들은 성경 외적 용어를 써서 성경에서 발견되는 개념들을 분석하고 논의해야 했다. 성경의 용어만을 쓰고자 했던 이단들이, 삼위일체라는 단어를 쓴다고 정통 신학을 비판한 경우가 수 세기 동안 여러 번 있었다. 이럴 때 정통 신학자들은 어떻게 대응했는가?

존 오웬의 말에 따르면, 그리스도인은 하나님이 "본성·실체·본질·신성, 혹은 신적 존재 면에서" 한분이심을 고백해야 한다. 이와 동시에 우리는 "성부·성자·성령이신", 이 한분 하나님이 "서로 구별되는 이 세 위격 혹은 본체로 [존재한다]"고 단언한다.[2] 하지만 이런 표현을 쓸 때, 오웬은 성경에서 직접 찾을 수 없는 단어를 쓴다.

오웬은 삼위일체의 진리를 단언한다는 것은, 곧 우리가 쓰는 단어들이 성경에 직접적으로 등장하지 않는다 해도 성경에 근거해 그런 의미나 관념을 단언하는 것이라고 응수한다. 우리는 '위격' 같은 단어에 관해 생각함으로써 삼위일체 개념을 머릿속에 그린다. 그리스도인이 이렇게 사고할 수 있는 특권을 부인한다면, 이는 "우리 자신을 짐승으로" 만드는 것이다. 즉, "삼위일체 교리를 선언할 때 우리는 성경의 단어와 어구와 표현을 문자 그대로, 음절 하나하나 그대로 쓰는 게 아니라 그와는 다르되 그렇다고 해서 다른 내용을 가르치지는 않는 단어와 어구와 표현을 사용하는 게 정당하다, 아니 반드시 그래야 한다."[3]

중요한 것은, 성경에 쓰인 것과 다른 단어가 성경의 진리를 정확히 전달할 경우, 그 단어는 성경에 "중요하게 계시되고 직접적으로 표현된" 단어에 비해 "덜 참되거나 덜 거룩하지" 않다는 점이다.[4] 하나님 말씀의 참 의미는 신적 진리다.

삼위일체 교리에 관해 오웬은 다음과 같이 결론 내린다.

성경은 성부·성자·성령을 한 하나님으로 계시하고, 이어서 이 세 위격이 본질에서는 하나이며……구별된 본체에서는 셋이라는 사실이 필연적으로, 피할 수 없이 뒤따른다고 보는데……이는 이 사실들이 도출되는 첫 번째 원리 못지않은 신적 계시다.[5]

여기서 오웬은 「웨스트민스터 신앙고백서」가 "성경에서 추론된……선하고 필연적인 결론(들)"(1장 6항)이라고 한 것을 옹호하고 있다. 다시 말해 삼위일체 교리는 성경적으로 건전하다는 점에서 정당하며, 성경에 계시된 하나님의 모든 뜻의 한 부분으로 반드시 믿어야 한다는 점에서 필수적이다. "하나님은 세 위격으로 계신 한 본질"이라는 이 문구가 무오無誤하고 불가피하게 참인 것은, 기록된 하나님의 말씀에서 이것이 추론되었기 때문이다. 즉, 우리는 하나님의 말씀뿐만 아니라 하나님의 말씀이 우리에게 주는 의미도 믿는다.

프랜시스 체이넬은 위에 언급한 여러 요점들을 다음과 같이 확언함으로써 삼위일체 교리 이해를 돕는다.

> 우리는 하나님이 한분이심을, 유일무이하고도 독자적으로 한분이심을, 단 한분이심을 믿는다. 신성의 단일성은……지극히 독자적인 단일성이다.……세 위격 모두 하나의 똑같은 단일의 무한한 신성을 소유하며, 그래서 상호적으로 서로 안에 존재할 필요가 있다. 왜냐하면 이 세 위격 모두 무한하신 한분 하나님으로[,]……별개의 존재로 뒤죽박죽되어 있는 게 아니라 하나의 본질로 연합되어 있고, 서로 안에 존재하지만 그 존재가 구별되되 본질은 아주 독특하게 동일하기 때문이다.[6]

「웨스트민스터 신앙고백서」는 삼위일체 교리에 대해 다음과 같이 탁월한 개요를 제시한다.

> 신성의 단일성에는 하나의 실체와 권능과 영원성을 지닌 세 위격, 곧 성부·성자·성령이 존재한다. 성부는 누구에게도 속하지 않고 누구에게서도 출생하지 않으며 누구에게서도 나오지 않는다. 성자는 영원히 성부에게서 나고, 성령은 영원히 성부와 성자에게서 나온다(2장 3항).

그리스도 안에

그리스도 안에 하나님의 삼위일체성이 계시된다. 하나님께서 삼위일체로 일하신다는 표는 신약성경에서 볼 수 있는 예수의 삶 전체에 찍혀 있다. 겉으로 드러나는 하나님의 모든 역사는 다 삼위三位 한분 한분의 일로 돌려질 수 있지만, 그중 어떤 것은 그 일이 어떤 일이냐에 따라 삼위 중 특정 위격께서 하시는 일로 돌려질 수 있다. 예를 들어 하나님의 아들의 성육신에서 우리는 성삼위의 아름다운 사역을 보게 된다.

성부는 하나님의 아들을 이 땅에 보내사 죄인을 구원하게 하신 분일 뿐만 아니라 성자께서 어떤 유형의 몸을 취하실지를 결정하신 주 기획자이기도 하다. "오직 나를 위하여 한 몸을 예비하셨도다."히 10:5 그와 동시에, 동정녀 마리아의 몸을 통해 성자의 인성이 실제 형성되게 하신 것은 성령의 역사였다.눅 1:35 하지만 인성이 자신과 더불어 존재하게 하신 일은 성자께 속한 특권으로, 성자께서는 이 모든 일을 거리낌 없이, 기꺼이 하셨음에 틀림없다. 그리스도께서 말씀하신 것처럼 "내가 하늘에서 내려" 왔다.요 6:38 달리 말해 성부께서 성자를 보내신 게 맞기는 하지만, 성자께서는 그 어떤 강제력과도 상관없이 기꺼이 이 땅에 오셨다. 성자께서는 인성을 취하셨다.

성삼위의 사역은 말 그대로 그리스도의 공생애 어디에서나 두드러지게 나타난다. 우선, 성자께서 성부의 말씀을 들으시고 성령의 특별한 기름부음을 받는 세례 장면에서 우리는 성삼위 하나님의 사역을 대면한다.마 3:16-17 성자께서 시험받으실 때 성령께서 그리스도를 광야로 몰아내시며,막 1:12 여기서 성자께서는 성부의 말씀을 믿는 일에 전념해야 한다. 그리스도께서는 자신이 세례를 받을 때 성부께서 하신 말씀을 믿으실까, 아니면 자신이 아들임을(즉, 메시아라는 자신의 정체를) 입증하기 위해 기적을 행하실까? 성자께서 죽으실 때도 우리는 성령으로써히 9:14 자기 자신을 성부 하나님께 바치는눅 23:46 성자의 모습을 본다. 이 모든 일은 그리스도의 삶이 하나님의 삼위일체적 사역의 계시였음을 말해 준다.

마찬가지로 바울도 에베소서 첫 장에서 성삼위께 초점을 맞추어 구원을 설명한다. 우리를 향한 하나님의 일은 그리스도 안에서 우리를 향한 성부의 영원한 사랑에 근거를 두고 있으며, 그 사랑 안에서 성부께서는 우리를 택하신다.엡 1:3-6 성자는 사람의 모습을 하게 되고, 우리는 우리 대신 우리를 위해 이루신 그분의 공로로써 구원받는다.7절 그리고 성령께서는 그리스도의 공로를 우리에게 적용하사 그리스도 안에서 모든 신령한 복을 우리에게 허락하신다.13-14절 또한 베드로전서는 다음과 같은 말로 시작된다. "예수 그리스도의 사도 베드로는 본도, 갈라디아, 갑바도기아, 아시아와 비두니아에 흩어진 나그네 곧 하나님 아버지의 미리 아심을 따라 성령이 거룩하게 하심으로 순종함과 예수 그리스도의 피 뿌림을 얻기 위하여 택하심을 받은 자들에게 편지하노니······."^벧전 1:1-2^ 아버지에게 택하심을 받아, 예수 그리스도의 희생적 죽음 가운데 성령으로써 그분에게 순종하는 것, 베드로는 구원을 이렇게 요약한다.

성경은 하나님께서 계속 삼위일체로 일하시는 것을 감추지 않는다. 성령의 권능으로 그리스도께서 성부를 계시하신다. 성령의 권능으로 우리는 그리스도를 통해 성부를 사랑한다. 사실 그리스도인은 원래 세 위격과 계속 연관되는 삶을 살게 되어 있다. 진정으로 그리스도인다운 삶을 사는 사람이라면 신학과 경건 면에서 철저하게 삼위일체성을 추구할 것이다.

적용

개인적 교제든 공동체로서의 교제든 하나님과의 교제는 삼위일체적 교제다. 토머스 굿윈은 우리의 교제가 어떻게 성삼위 중 한 위격을 대상으로 하다가 또 어떤 때는 또 다른 한 위격을 대상으로 할 수 있는지에 대해 이야기한다.

> ······어떤 때는 성부와, 어떤 때는 성자와, 또 어떤 때는 성령과 [교제한다]. 어떤 때는 성령의 마음을 끌어들여, 택하심에 나타난 성부의 사랑을, 구속에 나타난 그리스도의 사랑을 깊이 생각하고, 하나님의 깊은 것을 통달하고 그것을 우리에게 계시하며 우리와 더불어 모든 고통을 겪으시는 성령의 사랑에 주의를 기울인다. 그렇게 인간은 명백히 한 증거에서 또 다른 증거에 이른다.······세 위격 모두가 우리 안에서 수평을 이

루고, 세 위격 모두 우리와 함께 거하고, 말하자면 우리가 세 위격 가운데 앉으며, 그런 한편 우리는 세 위격 모두 자신의 사랑을 우리에게 나타낼 때까지 절대 만족해서는 안 된다.[7]

우리는 사랑으로 성부와 교제하면서, 영원하고 값없고 삶을 변화시키며 구원하시는 사랑에 대해 그분께 감사하고 그분을 찬양한다.[요 16:26-27, 롬 5:5-6, 고후 13:14, 요일 4:8-9] 오웬은 이런 표현들을 다음과 같이 상세히 설명하고 있는데, 이는 우리가 한 번 깊이 생각해 볼 만하다.

영원하다. 이 일은 세상의 터가 놓이기 전부터 우리에게 확정되어 있었다. 우리가 존재하기 전에, 혹은 우리가 최소한의 선을 행하기도 전에, 성부의 생각이 우리에게 머물렀다…….

값없다. 성부께서 우리를 사랑하심은 그분이 그렇게 하고자 하시기 때문이다. 우리에게는 사랑받아야 할 이유가 아무것도 없었고 지금도 마찬가지다.

변함이 없다. 우리는 날마다 변하지만, 성부의 사랑은 변하지 않는다…….

구별한다. 성부께서는 이런 식으로 모든 세상을 다 사랑하지는 않으셨다.……성부께서는 왜 당신의 사랑을 우리에게 고정시키시고, 본성적으로 우리와 다르지 않은 다른 수많은 사람들은 그냥 지나치셨는가?[8]

성부께서는 원래 모든 것이 족한 분이심에도 우리를 사랑하신다. 성부께서는 영광 넘치는 자기 자신의 탁월함을 영원히, 그리고 무한히 기뻐하신다. 성부께서는 성자와 성령의 사랑을 받으신다. 실로, 오웬이 주목하는 것처럼 "그분에게는 아들이 있고 또한 자신의 영원한 지혜가 있어 영원 전부터 자기 자신을 기뻐하고 즐거워한다."⁹ 그래서 우리는 성부께 대한 우리 자신의 사랑으로 이 사랑에 화답하며, 성부는 우리를 늘 사랑하시는 분이고, 우리를 속량하려고 자기 아들을 주심으로써 우리에 대한 사랑을 보여 주시는 분이다.

성자에 관해 말하자면, 우리는 은혜로 그분과 교제한다. "주 예수 그리스도의 은혜와 하나님의 사랑과 성령의 교통하심이 너희 무리와 함께 있을지어다."고후 13:13 "은혜와 진리가 충만"하신요 1:14 분, 주 예수 그리스도는 우리에게 은혜를 쏟아 부어 주시는 분이다. "우리가 다 그의 충만한 데서 받으니 은혜 위에 은혜러라."요 1:16 우리는 신인이신 그리스도를 즐거워하며, 우리는 그분의 공로 덕분에 우리에게 주어진 은혜뿐만 아니라 우리에게 주어진 은혜 또한 묵상한다. 그리스도의 위격이 지닌 위대함은 그분께서 우리를 위해 행하신 일에서 우리가 받는 유익보다 훨씬 뛰어나다.

성찬은 성삼위의 활동으로서, 이때 우리는 그리스도와 교제하는 가운데 그분에게서 은혜를 받는다. 몸과 피라는 선물은 성부께서 우리에게 주시는 선물로서, 몸과 피는 이제 부활하신 성자를 나타낸다. 그리고 우리는 성령의 사역을 통해 그리스도를 우리 마음에 새롭게 영접한다. 복음이 가시적으로 우리에게 설교되고, 그러면 우리는 성령의 권능으로, 믿음에 의해 우리 구주와의 교제로 들어간다. 구주께서 새롭게 우리에게 오사 약속으로 우리를 위로하시고 우리 안에 믿음·소망·사랑을 불러일으키신다.

성령께서 우리를 위로하시거나 도우실 때 우리는 성령과도 교제를 나눈다. "내가 아버지께 구하겠으니 그가 또 다른 보혜사를 너희에게 주사 영원토록 너희와 함께 있게 하리니."요 14:16 이 구절에는 성삼위를 강조하는 어조가 확연하다. 성자께서 성부에게 성령을(즉, 보혜사를) 요청하사 자기 백성들과 함께 있게 하시는 것이다.

우리는 믿음으로 구함으로써 약속된 성령을 받는다.눅 11:13, 요 7:37-39, 갈 3:2, 14 성령은 여러 가지 방식으로 신자를 돕거나 위로하신다. 성령께서는 그리스도가 우리에게 아름답게 보이도록 하신다. 성부의 사랑과 그리스도의 은혜를 퍼내어 우리 마음에 부어 주신다. 우리가 성부의 자녀임을 우리에게 증언하신다.롬 8:16 우리 안에 믿음과 회개가 있게 하신다. 우리 안에 "사랑과 희락과 화평과 오래 참음과 자비와 양선과 충성과 온유와 절제"가갈 5:22-23 있게 하신다.

또한 성령은 신자에게 하나의 보증이시다. 하나님께서 "우리에게 인 치시고 보증으로 우리 마음에 성령을 주셨"기 때문이다(고후 1:22; 엡 1:13-14도 보라). 이렇게 성령은 하나님께서 약속하신 것을 우리가 받게 될 것을 보증하시며, 이것이 바로 성령이 "보혜사(위로자)"라는 특유의 이름으로 불리는 이유다.

마지막으로, 성령께서는 우리가 성자·성부와 교제하게 하신다.요일 1:3 성령이 아니면 우리는 지금 우리가 앉아 있는 의자와 다름없이 생명 없는 존재들일 것이다. 오웬은 이렇게 말한다.

성령의 모든 위로는 우리가 성부의 사랑과 성자의 은혜를 알게 하시고 이를 우리에게 전해 주시는 데 있다. 성령에게는 성부에게나 성자에게 있는 그 어떤 것도 없지만, 성부와 성자에게 있는 것이 우리에게 위로가 되게 하신다. 그래서 실로 우리는 성령의 역사로써 사랑의 성부와 교제하고 은혜의 성자와 교제한다.[10]

더 나아가 기도 생활에서도 우리는 성삼위 하나님과 마주한다. 자녀로서 우리는 성령의 권능으로써 그리스도의 이름으로 성부께 나아간다. 우리 삶에는 세 위격 모두가 필요하다. 우리 삶에는 성삼위의 인이 사방에 찍혀 있기 때문이다.

02 } 하나님은 단순하시다

……하나님은 복되시고 유일하신 주권자이시며 만왕의 왕이시며 만주의 주시요 오직 그에게만 죽지 아니함이 있고 가까이 가지 못할 빛에 거하시고 어떤 사람도 보지 못하였고 또 볼 수 없는 이시니 그에게 존귀와 영원한 권능을 돌릴지어다. 아멘. _딤전 6:15-16

교리

그리스도인들에게 "하나님은 단순하신가?"라고 물으면 대다수가 그렇지 않다고 부인할 가능성이 높다. 이들은 어쩌면 이 개념 때문에 혼동을 일으킬지도 모른다. 오늘날의 일반적 어법으로 어떤 사람에게 "단순하다"고 말한다면 그 사람에게 모욕이 된다. 그러나 하나님을 "단순하다"고 하면 이는 그분을 높이는 말이다. 이 의견은 우리가 쓰는 어떤 특정 표현에 오늘날 사람들에게는 다소 난감해 보일 수 있는 풍성한 신학적 유래가 있음을 강조한다.

하나님의 단순성이라는 개념은 이해하기 쉽지 않지만, 교회 역사를 통해 신학자들이 가르쳐 온 핵심 진리인 만큼 우리는 우선적으로 이 진리의 의미를 깨우쳐야 한다. 하나님에게는 그 어떤 구성 요소도 없다. 하나님은 부분들의 총합으로 구성되는 존재가 아니다. 하나님에게는 이런저런 요소가 없다. 그보다, 하나님 안에 무엇이 있든 그게 바로 하나님이다. 하나님은 절대적이며, 이는 하나님의 하나님 되심 안에는 어떤 구별되는 특성이 없다는 뜻이다. 절대자로서 하나님만이 그분의 영원한 존재에 대한 충분한 이유이시다.

하나님은 단순히 선하시기만 한 게 아니라 선 자체다. 하나님은 단지 능력이 있으시기만 한 게 아니라 전능 자체다. 더 나아가, 하나님의 속성에 대해 말할 때 우리가 유념해야 할 것은, 하나님의 본질은 나뉘지 않기에 하나님의 선함은 곧 하나님의 능력이라는 점이다. 또한 하나님의 사랑이 하나님의 능력이고, 하나님의 사랑이 하나님의 능력이라는 사실이 하나님의 영원성이며, 하나님의 사랑이 하나님의 능력이라는 사실이 하나님의 영원성이라는 사실이 하나님의 불변성이며, 하나님의 사랑이 하나님의 능력이라는 사실이 하나님의 영원성이라는 사실이 하나님의 불변성이라는 사실이 하나님의 전지성이고, 하나님의 사랑이 하나님의 능력이라는 사실이 하나님의 영원성이라는 사실이 하나님의 불변성이라는 사실이 하나님의 전지성이라는 사실이 하나님의 선하심이다. 달리 말해 기술적으로 하나님의 속성들(복수) 같은 것은 없고 다만 하나님의 단순하고 나뉘지 않는 본질이 있을 뿐이다.

아우구스티누스의 주장에 따르면, 모든 속성은 하나님의 본질과 일치하고, 그만큼 다른 모든 속성들 하나하나와도 일치한다.

> 왜냐하면 하나님으로 존재한다는 것은 강하다, 의롭다, 혹은 지혜롭다는 것과 똑같고, 그 단순한 다수성 혹은 그 다수의 단순성에 대해 다른 무엇을 말할 수 있든 하나님의 본질은 그것으로써 표현된다.……의(義)인 것은 그 자체가 선이기도 하고, 선인 것은 그 자체가 복됨blessedness이기도 하다.¹

이레네우스는 또 이렇게 표현한다.

> 하나님은 단순하고, 합성하지 않은 존재로, 여러 가지 구성 요소가 없이 전체적으로 똑같고, 자기 자신과 동일하며, 이는 하나님이 전적으로 지식이요, 전적으로 영이시고, 전적으로 생각이시요, 전적으로 지성이시고, 전적으로 이성이시며, 전적으로 들으시고, 전적으로 보시며, 전적으로 빛이시고, 전적으로 모든 선한 것의 근원이신 까닭이다.²

하나님은 영원히, 불변하게, 무한히, 복되게, 능력 있게, 선하시다. 순전한 행위(즉, 완전히 실현된 존재로서, 발전이 필요 없는)로서의 하나님은 자기 자체로 생명을 소유한다. 이 점과 관련해 우리는 그 무엇도 하나님의 하나님 되심을 바꿀 수 없다는 사실을 기뻐한다. 하나님의 속성에 아주 작디작은 변화만 있어도 하나님의 존재는 완전히 멸실되기 때문이다.

이 사실이 왜 중요한가? 하나님의 단순성을 알면 하나님의 속성에 완벽한 일관성이 존재한다는 사실을 이해하는 데 도움이 된다. 쉽게 변한다는 것은 단순성과 절대 양립할 수 없다. 하나님이 어떤 식으로든 변할 수 있다면 하나님은 하나님이 아닐 것이기 때문이다. 스티븐 차녹은 이렇게 주장한다. "최대의 단순성이 있는 곳에는 최대의 통일성이 있다. 그리고 최대의 통일성이 있는 곳에는 최대의 권능이 있다."[3] 그러므로 하나님이 모든 신적 속성의 총합이라는 것은 정확하지 못한 주장이다. 그보다 이 속성들은 하나님의 본질과 일치한다. 신적 단순성은 다른 신적 속성을 이해하는 데 절대적으로 중요하다. 사실 이 모든 속성들은 신적 단순성이라는 이 개념에 좌우된다.

하나님의 단순성을 알면 로마서 8:28에서 볼 수 있는 영광스러운 약속의 진가를 완전히 이해하는 데 도움이 된다. "우리가 알거니와 하나님을 사랑하는 자 곧 그의 뜻대로 부르심을 입은 자들에게는 모든 것이 합력하여 선을 이루느니라." 하나님은 선이시기 때문에 이 약속을 하실 수 있다. 하지만 하나님의 선함은 하나님의 능력이기도 하고, 그래서 하나님은 능력 있게 선하시다. 그런데 하나님은 지혜롭기도 하고, 그래서 하나님은 능력 있게 선하시고 능력 있게 지혜로우시다. 게다가 하나님은 불변하게 능력 있고 지혜롭고 선하시다. 아니, 하나님의 능력은 하나님의 선함이고, 하나님의 능력이 하나님의 선함이라는 것이 하나님의 지혜이며, 하나님의 능력이 하나님의 선함이라는 것이 하나님의 지혜라는 사실이 하나님의 불변성이다. 그러므로 우리의 선을 위해 만물이 합력한다고 믿을 수 있음은 우리 하나님이 지혜, 능력, 선함이시고 불변하시기 때문이다. 하나님께서 우리를 위해 하시는 모든 일에는 필연적으로 이 모든 속성이 다 연관된다.

성경이 어느 한 가지 속성에 주목할 때 예외 없이 또 다른 속성에도 주목하는 것은, 위에서 말한 것처럼 하나님의 단순성에 비춰 볼 때 하나님의 속성을 따로따로 구별하기 어렵기 때문이다. 한 가지 속성에 대해 말하면 필연적으로 곧 다른 속성에 대해서도 말하게 된다. 시편 145:8-9에 기록된 다윗의 찬양을 생각해 보자.

> 여호와는 은혜로우시며 긍휼이 많으시며
> 노하기를 더디 하시며 인자하심이 크시도다.
> 여호와께서는 모든 것을 선대하시며
> 그 지으신 모든 것에 긍휼을 베푸시는도다.

단순한 존재로서 하나님은 은혜로우시며, 하나님이 은혜로우시다는 사실은 자비이며, 하나님이 은혜로우시다는 사실이 자비롭다는 것은 오래 참으심이며, 하나님이 은혜로우시다는 사실이 자비롭다는 것이 오래 참으심이라는 사실은 사랑이고, 하나님이 은혜로우시다는 사실이 자비롭다는 것이 오래 참으심이라는 사실이 사랑이라는 것은 선하다. 하나님은 늘 이 모든 것들이시며, 이 모든 속성들은 완벽한 조화를 이루고 있다. 하나님의 모든 속성은 우리가 생각하는 하나님에 대한 개념 속에서 서로 조화를 이루어야 하며, 그렇지 않으면 우리 생각 속의 하나님은 참 하나님이 아니다.

그리스도의 죽음에 드러난 하나님의 단순성

그리스도께서는 인간과 천사들에게 하나님을 계시하신다. 천사는 하나님의 아들을 통해 하나님에 관한 지식을 받으며, 하나님의 아들은 이들을 창조하신 분이다. 천사들은 지금까지 하나님께서 자신들 눈앞에서 행하시는 많은 일들을 보았지만 사실 그리스도께서 십자가,

곧 성부께서 그리스도를 버리신 곳에 못 박히시는 것을 목격했을 때에야말로 하나님과 하나님의 속성에 대해 더 많은 것을 알게 되었다. 토머스 보스턴은 이렇게 단언한다.

> 한편 한 가지 속성의 영광이 어떤 한 일에서 유독 더 잘 보이기도 한다. 어떤 일에서는 하나님의 선하심이 더 두드러지고, 또 어떤 일에서는 하나님의 지혜가 더 많이 보이고, 또 어떤 일에서는 하나님의 권능이 더 잘 보인다. 그러나 구속 사역에서는 하나님의 모든 속성과 탁월하심이 가장 큰 영광으로 빛을 발한다.[4]

그리스도 안에서 하나님의 모든 속성이 드러나고 아름답게 돋보인다. 자연신학이 하나님의 속성에 대해 흐릿한 지식을 줄 수도 있으나, 그리스도 안에서는 이 속성이 "반짝이며 빛난다." 왜냐하면 구속 사역에서 이 속성들이 드러나기 때문이다. 어떤 이들은 그리스도를 '무대'라 부른다. 하나님께서 이 무대에서 자신의 속성이 조화를 이루는 광경을 보여 주어 세상이 이를 목격할 수 있게 하기 때문이다. 여기에는 복음이 하나님을 계시하되 율법은 절대 할 수 없는 방식으로 계시한다는 깊은 의미가 있다.

예수 그리스도의 위격과 사역에서는 하나님의 지혜가 빛나되 하나님께서 피조물을 대하시는 다른 어떤 곳에서도 볼 수 없는 광채로 빛이 난다.[골 2:3] [5] 이런 식으로, 하나님의 전 면모를 그리스도께서 우리의 주님과 구주로서 드러내 보이신다. 예를 들어 우리는 그리스도의 속죄의 죽음을 통해 하나님의 지혜를 보며, 이 죽음은 하나님의 의와 자비와 사랑을 모두 충족시킨다. 하나님은 그리스도 안에서 죄를 벌하사 자신의 의와 거룩함이 충족되게 하신다. 하나님께서는 그리스도 안에서 죄를 벌하사 자신의 자비와 사랑을 우리에게 보여 주신다. 하나님께서는 죄인을 즉시 멸하지 않으심으로써 자신의 오래 참으심(즉, 신적 관용)을 보여 주신다.롬 3:25 왜냐하면 그리스도의 죽음이 구약 시대 성도들에게는 미래의 전망이었기 때문이다. 하나님은 죄인을 구원하시는 방식을 통해 영광을 더하신다. 이 방식에서 자신의 속성이 조화를 이루는 모습이 드러나기 때문이다. 토머스 굿윈은 구속을 가리켜 하나님의 "걸작"이라고 하며, 하나님이 이 걸작을 통해 "자신의 모든 속성을 무대 위에 올리실 생각"이시라고 한다.[6]

    A. W. 토저는 이렇게 말한다. "하나님께서 죄인 하나를 의롭다 여기실 때, 하나님 안에 있는 모든 것이 죄인 편이 된다. 하나님의 모든 속성이 죄인 편이 된다. 하나님의 자비가 죄인을 위해 탄원하는데, 하나님의 의는 죄인을 죽이려는 일 같은 것은 없다. 하나님의 모든 것이 하나님께서 행하시는 모든 일을 한다."[7] 하나님이 우리 편이면 하나님의 일부가 아니라 하나님의 모든 것이 우리 편이다. 무한하시고, 영원하시고, 불변하시는 하나님, 그 자체로 선이시고 지혜이신 하나님이 우리 편이다.롬 8:31 그래서 그리스도의 죽음에서 우리는 하나님의 모든 속성이 찬란하게 조화를 이룬다는 의미에서 하나님의 단순성이 드러나는 것을 보게 된다. 나뉘지 않고 단순한 하나님의 본질을 여기 혹은 저기서 한마디 말로 접하는 게 아니라, 하나님께서 우리의 구속 전 과정을 지휘하시는 방식, 특히 십자가에서 그 본질이 장엄하게 펼쳐지는 광경을 보게 된다.

적용

그렇다면 이 교리가 그리스도인의 삶과 무슨 관계가 있는가? 아주 깊은 관계가 있다. 그리스도의 위격에서 우리는, 신성을 따라서는 단순하지만 인성을 따라서는 그처럼 단순하지 않은 한 인간을 만난다. 하지만 그리스도의 성령 충만한 삶에서 우리는 어떤 의미에서 일종의 유비^{analogy}를 보게 된다. 예를 들어 그리스도는 성령 충만한 사람이었다.$^{눅\ 4:18-21}$ 탁월한 성령의 사람으로서 그리스도는 모든 상황에 더할 나위 없이 적절히 반응하셨고, 그런 의미에서 그리스도의 정서는 완벽한 조화를 늘 유지했다. 그리스도께서는 울어야 할 때와 웃어야 할 때를,$^{전\ 3:4-5}$ 의롭게 진노해야 할 때와 의롭게 자비로워야 할 때를 아셨다. 그리스도께서는 마음과 목숨과 뜻과 힘을 다해 여호와의 율법을 지킴으로써 선을 행하셨다. 율법을 준수하고 감정을 조절하는 방식을 통해 그리스도는 성령 충만한 삶의 완벽한 모범을 우리에게 제시하신다.

갈라디아서 5장에서 바울은 육체와 성령을 대비시킨다.$^{19-23절}$ 육체의 일을 설명한 뒤 바울은 성령의 열매에 대해 이야기한다. "오직 성령의 열매는 사랑과 희락과 화평과 오래 참음과 자비와 양선과 충성과 온유와 절제니 이 같은 것을 금지할 법이 없느니라."$^{22-23절}$

여기서 "열매"는 단수형인데, 이는 그리스도인의 거룩함을 이해하는 데 절대적으로 중요한 사실이다. 열매가 단수로 표현되었다는 사실은 성령의 열매의 다양한 측면이 서로 연결되어 있다는 의미다. 그러므로 "사랑은 오래 참고 사랑은 온유"하다.$^{고전\ 13:4}$ 사랑이 사랑인 것은, 사랑이 흔히 오래 참는 온유함이기 때문이다. 갈라디아서 5장에서 바울은 우리의 사랑이 기뻐하는 사랑, 오래 참는 사랑, 화평한 사랑, 충성스러운 사랑, 온유한 사랑 등이어야 한다고 말하고 있다. 우리의 오래 참음은 기뻐하는 오래 참음이다. 이런 식으로, 성령의 열매를 나타낼 때 우리는 어떤 의미에서 하나님의 단순성을 본받는다. 히브리서 11:24-28에서 모세는 이와 관련해 어떤 모범을 보였는지 생각해 보자.

> 믿음으로 모세는 장성하여 바로의 공주의 아들이라 칭함 받기를 거절하고 도리어 하나님의 백성과 함께 고난받기를 잠시 죄악의 낙을 누리는 것보다 더 좋아하고[즉, 절제] 그리스도를 위하여 받는 수모를 애굽의 모든 보화보다 더 큰 재물로 여겼으니 이는 상 주심을 바라봄이라[즉, 충성]. 믿음으로 애굽을 떠나 왕의 노함을 무서워하지 아니하고 곧 보이지 아니하는 자를 보는 것같이 하여 참았으며[즉, 오래 참음] 믿음으로 유월절과 피 뿌리는 예식을 정하였으니[즉, 화평] 이는 장자를 멸하는 자로 그들을 건드리지 않게 하려 한 것이며[즉, 양선].

모세는 성령의 능력 가운데 살면서, 성령의 열매는 물론 성령의 열매가 뜻하는 것들을 모두 펼쳐 보인다. 성령이 있는 사람이라면, 나는 사랑에서는 뛰어난데 온유나 오래 참음에서는 그렇지 못하다고 말할 수 없다. 한 가지 은사가 있다는 말은 곧 다른 모든 은사가 다 있다는 말이다. 성령은 한분이시지 여러 분이 아니기 때문이다. 남편은 충성스럽고 온유하게 아내를 사랑함으로써 자신의 사랑을 나타내 보인다. 하나님의 일에 뭔가를 바치는 자는 기쁘게 바치는 자다.

조나단 에드워즈는 이 점과 관련해 중요한 지적을 한다.

기독교의 모든 은사는 언제나 서로 병행하며, 그래서 어느 한 가지 은사가 있는 곳에는 다른 모든 은사가 다 있다. 한 가지 은사가 부족하면 이는 다른 모든 은사가 다 부족한 것이다.……기독교의 서로 다른 은사들은 어떤 면에서 서로에게 함축되어 있다. 이 은사들은 서로 병행하고 서로에게서 생겨날 뿐만 아니라, 어떤 면에서 서로의 본질 자체에 함축되어 있기도 하다.[8]

에드워즈가 보기에 성령 충만한 삶은 각각의 부분들로 구성되지 않는다. 우리가 하나님을 사랑하고 순종하며 사는 것은 우리 안에 계신 성령 때문이며, 이 성령께서는 우리가 단순히 남을 사랑하거나 자비롭기만 하지 않고, 사랑하고 기뻐하고 오래 참고 선량하고 충실하고 온유하며 절제할 수 있게 해주신다. 성령 충만한 삶은, 하나님이 단순하고 나뉘지 않는 본질 가운데 어떻게 해서 온전히 하나님으로 존재하시는지에 대한 하나의 유비를 보여 준다.

03 } 하나님은 영이시다

하나님은 영이시니 예배하는 자가 영과 진리로 예배할지니라. _요 4:24

교리

우리는 하나님에 대해 두 가지 의미로 말한다. 첫 번째는 본질적 의미에서 말하고, 두 번째는 위격적 의미에서 말한다. 하나님을 '본질적으로' 언급한다는 말은, 하나님의 신적 본질(즉, 실체)에 주목한다는 뜻이다. 하나님에 대해 '위격적으로' 말한다는 것은 하나님의 삼위일체성, 즉 성부·성자·성령이신 분을 언급한다는 뜻이다. 본질의 관점에서 볼 때, 하나님은 영이시다. 위격의 관점에서 볼 때, 하나님은 성삼위이시다.

"하나님은 무엇인가?" 요한복음 4장에서 사마리아 여인과 대화하시면서 그리스도께서는 "하나님은 영"이시라고 알려 준다. 다시 말해 하나님은 유형의 존재나 몸을 소유하거나 물질적 본성을 지닌 분이 아니다. 한 찬송 가사에서는 하나님에 대해 다음과 같이 말한다.

> 하나님만이 썩지 아니하고, 보이지 않으며, 지혜로우시니,
> 다가갈 수 없는 빛 가운데 계셔 우리 눈에 감춰었도다.
> 가장 복되시고, 가장 영화로우시며, 옛적부터 항상 계신 이여,
> 승리하신 전능자, 주의 크신 이름 우리가 찬양하네.[1]

하나님에 대해 본질적으로 말할 때, 우리는 그분을 두 가지의 서로 다른 방식으로 이해할 수 있다. (1) 긍정의 방식으로(예를 들어 "하나님은 선하시다" 혹은 "하나님은 영이시다"). (2) 부정의 방식으로(예를 들어 "하나님에게는 몸이 없다" 혹은 "하나님은 거짓말하실 수 없다"). 첫 번째 경우, 우리는 무엇이든 탁월한 것과 무엇이든 그분의 영광을 드러내는 것은 다 하나님의 것으로 돌린다. 두 번째 경우, 우리는 무엇이든 불완전한 것은 다 하나님에게서 분리하거나 하나님과 구별한다. 우리의 인간적 한계 때문에 많은 신학자들이 하나님을 부정적 방식으로 서술하는 게 최선의 방식이라고 말해 왔다.

그러나 이 책의 각 장 제목은, 하나님을 긍정의 방식으로 서술하고 있다는 것을 독자들은 곧 알아차릴 것이다. 하지만 각 장은, 무엇이든 탁월한 것은 다 하나님께 속한 것으로 말하면서 동시에 부정의 방식으로도 하나님을 서술한다. 즉, 우리는 무엇이든 불완전한 것은 다 하나님과 분리하고 싶어 한다. 그래서 하나님은 영이시라고 말한다면, 이는 하나님은 어떠어떠한 분이고 또 어떠어떠한 분은 아니라고 주장하는 것이다. 예를 들어 하나님은 영이시기에, 우리는 하나님의 무한성과 독립성을 단언할 수 있는데, 이를 부정의 방식으로 표현하자면 하나님은 무한하시고(즉, 한계/끝이 없으시고) 변함이 없으시

다고(즉, 변하실 수 없다고) 말할 수 있다. 또 이를 긍정의 말로 표현하자면 하나님은 전능하시다고(즉, 무엇이든 다 하실 수 있는 능력이 있다고), 혹은 전지하시다고(즉, 모든 것을 다 아신다고) 말할 수 있다.

「웨스트민스터 신앙고백서」는 하나님과 성삼위를 다루는 장을 시작하면서 이렇게 단언한다. "살아 계시며 참되신 하나님은 오직 한 분으로, 본질과 완전함이 무한하시고, 지극히 순결한 영이시며, 눈에 보이지 않으시고, 몸이 없으시며, 여러 부분들이 없으시다"(2장 1항). 우리 눈으로는 하나님을 볼 수 없다.딤전 6:16 그래서 요한은 자신의 복음서 서두에서 독자들에게 이렇게 말한다. "본래 하나님을 본 사람이 없으되."요 1:18 또한 바울도 하나님에 대해 "영원하신 왕 곧 썩지 아니하고 보이지 아니하"신다고 딤전 1:17 말한다. 영이신 하나님은 필연적으로 우리 눈에 보이실 수가 없다.

그리스도 안에서 하나님을 보다

하나님을 본다는 개념은 기독교회 안에서 길고도 복잡한 역사를 지닌다. 하나님의 백성은 실제로 어떻게 하나님을 볼 수 있는가? 그게 가능하기는 한가? 대답은 "그렇다"이기도 하고 "아니다"이기도 하다. 사실 만세에 걸쳐 하나님의 자녀들은 영이신 그분을 볼 수 있기를 갈망해 왔다. 예를 들어 모세는 하나님의 영광을 보게 해달라고 했는데,출 33:18 모세가 이런 요청을 한 것은 그가 백성들에게 하나님을 대리하는 사람이었기 때문이기도 하고, 시내 산에서 하나님이 자신과 함께 임재해 계신다는 확신을 원했기 때문이기도 하다. 하나님의 영광을 보게 해달라는 말은 하나님을 보게 해달라는 말과 똑같았다. 이에 대해 하나님께서는 "네가 내 얼굴을 보지 못하리니 나를 보고 살 자가 없음이니라"(20절; 23절도 보라) 하고 대답하신다. 바울이 하나님은 "가까이 가지 못할 빛에 거하시고 어떤 사람도 보지 못하였고 또 볼 수 없"다고 딤전 6:16 선언한 것은 위의 말씀을 확인하는 말임이 분명하다. 성경에서 확인되는 한, 하나님을 본다는 것은 개 한 마리를 보거나 축구 경기를 보는 것과는 전혀 다르다.

교회사 전체를 통해 신학자들은 하나님을 보는 것에 대해 수많은 방식으로 이야기해 왔다. 첫째, 하나님을 본다는 것은 하나님을 이해하는 것이다. 하나님을 이해한다는 것은 인간인 우리에게 여전히 불가능한 일로 남아 있다. 유한한 피조물은 무한하신 하나님을 절대 이해할 수 없다. 이는 아주 중요한 사항이므로 나중에 더 자세히 살펴보기로 하자.

둘째, 하나님께서는 인간의 연약함을 고려하사 현현 theophany 의 방식으로 우리에게 "몸을 굽혀" 보이시며, 계시를 위해 하나님은 이 방식으로 자신을 가시적 존재로 만드신다. 교회 역사가 진전되어 온 과정을 통해, 우리가 하나님을 볼 수 없다는 개념에 대해 여러 신학자들이 반론을 제기해 왔다. 이 사람들을 일컬어 신인동형론자 Anthropomorphites 라고 하는데, 이들의 전형적 주장은 하나님이 인간에게 모습을 보이셨다고 성경이 분명히 보여 준다는 것이었다. 사실 구약 성경을 보면 하나님이 부분적으로 계시된 것을 본 사람들이 있다. 하지만 하나님이 "나타나신" 것을 봤다는 말은(창 18:1을 보라) 이들이 하나님 자체를 봤다는 말이 아니라 하나님께서 계시를 위해 자기를 드러내시는 것을 봤다는 뜻이다.

셋째, 우리는 계시의 관점에서 '하나님을 본다.' 그리고 이 계시로써 하나님은 자기가 누구이며 무슨 일을 하시는지를 피조물에게 말씀하신다. 욥기에서는 이를 어떻게 설명하는지 보자.

> 욥이 여호와께 대답하여 이르되
> 주께서는 못하실 일이 없사오며
> 무슨 계획이든지 못 이루실 것이 없는 줄 아오니
> 무지한 말로 이치를 가리는 자가 누구니이까.
> 나는 깨닫지도 못한 일을 말하였고
> 스스로 알 수도 없고 헤아리기도 어려운 일을 말하였나이다.
> 내가 말하겠사오니 주는 들으시고
> 내가 주께 묻겠사오니 주여, 내게 알게 하옵소서.
> 내가 주께 대하여 귀로 듣기만 하였사오나
> 이제는 눈으로 주를 뵈옵나이다.
> 그러므로 내가 스스로 거두어들이고
> 티끌과 재 가운데에서 회개하나이다. _욥 42:1-6

이는 그저 욥기 38-41장의 교훈을 통해 욥이 이제 하나님을 더 잘 '이해한다'는 뜻이 아니라 여호와께서 폭풍우 가운데서 욥과 직접 대면해 주셨기에[욥 38:1] 욥이 하나님을 '본다'는 말이다. 그래서 우리는 하나님을 보는 것을 가리켜 거룩한 대면이라고 말할 수 있으며, 이 대면에 의해 하나님은 솔선하여 우리에게 자신을 계시하시고, 대개는 인생의 폭풍우(혹은 시련)를 통해 그렇게 하신다.

우리가 영화로운 몸을 갖게 되는 날, 우리는 여기 이 땅에서 질그릇 같은 몸을 입고 있을 때에 비해 하나님의 존재에 대해 훨씬 더 많이 알게 된다는 의미에서 하나님을 볼 것이다. 이생과 내생에서 우리가 누리는 행복은 주로 하나님을 아는 지식과 그 지식이 하나님의 자녀인 우리에게 주는 그 모든 의미에서 비롯된다. 성삼위 하나님을 아는 지식, 성령께서 조명하시는 말씀을 통해 우리에게 전달되는 그 지식은 우리에게 말로 다할 수 없는 기쁨을 준다.

넷째, 하나님은 자신의 아들을 통해 자기 자녀들이 자신을 볼 수 있게 하신다. 요한복음에 기록된 다락방 강설 장면에서, 빌립은 아버지를 보게 해주실 것을 청한다.요 14:8 아버지를 보면 만족하게 될 것이라고 빌립은 주장한다. 그러나 그리스도께서는 다정한 꾸짖음으로 빌립에게 알려 주신다. "……나를 본 자는 아버지를 보았거늘 어찌하여 아버지를 보이라 하느냐. 내가 아버지 안에 거하고 아버지는 내 안에 계신 것을 네가 믿지 아니하느냐. 내가 너희에게 이르는 말은 스스로 하는 것이 아니라 아버지께서 내 안에 계셔서 그의 일을 하시는 것이라."9-10절

하나님은 영이시므로 우리가 하나님을 보는 것은 불가능하지만, 사실 우리는 예수 그리스도의 얼굴에서 하나님을 "본다." 예수 그리스도는 "보이지 아니하는 하나님의 형상이시요 모든 피조물보다 먼저 나신 이시니"골 1:15 말이다. 즉, 우리는 신인이신 하나님의 아들에게서 하나님을 본다. 우리는 보이는 사람이신 그리스도 예수 덕분에 보이지 않는 하나님을 본다. 모세와 빌립의 소원은 선한 소원이다. 하지만 이 소원은 그리스도를 통해서만 이루어진다. 하나님께서 자기 자신을 "보는" 것처럼 우리가 하나님을 보는 것은 불가능하기 때문이다.

적용

하나님은 영이시기에, 몸과 영(즉, 영혼)으로 이루어진 우리는 아주 진기한 입장에 서게 된다. 편재하시는 하나님은 자기 백성들 사이에, 자기 백성들 가운데 거하신다. 다락방 강설 때 그리스도께서는 "진리의 영"요 14:17이 하나님의 백성들 가운데 거하실 것이므로 하나님이 영원히 이들과 함께하실 것이라고 약속하신다.

새 언약의 영광은 이렇게 요약될 수 있다. 즉, 삶과 죽음, 부활 면에서 우리를 위해 존재하시는 그리스도는, 하늘에 오르사 그곳에서 하시는 일의 권능으로 인해 우리 안에 계신 그리스도이기도 하다. 하나님은 영이시다. 하지만 그리스도가 아버지 안에 있다는 사실에 근거해 하나님의 영이 하나님의 백성 가운데 거하신다. "그날에는 내가 아버지 안에, 너희가 내 안에, 내가 너희 안에 있는 것을 너희가 알리라."요 14:20 그래서 성경의 다른 곳에서는 성령을 "그리스도의 영" 혹은 "예수의 영"이라 일컫는다.행 16:7, 롬 8:9, 벧전 1:11 사도 바울이 이 진리를 가장 훌륭하게 표현한 곳은 다른 어디도 아니고 에베소 교인들을 위해 "그의 영광의 풍성함을 따라 그의 성령으로 말미암아 너희 속사람을 능력으로 강건하게 하시오며 믿음으로 말미암아 그리스도께서 너희 마음에 계시게 하시옵고"엡 3:16-17라고 기도한 부분이다. 하나님이 영이 아니시라면, 이 기도에서 표현된 현실, 즉 생명을 주시는 성령을 통해 그리스도가 자기 백성들의 마음속에 거하신다는 것은 전적으로 불가능한 일일 것이다.

다시 요한복음 4:24로 돌아가, 하나님이 영이시라는 사실은 우리의 예배 방식과 관련해 함축적 의미를 담고 있다. 우리는 영과 진리로 하나님을 예배해야 한다. 그런데 이 말은 무슨 뜻인가? 사마리아 여인에게 말씀하실 때, 그리스도께서는 하나님이 영이시라는 점을 강조한다. 물론 그것이 그분의 유일한 강조점은 아니다. 아들에게 성령을 주시는 아버지는[행 2:33] 참된 예배자들을 만들어 내라고 그리스도에게 성령을 맡긴 것이며, 이 예배자들은 성령의 권능 가운데 예배하게 될 것이다. 성령은 그리스도께 영광을 돌리는 분으로, 우리 자신의 예배 행위를 통해 우리도 그리스도께 영광을 돌릴 수 있게 하신다.

그래서 요한복음 4:24은 단지 하나님의 본질만이 아니라 하나님을 예배하는 자들인 우리와의 관계까지 설명한다(요일 1:5도 보라. "하나님은 빛이시라"). 우리가 "성령 가운데" 있지 않으면(즉, 그리스도의 영이 우리에게 내주하지 않으면) 우리는 예배할 수 없다. 성령께서는 우리가 천상의 예배에 참여할 수 있게 하신다. 올바른 예배치고 천상적이지 않은 예배는 없으니 말이다.

영으로 드리는 예배는 진리로 드리는 예배이기도 하다. 그래서 예배는 성령으로 드리는 것이라 이해하게 되면, 곧 하나님은 성부·성자·성령이라는 진리에도 생각이 미치게 된다. 예배가 영적인 예배이려면 반드시 삼위일체적 예배여야 한다. 또한 삼위일체적 예배는 그리스도를 중심으로 하는 예배이기도 하다. 성령께서 초자연적으로 역사하사 우리가 그리스도의 이름을 부르고, 그 이름을 영화롭게 하며, 그 이름을 기뻐하게 하시기 때문이다.

그러므로 하나님은 영이시라는 말은 진리다. 하지만 이는 단순히 하나님의 본질에 관한 형이상학적 선언과는 거리가 멀고, 기독교 신앙의 핵심으로 우리를 데려간다. 즉, 하나님은 자기 백성들의 마음속에 거하사 당신께서 받으실 만한 예배를 드릴 수 있게 하신다는 것이다. "하나님은 영이시니 예배하는 자가 영과 진리로 예배할지니라." 요 4:24 우리의 예배에 이 진리가 흠뻑 배어 있지 않으면 성령으로 하나님을 예배한다고 말할 수 없다. 성령께서 이 진리에 따라 일하시기 때문이다.

그래서 함께 드리는 예배 때, 우리 인간의 말이 하나님의 말씀을 대신하면 할수록 그만큼 우리는 성령을 소멸하게 된다. 이는 예를 들어 찬양 순서 같은 때, 인간의 말을 사용해서는 안 된다는 뜻이 아니다. 그러나 성경은 공동으로 봉독해야 하는 게 확실하며, 우리의 기도 내용은 성경 말씀으로 가득해야 한다. 내가 생각하기에 성경은 시편 찬송만 부를 것을 요구하지는 않지만, 찬양에서 시편을 완전히 배제한다면 이는 시편만 노래하는 것보다 더 큰 범죄다. 사실 시편은 아마도 하나님의 모든 말씀 중에서 하나님을 가장 장대하게 전망하도록 해주며, 그리하여 우리 하나님의 본성에 잘 들어맞는, 성령 충만하고 말씀에 근거한 예배로 다시 돌아가게 해준다.

04 } 하나님은 무한하시다

네가 하나님의 오묘함을 어찌 능히 측량하며
전능자를 어찌 능히 완전히 알겠느냐.
하늘보다 높으시니 네가 무엇을 하겠으며
스올보다 깊으시니 네가 어찌 알겠느냐.
그의 크심은 땅보다 길고 바다보다 넓으니라. _욥 11:7-9

교리

하나님의 무한성은 하나님의 단순성처럼 다른 모든 속성들을 한정한다는 의미에서 일종의 '메타 속성'이다. 하나님의 무한성이란 하나님의 완전성에 한계가 없다는 뜻이다.

스티븐 차녹은 다음과 같은 설명으로 이 개념의 이해를 돕는다.

하나님이 어떤 속성을 지닌 분이든, 그분은 무한히 그러한 분이시다.……하나님을 생각할 때는 그 어떤 불완전함도 없는 탁월한 분으로, 부분parts으로 이루어지지 않은 영으로, 헤아릴 수 없이 큰 분으로, 질을 따질 수 없이 완전한 분으로, 일정한 장소가 아니라 모든 곳에 계신 분으로, 지체가 없어도 힘 있는 분으로, 모르는 것 없이 총명한 분으로, 추론할 필요 없이 지혜로운 분으로, 어둠 없는 빛으로, 모든 피조물의 아름다움을 무한히 능가하는 분으로 생각하라.……그리고 부활하여 높은 곳에 가서도 역시 그분을 내 생각의 한계를 무한히 초월하는 분으로 생각하며, 내 상상의 빈약함을 인정하라. 머릿속으로 무엇이 그려지든 '이것은 하나님이 아니다. 하나님은 이 이상의 분이다'라고 생각하라!¹

7세기에 고백자 막시무스 Maximus the Confessor는 이렇게 말했다. "누구든 하나님을 보고서 자신이 본 것을 이해한 자는 사실 아무것도 못 본 것이다."² 실로 그렇다. 우리는 무한하신 분을 파악하지 못한다. 많은 신학자들, 이를테면 존 플라벨 같은 이는, 서로 연관되어 있으나 양상은 다른 세 가지 측면과 관련해 하나님의 무한성을 설명했다.

1. 하나님의 본질의 완전성과 관련해 "하나님의 지혜, 권능, 거룩함은 그 무엇으로도 측량 불가능하며 한계를 초월한다."
2. 시간과 공간(즉, 영원과 편재)과 관련해 "시간으로는 그분을 측량할 수 없다."
3. 하나님의 불가해성과 관련해 유한한 피조물은 무한하신 하나님을 이해할 수 없다.³

헤르만 바빙크는 하나님의 무한성을 이해하는 또 하나의 방법을 제시한다. "하나님의 불변성을 시간에 적용해서 말하면 이를 영원 eternity

이라고 한다. 공간에 적용했을 때는 편재라고 한다."[4] 무한성은 불변성과 영원이 어떻게 일치하는지, 혹은 불변성과 편재가 어떻게 연관되는지 이해하는 데 도움을 준다.

하나님의 속성을 생각할 때는 그 속성이 늘 무한하다고 생각해야 한다. 하나님의 무한성은 긍정적 개념이고, 그래서 우리는 하나님의 속성이 질적인 면에서 철저히 무한하다고 말해야 한다. 하나님의 무한성은 가장 고등한 의미에서의 완전함이다. 하나님과 관련해 "아직 완성되지 않았다"(혹은 "불분명하다")는 말은 그분의 무한성을 이해하기에 적절치 않은 표현이다. 그보다는 그 어떤 경계나 한계나 등급도 없이 하나님은 무한히 아시며,[사 40:28] 하나님은 어느 곳에서나 다 중심이시고 그 어디에도 경계가 없는 영역이시다. 하나님은 우주에서 우리로부터 가장 멀리 계시고 그와 마찬가지로 우리 가운데에도 계신다. 그러나 어느 한 곳에 계시면서도 그와 동시에 그 어떤 장소에도 절대 제한받지 않으신다.

시편 기자는 하나님의 무한성을 명시적으로 시인한다. "우리 주는 위대하시며 능력이 많으시며 그의 지혜가 무궁하시도다."[시 147:5] 하나님의 지혜는 무궁하여 측량 불가능하다. 여기서 시편 기자는 다른 시에서와 마찬가지로 한 가지 속성을 또 한 가지 속성과 결합시킨다. 하나님은 위대하시다. 왜냐하면 하나님은 능력이 많으시고(전능하시고) 지혜(전지)가 무궁(무한)하시기 때문이다.

하나님은 영원하시고 전능하시기 때문에 그 무엇도 하나님을 제한할 수 없고 너무 힘들어서 하나님이 하지 못하실 일이란 없다. "나는 여호와요 모든 육체의 하나님이라. 내게 할 수 없는 일이 있겠느냐."렘 32:27 하나님은 만사를 결정하는, 영원하고 독립적이고 능력 있는 하나님이시다. 하나님은 완전이시며, 그래서 그 무엇도 하나님을 넘어 확장되지 못한다. 하나님의 무한성은 '불확정성'이나 '가능성'으로 이루어지는 게 아니라 속성의 완전함으로 이루어진다. 하나님은 완전히 실현된 가능성이다. 다시 말해 하나님은 무언가가 "될"become 수 없다. 하나님은 언제나 오로지 하나님이셨고 앞으로도 오로지 하나님이실 것이다. 완전히 실현되어 그 무엇도 필요로 하지 않으시고 모든 것을 다 소유하신 분 말이다.

하나님의 무한성을 단언하는 것은 곧 하나님의 불가해성을 말하는 것이기도 하다. 우리는 하나님을 알되 하나님께서 자기 자신을 아시는 것처럼은 절대 알 수 없다. 유한은 무한을 이해할 수 없기 때문이다. 우리의 이해에는 한계가 있다. 우리는 피조물이기 때문이다. 하나님은 무한하고 영원한 하나님으로서 한계가 없는 지식을 소유하신다. 우리가 하나님을 다 알게 되는 것보다는 차라리 찻잔 하나에 대양大洋을 담는 편이 더 빠를 것이다. 우리의 하나님 이해는 하나님의 실제 존재에 비교할 때 태양의 거대 광선에 비교되는 희미한 불빛과 비슷하다. 우리가 확실하게 말할 수 있는 것은, 하나님에 대한 우리의 지식은 절대 완전할 수 없고 그저 (구원을 받기에) 적당한 지식으로서 이 지식은 늘 자라 갈 수 있다는 것이다.

그리스도의 가치

하나님의 아들은 타락한 죄인들 편에서 중보자 사역을 이행하기 위해 인성을 취하셨다. 이 사역의 효력은 그분의 위격의 가치에 달려 있다. "이 사역을 위엄 있게 하는 것은 이 위격의 위엄"이라고 토머스 굿윈은 말한다.[5] 굿윈은 또 이렇게 덧붙인다. "신성이 모든 충만함으로 그와 그의 위격에 거한다고 이야기되는 것처럼, 이 위격의 본질적 탁월함이 해석해 낼 수 있는 모든 가치도 동일한 방식으로 그의 모든 행위에 새겨져 있다."[6]

많은 그리스도인들과 신학자들이 주장하기를, 성삼위의 제2위가 죽었다고 말하면 안 된다고 한다. 그렇게 말하면 하나님의 존재 자체에 어떤 변화가 성립된다면서 말이다. 이들은 하나님이 십자가에서 죽었다고 말하기를 불편해한다. 대신 이들은 그리스도(신인)께서 인성을 입고 십자가에서 죽었으며 이 인성은 그분의 신성과 불가분으로 연합되어 있고, 그 신성은 죽으실 수 없었다고 말하는 편을 더 좋아한다. 하나님이 죽으셨다고 암시하기를 불편해하는 심정은 충분히 이해가 가지만, 이 입장은 본질적으로 그리스도의 인성의 대속을 제한한다. 그리고 결과적으로 수많은 죄인들을 위해 죽으신 그리스도의 죽음의 무한한 가치에까지 파급 효과를 끼친다. 이에 대해서는 나중에 좀 더 자세히 살펴보게 될 것이다.

본질을 말하기에 적합한 표현과 위격을 말하기에 적합한 표현은 구별해서 주장해야 한다는 사실을 유념해야 한다. 그렇다면 위격과 관련해서는 성자와 성령이 성부에게서 나온다고 말할 수 있지만, 본질과 관련해서는 성부·성자·성령이 독립적으로 존재한다고 말할 수 있다.[7] 신학자들은 대개 이 구별을 사용해 본질의 연합을 주장할 뿐만 아니라 세 위격의 관점에서 관계적 질서를 단언한다. 성부가 성자를 낳지, 그 반대가 아니다. 그러므로 위격을 말하기에 적합한 표현은, 어째서 성부가 십자가에서 죽은 게 아니라 성자가 십자가에서 죽었다고 말할 수 있는지 그 이유를 설명해 준다.

하나님께서 피로써 교회를 사셨다고 말할 때,[행 20:28] 이는 하나님께서 자신의 죽음으로 교회를 사셨다는 말이며, 우리는 당연히 그런 의미로 그렇게 말해야 한다. 우리는 성경이 명시적으로 가르치는 대로 설교하고 기도하고 찬양할 자유가 (그리고 신학적 도구가) 있어야 한다. 복음의 신비와 영광은 오해될 수도 있는 내용을 말할 것을 요구한다(예를 들어 오직 믿음에 의한 칭의 교리와 그 복된 교리에 대한 로마 가톨릭의 태도에서처럼).

이는 신성이 고통을 겪는다는 의미 아니냐고 어떤 이들은 염려할지도 모르고, 그래서 하나님의 아들(두 번째 위격)이 십자가에서 죽었다고 단언하기를 겁낼 수도 있다. 그러나 성자 하나님이 죽으셨다고 말할 수 있음은 신학 용어로 '속성의 교류'communication of properties 덕분이다. 프란키스쿠스 투레티누스의 말에 따르면 이는 "이 위격은 확실히 두 본성 각각의 속성들을 자기 것으로 주장한다. 하지만 한 본성이 다른 본성의 속성들을 자기 것으로 주장하지는 않으며, 이는 이 속성들이 위격에 속해 있기 때문이다"라는 의미다.[8] 「웨스트민스터 신앙고백서」는 이 교리를 아주 잘 요약하고 있다. "그리스도께서는 중보 사역을 하실 때 두 본성에 따라 행하시며, 각 본성에 의해 그 본성 고유의 일을 하신다. 그러나 위격의 단일성 때문에 때로 성경에서는 한 본성에 속한 일이 다른 본성으로 불리는 위격이 하는 일로 돌려지기도 한다"(8장 7항). 따라서 속성의 교류 때문에 우리는 죽음이나 배고픔을 성자의 위격에 속한 일이라 단언할 수 있다. 죽음이나 배고픔을 겪을 수 있는 것은 오직 인성뿐일지라도 말이다.

그래서 우리는 추상적이거나 대체적인 방식으로 신적 본질로서의 하나님이 십자가에서 고난당하셨다고는 말하지 않는다. 그러나 성자 하나님이 죽으시고 피 흘리셨다고 말할 때(행 20:28의 의미를 따라서), 이는 신인이신 그리스도라는 구체적 위격에 대해 하는 말이다.

우리는 본성이 아니라 위격이 죽었다고 말해야 한다. 신인이신 예수가 십자가에서 죽으셨다. 죽은 것은 단순히 신인의 인성이 아니었다. 단순히 신인의 인성이 죽은 것이라면 이는 그분의 위격이 나뉘는 일일 것이기 때문이다. 예수의 현재 신분을 알면 이 개념을 이해하는 데 도움이 된다. 성부 하나님의 오른편에 앉아 있는 위격은 성삼위의 제2위라고 말할 수 있다. 하지만 우리는 예수의 인성이 신성의 신적 본질을 공유하지 않으므로 이 위격이 오로지 (우리에게 그리스도의 흔적만 남기고 가 버린) 예수의 신성이라고 주장하지는 않는다. 그보다는 속성의 교류 때문에 신인이신 예수가 성삼위의 제2위라고 말하는 게 옳다. 마찬가지로, 부활하신 그리스도를 본 도마는 "나의 주님이시요 나의 하나님이시니이다"요 20:28라고 외쳤다. 도마는 "자, 물론 내가 말하는 하나님은 인성을 입은 하나님이 아니라 신성으로 계신 하나님을 뜻하는 겁니다. 비록 내가 지금 육신을 입고 있는 당신을 보고 이렇게 놀라기는 하지만 말입니다"라고 하면서 자기 말의 의미를 한정하지는 않았다. 도마는 그저 예수를 보고 하나님이라 불렀다.

그래서 우리는 속죄가 그리스도의 인성에 의해 이루어진다는 식으로 말하지 말아야 한다. 본성은 추상적 의미로는 아무 일도 하지 않는다. 우리는 그리스도의 모든 중보 행위에서 구체적 위격에 관심을 가져야 한다. 성자께서 이렇게 하셨다, 성자께서 저렇게 하셨다고 말해야 하는 것이다. 위격이신 그리스도께서 죄를 속하셨다. 속죄는 무한한 가치를 가질 필요가 있었기 때문이다. 사실 한 위격이 수백 수천만 명을 위해 죽으셨다. 이 일이 가능한 것은 하나님께서 자기 아들의 희생을 기쁘게 받으시기 때문이다. 굿윈의 말처럼 "범죄는 무한히 영화로우신 하나님께 대하여 저지르는 것이므로, 거룩한 공로는 똑같이 무한한 분이 이루신다."9

그렇다면 우리는 하나님의 무한성에 대해 불확실한 태도를 가질 여유가 없다. 우리의 구원은 무한하신 분께서 인간이 되사 죄인들을 대신해 죽으셨다는 사실에 달려 있으니, 이 죄인들은 무한히 거룩하신 하나님께 범죄한 자들로, 하나님께서는 우리를 용서하시고자 할지라도 공의의 보응을 요구하셨다. 무한히 영화로우신 성자께서 치르시는 죗값만이 이 공의를 충족시킬 것이다.

유한한 우리는 무한하신 하나님을 이해할 수 없지만, 복음은 우리가 하나님에 대해 많은 것을 알 수 있게 해주며 복음 아닌 다른 것으로는 하나님을 그만큼 알지 못할 것이다. 토머스 굿윈은 이렇게 말한다.

> 하나님의 "등"(출 33:22), 곧 우리가 하나님의 속성, 하나님의 능력, 지혜, 진리, 공의라 일컫는 것, 하나님께서 모세에게 자신의 영광이라 일컫는 것……그리고 우리가 눈으로 보면 반드시 죽는 이런 것들이…… 구주이신 그리스도에 대해 우리가 아는 내용들로써 복음에서 무한히 사실적이고 본질적으로 우리에게 제시된다. 그리고 천사와 인간 같은 모종의 지적인 피조물들로 가득한 세상이 수백만 개 있고 그 세상에 하

나님의 어떤 속성이 계시되었거나 계시될 수 있었든, 구주 그리스도에 대해 우리가 아는 내용들은 이보다 무한히 탁월하다.[10]

이렇게 복음 안에서 우리는 그리스도의 희생의 무한한 가치로 구원받을 뿐만 아니라 그분의 죽음에서 우리는 하나님에 관한 지식을 '무한히' 더 소유한다. 그리스도의 초자연적 계시가 아니었다면 우리는 그 정도의 지식을 가질 수 없었을 것이다.

적용

하나님의 무한성이라는 교리가 우리에게 큰 기쁨을 주는 것은, 그리스도의 희생이 지닌 무한한 가치 덕분에 우리 죄가 사함을 받는다고 이 교리가 우리에게 확실히 알려 주기 때문이다. 더 나아가, 유한한 피조물인 우리는 무한을 절대 이해하지 못한다는 사실을 기뻐할 수 있다. 이 교리는 문제이기는커녕 오히려 기쁨이다. 영광스럽게 부활한 몸이 언젠가는 우리에게 주어질 것이기 때문이다. 바울의 말처럼 "우리가 흙에 속한 자의 형상을 입은 것같이 또한 하늘에 속한 이의 형상을 입"을 것이다.[고전 15:49]

이렇게 높아진 상태에서 우리는 우리의 영적·지적 능력을 밝히시는 성령으로써 하나님과 그리스도를 아는 일에 온전히 우리 마음을 쏟아 부을 수 있을 것이다. 하나님을 아는 일에는 영원 세월을 바쳐야 할 것이다. 왜냐하면 그분은 무한하신 하나님이기 때문이다. 하지만 영원 세월을 다 바친다 해도 우리는 절대 하나님을 완전히 알지 못할 것이다. 그래도 우리를 기다리고 있는 일들에서 우리가 기대할 것이 그렇게 많은 한, 이 불가능성은 여전히 우리에게 기쁨일 것이다. 하나님을 안다는 말은 단순히 하나님이 어떤 분이신지에 대해 더 큰 인식에 이른다는 뜻이 아니라, 하나님께서 우리를 위해 하신 일과 앞으로도 계속하실 그 모든 일에 대해서도 더 큰 인식을 갖게 된다는 뜻이다. 새 창조 세계에 드러난 하나님의 속성에 대한 우리의 이해를 포함해서 말이다. 예를 들어 우리는 다 최고 수준의 진짜 과학자가 될 것이다.

하지만 우리는 피조물로서의 우리의 기존 위치를 늘 기억해야 한다. 우리는 무한하신 하나님을 섬기는 자들이며, 이생에서 우리의 찬양은 하나님께 마땅히 돌려져야 할 찬양에 훨씬 못 미친다. 하지만 하나님께서는 우리의 연약함에도 불구하고 우리의 찬양을 받으신다. 우리를 과분한 자리로 들어올리기 위해 무한하신 분께서 몸을 굽히고 굽히고 또 굽히신다. 우리가 무한하신 하나님의 아들과 연합하면 인간이 이를 수 있는 가장 특권적인 자리에 서게 된다. 이는 에덴동산에서 아담이 있던 자리보다 더 특권적인 자리다. 우리가 우리를 영원히 만족스럽게 하실 무한하신 하나님께 속해 있음은, 오직 하나님만이 자기 피조물에게 영원한 복을 부어 줄 수 있는 위치에 있기 때문이다. 매튜 미드는 이 사실을 다음과 같이 설명한다.

> 아! 무한한 의가 우리 죗값을 치러야 할지니, 이는 우리가 무한하신 하나님께 범죄 했음이라. 그대의 죄가 사함받는다 해도 그 죄를 사하는 것은 무한한 자비라. 그대가 하나님과 화목케 된다 해도 무한한 자비가 그 일을 해야 할 것이다. 그대의 마음이 변화된다 해도, 그대의 영혼이 새

로워진다 해도, 그런 결과를 낳는 것은 무한한 자비일 것이다. 그리고 설령 그대의 영혼이 지옥을 빠져나와 마침내 구원받는다 해도, 그 영혼을 구하는 것은 무한한 은혜일 것이다.[11]

05 } 하나님은 영원하시다

너는 알지 못하였느냐. 듣지 못하였느냐.
영원하신 하나님 여호와,
땅끝까지 창조하신 이는
피곤하지 않으시며 곤비하지 않으시며
명철이 한이 없으시며. _사 40:28

교리

하나님은 영존하시는 하나님이다. 달리 표현하자면, 하나님은 영원하시다. "영원하신 하나님이 네 처소가 되시니 그의 영원하신 팔이 네 아래에 있도다."신 33:27 그러나 이 말을 하자마자 우리는 한 가지 심각한 문제에 봉착한다. 우리는 항존恒存하는 존재가 아니라, 언제나 계셨고 앞으로도 늘 계실 하나님으로부터 창조된 존재이기 때문에 하나님의 영원성을 이해하거나 표현할 수 없다. 인간의 이지理智는 그런 개념을 당혹스러워한다. "하나님은 높으시니 우리가 그를 알 수 없고 그의 햇수를 헤아릴 수 없느니라."욥 36:26 스티븐 차녹의 말로 표현하자면 "인간이 자신을 다른 피조물과 비교하면 자신을 너무 높게 여길 수 있다. 그러나 하나님과 비교하면 자신의 비천함을 지각할 수밖에 없다."[1]

하나님은 영원하시다고 할 때, 우리는 무슨 뜻으로 그 말을 하는가? 첫째, 하나님의 영원성은 인간이나 천사가 경험하는 영원한 상태와 다르며, 인간이나 천사는 모두 시간 안에서 창조되었다. 시간은 순간의 연속에서 시작되지만 하나님에게는 시작도, 순간의 연속도, 끝도 없다.^{창 1:1, 욥 36:26, 시 90:2} 하나님의 영원성은 시간에 제한받지 않으며 불변하는(그러나 정지 상태는 아닌) 하나님의 본질에 대해 말해 준다. 옛 신학자들의 주장처럼 "시간은 피조물과 더불어 시작되었다"는 말이 "피조물은 시간과 더불어 시작되었다"는 말보다 더 그럴 듯하게 들린다.

하나님에게는 시작이 없다. 그 사실에 대해 생각해 보라. 하나님은 늘 존재해 오셨다. 그 무언가가 하나님을 존재하시게 한 게 아니다. 이렇게 생각하다 보면 우리는 멈칫하게 된다. 하나님을 일컬어 "옛적부터 항상 계신 이"^{Ancient of Days, 단 7:9}라고 하지만, 이것도 하나님의 영원성에 대해 말하는 방식으로는 여전히 '부적절'하다. 하나님은 나이를 먹는 분이 아니기 때문이다. 하나님은 나이가 많지도 않고 나이가 어리지도 않다. "옛적부터 계신 이"는 하나님이 자기 자신 안에 모든 시간과 시대를 다 포괄한다는 사실을 강조하는 말로, 우리의 제한된 이해에 적합한 표현이다.

하나님에게는 끝이 없다.^{시 9:7, 계 4:9-10} 그 어떤 존재도 하나님께 생명을 줄 수 없으므로, 그 어떤 존재도 하나님에게서 생명을 앗아가지 못한다. 그리스도께서 요한복음 10:18에서 "이를[내 생명을] 내게서 빼앗는 자가 있는 것이 아니라 내가 스스로 버리노라"라고 말씀하실 수 있었다면, 하나님의 생명에 대해서는 더더욱 누구도 그분의 생명을 빼앗아갈 수 없다고 말할 수 있지 않겠는가?

하나님에게는 시간의 연속이라는 게 없다. 하나님의 영원성은 하나님의 다른 속성, 이를테면 불변성(즉, 하나님은 변하실 수 없다)이나 전지성(즉, 하나님은 모든 것을 다 아신다) 같은 속성에서 분리될 수 없다. 하나님은 만사를 동시에 파악하신다. 하나님은 지금까지 존재했거나 혹은 앞으로 존재하게 될 모든 것들을 동시에 보시며, 이를 가리켜 우리는 "영원한 현재"라고 할 수 있다. 루이스 벌코프는 하나님이 모든 시간을 초월해 존재하시며 "그러므로 하나님은 시간의 한계에 매이지 않는다. 하나님에게는 영원한 현재만 있을 뿐이며 과거나 미래는 없다"는[2] 점에 주목하면서 영원한 현재 개념에 대해 말한다. 차녹도 비슷하게 말하기를, 영원성은 "시간과 반대"되고, "영구하고 변하지 않는 상태"이며, "무한대성이 [하나님의] 본질의 확산인 것처럼, 영원성은 그분의 본질이 지속되는 것이다.……하나님의 본질이 무한한 만큼 하나님의 지속도 끝이 없다"고 한다.[3]

영원한 현재 개념을 설명하기 위해 우리가 지금 야구 중계를 보고 있다고 가정해 보자. 우리는 매 순간이 연속되는 가운데 생중계로 경기를 보고 있다. 경기가 상세하게 이어지기 전에는 그 내용을 확실하게 알 수 없다. 우리는 경기가 우리 눈앞에서 펼쳐지기를 기다린다. 다시 말해 9회는 8회까지의 경기가 진행된 후에야 벌어진다. 그러나 하나님은 야구 경기를 우리가 보는 것처럼 보지 않으신다. 하나님은 경기가 진행되는 모든 과정을 한꺼번에 보신다. 하나님은 9회를 보시는 동시에 1회도 보신다. 그러나 하나님은 9회를 1회와 섞지 않으신다. 이제 이것을 세계 역사에도 적용해 보자. 하나님은 과거를 보실 뿐만 아니라 미래도 보시기 때문에 미래에 있을 사건을 오류 없이 예측하신다. 하나님은 시초부터 종말을 알리셨다.^{사 46:9-11}

안셀무스는 위에서 언급한 이런 모든 개념을 다음과 같이 아름답게 포착한다.

> 영원을 통해 주님은 과거에도 계셨고 지금도 계시고 앞으로도 계실 것입니다. 과거는 미래와 다르고, 현재는 과거 및 미래와 다른데, 주님의 영원하심은 어떻게 전체로서 늘 존재합니까? 주님의 영원하심은 조금도 흘러가지 않고, 그래서 더는 현재가 아니며, 주님의 영원하심은 그 무엇이 되지 않아, 말하자면 아직 현재가 아닌 것입니까? 그렇다면 어떤 경우에도 주님은 어제가 아니셨고 내일이 아니실 것입니다. 그보다 주님은 어제요 오늘이며 내일이십니다. 아니, 주님은 그저 계신다고, 모든 시간을 초월해 존재하신다고 하는 게 낫겠습니다. 주님은 어제나 오늘이나 내일, 존재하지 않으십니다. 어제, 오늘, 내일은 다름 아니라 이 생에서 시간을 구별하는 말일 뿐이기 때문입니다. 주님 아니면 그 무엇도 존재할 수 없지만, 주님이 공간이나 시간 속에 계신 게 아니라 만물이 주님 안에 있습니다. 주님은 그 무엇 안에도 담기지 않으시고 오히려 주님께서 만물을 담으시기 때문입니다.[4]

우리는 이 세상에 잠시 사는 피조물이기에, 영원을 안다는 것은 우리 능력 밖에 있는 일이다. 하지만 우리는 하나님의 영원성을 깊이 생각해 볼 수도 있고, 언어를 사용해 우리의 영원하신 하나님을 묘사할 수 있는 특권을 누린다는 사실에 경이로워할 수도 있다.

영생이라는 그리스도의 선물

"만물보다 먼저 계"시는,골 1:17 따라서 영원하신 하나님인 성자께서 시간 속으로 들어와 시간이라는 조건에 제약을 받게 되셨다. 그리스도께서는 자신의 인성을 따라, 비본질적 시간과 본질적 시간에 매이셨다. 하늘(즉, 행성과 별)을 만드신 그리스도께서는 비본질적 시간으로써 그 하늘의 움직임을 측정하셨다. 본질적 시간에 의해 그리스도는 나이를 먹으며 자라셨고, 안식일을 기다리기도 하셨고, 훌륭한 식사를 기대하기도 하셨다.눅 19:5 그리스도에게는 과거와 현재와 미래가 있었다. 그리스도의 인성은 피조된 것으로, 죄를 제외하고는 우리의 인성과 모든 면에서 똑같았기에, 그분은 본질적 시간을 소유했고, 이는 모든 피조물의 특징이다.

영원하신 하나님의 아들은 그 무엇도 필요로 하지 않으시고 만사를 다 아시며 만물을 다 소유하신 분으로, 우리에게 영생이 있도록 하시려고 시간 속으로 들어오셨다.요 3:36 우리에게 영생이라는 선물을 주시기 위해 성자께서는 시간에 속한 그 모든 현실(예를 들어 소망 중에 믿음으로 사는 것)에 스스로 기꺼이 복종하셨다.

시편 90편에서는 그리스도의 위격에서 무언가 시간과 영원에 관련된 것을 볼 수 있다. 2절에서 시편 기자는 그리스도의 영원성을 이렇게 설명한다. "산이 생기기 전, 땅과 세계도 주께서 조성하시기 전

곧 영원부터 영원까지 주는 하나님이시니이다." 그러나 그리스도는 날 계수하는 법을 배우기도 하셨다.[12절] 그리스도는 아버지의 진노 아래 돌아가셨다.[9절] 높아지신 메시아로서 그리스도의 날에는 끝이 없다.[시 102:27, 히 1:12] 그리고 "그리스도 안에" 있는 이들은 이 현실에 참여하게 될 것이다.

하지만 이는 하나님이 영원하신 것처럼 우리도 "영원하다"는 의미인가? 그렇지 않다. 우리는 "끊이지 않는 시간"aeviternity을 소유하며, 이 시간에는 시작은 있지만 끝은 없다. 이 표현은 개혁파 신학자들은 물론 중세 스콜라 철학자들(예를 들어 보나벤투라 같은)도 사용했다. 천사와 인간에게는 "끊이지 않는 시간"이 있다. 하나님의 영원성에는 그분의 광대한 전지함도 포함된다. 반면 우리가 영원한 상태에 있다는 것은, 하나님을 아는 지식에서 영원히 자라가되 하나님만이 알 수 있는 만큼 모든 것을 다 알게 되지는 못한다는 뜻이다. 그러므로 역시 영원하신 하나님만이 "영원한" 생명을 주실 수 있다.

적용[5]

하나님의 영원성에는 모든 인간의 영원한 운명에 대해 우리가 어떻게 생각을 해야 하는가를 포함해 그리스도인의 삶을 위한 여러 가지 중요한 의미가 담겨 있다.

은혜·지옥·천국 등과 같은 교리에 대해 말할 때는 대강 뭉뚱그려서 말할 것이 아니라 성경에서 말하는 것처럼 구체적으로 말해야 한다. 성경은 이런 것들에 대해 말할 때 선하고도 필연적인 결과를 집중 조명한다(마 22:32을 보라). 예를 들어 설교자가 지옥은 왜 그리 공포스럽고 천국은 왜 그리 행복할 것인지 설명하지 못한다면, 이는 지옥의 공포에 대해 청중에게 별 감명을 주지 못하는 설교일 것이다. 지옥은 "하나님에게서 분리되는 것"이라는 일반적인 개념도 저주받은 자를 기다리고 있는 영원한 고통을 정확하게 묘사하는 말이 아니며, 그리하여 그 고통에 대해 오해하게 만든다. 사실 하나님을 미워하며 중보자가 없는 죄인은, 거룩하시고 의로우시며 능력 있으신 하나님 존전에서 영원히 살 것이다. 그럼에도 지옥에 있는 악인은 하나님과 연합하고자 하는 소원이 전혀 없을 것이다. 하나님과의 연합에 대한 소원이야말로 사랑의 주된 증표인데 말이다. 따라서 하나님 앞에서도 이들은 하나님과 함께하기를 전혀 바라지 않을 것이다.

그리스도께서는 성경에서 지옥에 대해 다른 누구보다도 더 많이 말씀하셨다. 그러나 그리스도는 단순히 지옥에 대해 말씀하신 게 아니었다. 그리스도께서는 지옥을 구체적으로 묘사하셨다.^{마 10:28} 예를 들어 누가복음 3:17 말씀을 생각해 보자. 이 말씀은 지옥을 "꺼지지 않는 불"로 묘사하면서 끝난다. 성경 다른 곳에서 우리는 지옥을 "울며 이를 갈게" 되는 "풀무 불"로 묘사하는 말씀을 보게 된다.^{마 13:42} 지옥은 "불못",^{계 19:20} "영원한 불",^{유 7절} "바깥 어두운 데",^{마 22:13} 언제까지나 캄캄한 흑암,^{유 13절} "구더기도 죽지 않고 불도 꺼지지 아니하"는 곳으로^{막 9:48} 우리 앞에 다가온다. 지옥은 영원하다, 즉 언제나 있다.

지옥의 고통은 시간의 관점에서 천국의 기쁨과 대비시킬 수 있다. 이렇게 하면 천국의 영광과 지옥의 공포를 더 잘 이해할 수 있다. 실로 지옥은 너무 큰 징벌이고 천국은 매우 멋진 상급이기에 이생에서 우리는 둘 중 어느 것도 제대로 이해하지 못한다. 그리스도인은 영원한 생명을 받을 것이고.요 5:24 그치지 않는 사랑으로 주 예수를 사랑하지 않는 자들은 영원한 죽음을 받을 것이다.고전 16:22 하지만 예를 들어 영원 속의 시간을 묵상할 때, 우리는 어떻게 바울처럼 주님에 대한 두려움으로고후 5:11 사람들을 권면할 수 있을까? 한 가지 방법은, 지옥에서는 영원이 아니라 한정된 시간, '더디 가는' 시간밖에 없는 것 같은 느낌임을 설교자들이 청중에게 일깨워 주는 것이다. 이생에서 힘든 일을 겪을 때면 마치 시간이 정지된 것처럼 느껴진다. 교통 체증으로 발이 묶여 있을 때나 병원 대기실에 앉아 있을 때도 시간은 느릿느릿 간다. 일분일초가 수십 분처럼 여겨진다. 조악한 설교를 듣고 있을 때도 좀처럼 시간이 안 간다.

하지만 천국에 있는 이들은 뭔가 전혀 다른 경험을 할 것이다. 이들은 그리스도를 닮아 말로 다할 수 없는 기쁨을 소유하고 있기 때문이다. '재미있는' 일을 하고 있을 때는 시간이 금방 간다. 천국에서는 우리가 체험하는 기쁨 때문에 시간이 얼마나 쏜살같이 지나갈지 상상해 보라. 아니면 끈질긴 텔레마케터와 통화할 때와 앞으로 나의 아내 혹은 남편이 될 사람을 알아갈 때를 비교해 보라. 텔레마케터와 통화할 때는 1초가 1년 같을 것이고, 앞으로 결혼할 사람과 대화를 나눌 때는 1년이 1초 같을 것이다.

여기서 우리는 두 가지 서로 연관된 사실을 관측할 수 있다.

1. 천국에서 우리가 누리는 기쁨은 점점 커지기만 할 뿐, 절대 줄어들지 않는다. 우리의 기쁨이 점점 커지리라는 것을 알면 그 순간 느끼는 기쁨이 고조된다. 이생에서는 지금 이 순간 기쁘

더라도 이 기쁨이 곧 끝날 것을 알기에(예를 들어 일생일대의 휴가가 내일 끝난다든지 하면) 슬퍼질 수 있다. 그러나 천국에서는 그렇지 않다. 천국에서는 우리의 기쁨이 절대 끝나지 않으며, 그래서 이어지는 매 순간마다 더 큰 기쁨이 유발된다.

2. 지옥에 들어간 자들에 대해 말하자면, 이들의 절망 또한 점점 커지기만 할 뿐, 절대 줄어들지 않을 것이다. 이생에서는 어려움을 만나도 그 순간이 곧 지나갈 것을 알기에(예를 들어 아무리 스트레스가 심해도 열두 시간만 근무하면 퇴근하는 간호사처럼) 그나마 위안이 되지만, 지옥에 있는 자들은 절대 그런 위안을 경험할 수 없다. 지옥에 있는 자들은 자신이 영원히 고통당하리라는 것을 점점 더 실감하게 되고, 그에 따라 영원한 심판에 대한 절망은 점점 깊어지기만 한다. 소망은 완전히 사라진다. 여기 이 땅에서 고난을 당할 때, 우리에게는 언제나 바라며 기대하는 하나님의 약속이 있다.[롬 8:18; 28-30] 그러나 지옥에 있는 자들에게는 아무 약속도 없고, 따라서 아무 소망도 없으며, 오직 절망만 깊어 갈 뿐이다.

토머스 굿윈의 말에 따르면, 악한 자들은 지옥에서 절망할 것이다. 왜냐하면 "지옥에 있는 비참한 영혼은……자신이 그 비참함에서 헤어나지 못하리라는 것을 알 뿐만 아니라 단 한 순간도 자유롭게 숨 돌릴 만한 공간을 찾을 수 없이, 살아 계신 하나님인 분과 영원히 마주해야" 하기 때문이다.[6] 악한 자들은 가련하다. 그들에 대한 하나님의 진노가 절대 그치지 않기 때문이다. 그런 이유로 악한 자들은 완전한 두려움 가운데 존재하면서, 현재 순간뿐만 아니라 영원히 겪는 일들로 고통당할 것이다.

지옥에 있는 자들의 유일한 반응은 하나님 앞에 불경한 태도를 보이는 것뿐이다. 이들에게는 하나님을 기쁘시게 할 만한 선*함이 전혀 없기 때문이다. 그 결과, 죄인이 받는 징벌에는 끝이 있을 수 없다. 하나님의 영원하심은 죄인의 영원한 신성모독 태도와 짝을 이루어 그가 영원히 고통당할 것을 요구한다. 저주받은 죄인은 하나님 앞에 계속 불경한 태도를 보이고 그래서 이들에게 영원한 절망이 점점 깊어질 것이며, 이 개념은 남녀노소 할 것 없이 십자가에서 남을 위해 지옥의 절망을 감당하신 분에게로 피하라고 권면할 모든 이유를 우리에게 제공한다.^{고후 5:11-21}

정말로 그리스도의 십자가를 믿는다면, 그렇다면 지옥이 실재함을 인정해야 한다. 지옥이 존재함을 믿는다면, 그곳에 그리스도께서 달리실 십자가가 예비되어 있었다는 사실에 더할 수 없이 감사하게 된다.

06 } 하나님은 불변하시다

천지는 없어지려니와 주는 영존하시겠고
그것들은 다 옷같이 낡으리니
의복같이 바꾸시면 바뀌려니와
주는 한결같으시고 주의 연대는 무궁하리이다.
주의 종들의 자손은 항상 안전히 거주하고
그의 후손은 주 앞에 굳게 서리이다 하였도다. _시 102:26-28

교리

하나님의 속성을 하나하나 살피다 보면, 한 속성이 필연적으로 다른 속성을 설명한다는 것을 곧 알게 된다. 예를 들어 하나님의 영원성은 하나님의 불변성 혹은 변하지 않는 성질을 어떻게 이해해야 할 것인가에 명백한 함축적 의미를 던져 준다. 헤르만 바빙크는 이 두 가지 완전성을 (다른 속성과 함께) 이해하기 쉽게 중첩해서 설명한다. "변화는 그게 어떤 변화든 하나님과는 맞지 않는다. 하나님에게는 시간과 관련해 그 어떤 변화도 없다. 하나님은 영원하시기 때문이다. 하나님에게는 위치상의 변화도 없다. 하나님은 편재하시기 때문이다. 또한 하나님에게는 본질의 변화도 없다. 하나님은 순전한 존재이시기 때문이다."[1]

성경은 하나님의 불변성을 자주 언급한다. "나 여호와는 변하지 아니하나니"(말 3:6. 사 14:27; 41:4도 보라). 이런 구절들은 대개 하나님의 윤리적 불변성을 언급하며, 이는 하나님이 자기 약속에 언약적으로 신실하시다는 사실을 가리킨다. 그런 도덕적 불변성은 하나님의 존재론적 불변성에서 비롯되며, 이는 하나님은 존재나 본질이 절대 변하실 수 없다는 사실을 뜻한다. 하나님이 변할 수 있는 분이라면 우리는 하나님의 약속을 절대 확신할 수 없을 것이다. 따라서 하나님의 존재론적 불변성은 그리스도 안에서 우리를 향한 그 불변의 신적 약속의 토대가 된다.

하나님은 언제나 하나님이셨고 앞으로도 하나님이실 것이다.[약 1:17] 하나님은 단순한 분이시며, 이 단순성 때문에 하나님의 영원성은 하나님의 불변성을 요구한다. 영원성은 어떤 상태가 지속되는 것에 대해 말하는 반면, 불변성은 상태 자체다. 하나님의 불변성이란 하나님이 변하지 않는다는 의미일 뿐만 아니라 하나님은 변할 수 없다는 뜻이기도 하다.[시 102:26] 하나님의 불변성은 하나님의 백성에게 크나큰 위로와 안정감을 준다. 그래서 예를 들어 신학자들이 하나님은 불변하시다고 오랜 역사에 걸쳐 주장해 왔을 때, 이들이 주목한 것은 하나님의 불변하시는 선함·사랑·거룩함·능력·지혜였다. 우리는 사랑이 변할 수도 있는 하나님을 원하는가? 거룩함이 변할 수 있는 하나님을 원하는가? 능력이 달라질 수 있는 하나님을 원하는가? 하나님의 불변성을 단언할 수 있다는 것은 얼마나 큰 복인가.

하나님의 영원성과 불변성을 하나님의 지식에 적용할 경우, 우리는 하나님이 만사를 한꺼번에 다 아신다고 말해야 한다. 불변성은 하나님의 지식에 변화가 있을 가능성을 아예 배제한다. 게다가 하나님은 영이시기 때문에 육체의 본성을 지닌 자들에게서나 볼 수 있는 이런저런 변이變移에 종속되지 않으신다.

청교도 토머스 빈센트는 하나님이 어떻게 불변하시다는 것인지 그 개념을 이해하는 몇 가지 방식을 다음과 같이 적절히 정리한다.

1. 하나님은 본성과 본질 면에서 불변하시다.시 102:25-27
2. 하나님은 뜻과 목적 면에서 불변하시다.사 46:10
3. 하나님은 사랑과 특별한 은총 면에서 불변하시다.롬 11:29, 약 1:17 **2**

하나님이 자신의 약속과 목적과 관련해 불변하시다는 사실은 우리에게 큰 위로가 된다. "하나님은 사람이 아니시니 거짓말을 하지 않으시고 인생이 아니시니 후회가 없으시도다. 어찌 그 말씀하신 바를 행하지 않으시며 하신 말씀을 실행하지 않으시랴."민 23:19 만약 우리를 향한 하나님의 목적이 변할 수 있다면, 하나님을 사랑하는 이들의 선을 위해 만사가 합력한다는 하나님의 약속이롬 8:28 위태롭게 될 것이다. 실제로 그리스도를 향한 하나님의 불변의 약속과 목적은 그리스도에게도 확신을 주었다(예를 들어 요 17장). 하지만 하나님이 변할 수 있는 분이라면 그 확신은 사라졌을 것이다.

그런데 하나님이 그 존재나 지식 면에서 변화가 있을 수 없는 분이라면, 하나님이 "후회하신다"고 말하는 성경 구절은 어떻게 이해해야 할까? 역사적으로 개혁파 정통 신학자들은 하나님이 엄밀한 의미에서가 아니라 상대적으로 후회하시는 것이라 주장해 왔다. 후회라는 인간적(신인동형론적) 표현을 통해 하나님은 인간의 연약함과 유한함에 맞도록 거침없이 그리고 은혜롭게 자기 자신을 적응하신다. 인간은 하나님에 대한 이해가 제한되어 있으니 말이다. 하나님이 진짜로 후회하시지는 않는다. 진짜로 후회하신다면 이는 죄를 암시하거나, 적어도 이전의 행동 경로와 관련해 생각을 바꾸실 필요가 있음을 암시하는 말이 될 터이며, 이는 결국 하나님이 만사를 오류 없이 다 아신다는 사실과 충돌을 일으킬 것이다. 마치 어떤 일이 예기치 않게 벌어졌다거나 혹은 하나님을 놀라게 만들기라도 한 것처럼 말이다.

달리 말해 유한한 피조물은 무한하신 하나님을 이해할 수 없기에 하나님께서 때로는 성경의 특정한 표현 속에서 우리 인간의 본성으로 옷 입으시며, 그리하여 "우리가 우리 역량껏 하나님을 파악하게 하시고, 우리 자신을 면밀히 들여다봄으로써 하나님의 본성에 관해 뭔가를 배우게" 하신다는 것이다.[3] 그러므로 창 6:6에서 하나님이 인간을 만든 것을 후회하신다고 했을 때(개역개정 성경에서는 '한탄하신다'라고 번역했다—옮긴이), 이는 하나님께서 죄를 미워하시는 것에 대해 우리에게 뭔가를 가르쳐 준다. 그런 신인동형론적 표현은 "그 표현에서 우리가 떠올리는 완전함은 하나님에게 돌리고 불완전함은 피조물에게로 돌린다."[4]

요약하자면 불변성이라는 하나님의 속성은 주저하거나 유보 조항을 붙여서 수긍할 수 없을 만큼 명쾌하고도 중요하다. 하나님의 본질이 변할 수 있다면, 뭔가 하나님보다 더 강력한 존재만이 그런 변화를 일으킬 수 있다. 성경에는 하나님의 마음이 변했음을 암시하는 본문보다는 하나님의 불변하는 존재와 지식을 명쾌히 가르치는 본문이 압도적으로 많다. 개혁파 정통 신학자들은 이런 구절들에서 명백히 보이는 모순을 잘 조화시켜서 불변성이라는 일관된 교리를 설명했다. 이들은 하나님이 정말 말 그대로 후회하신다는 개념을 부인하고, 대신 하나님이 상대적으로 후회하신다고 단언했는데, 이는 적응 어법을 반영하는 표현이다. 이런 식으로 인간은 이 진술에서 자신들의 불완전함과 하나님의 완전함을 확인하지 않을 수 없게 된다.

불변하는 분이 변하다

그리스도에게서 우리는 변할 수 없기도 하고 변할 수 있기도 한 분을 본다. 간단히 말해 불변하시는 하나님의 아들은 우리(변하기 쉬운 인간)가 '불변' 상태에 들어갈 수 있도록 하기 위해 변하는 인성(즉, 변하기 쉬운 성질)을 취하셨다.

히브리서 1:10-12은 시편 102:25-27을 인용해 예수의 영원성과 불변성을 보여 줌으로써 성자가 천사보다 뛰어난 분이심을 확실히 한다. "그것들은 멸망할 것이나 오직 주는 영존할 것이요……주는 여전하여 연대가 다함이 없으리라."[히 1:11-12] 이스라엘 왕으로서 그리스도의 신적 지위는 그분의 신민(臣民)들에게 그리스도가 모든 천사들보다 뛰어난 분이시라는 큰 확신을 준다. 히브리서 기자는 바로 이 예수가 "어제나 오늘이나 영원토록 동일"하시며,[히 13:8] 영원하시고 불변하시는 분이라고 말한다(히 1:8을 보라). 그런데 이 영원한 '동일성'은 그리스도의 존재뿐만 아니라 그분의 제사장 직분까지 증명한다.[히 5:6; 6:20; 7:17, 21, 28] 그리고 이 영원한 직분을 통해 그리스도께서는 자기 백성을 위해[히 9:15] 영원한 구원을 성취하신다.[히 5:9; 7:24-25; 9:12]

교회에는 지도자, 선지자, 교사, 섬기는 이들이 수없이 오고 간다. 하지만 예수 그리스도는 자신의 존재와 제사장 직분 덕분에, 자기 백성들을 향한 태도와 목적에 아무 변화 없이 늘 그 백성을 섬긴다. 그리스도의 위격(즉, 그리스도가 어떤 분이신가 하는 것)은 그분의 사역(즉, 그리스도가 어떤 일을 하시는가 하는 것)을 위해 여전히 결정적으로 중요하다. 우리는 우리를 향한 사랑이 달라지지 않는, 불변하시는 구주에게 믿음을 둔다.

적용

어떤 의미에서 다른 피조물, 이를테면 천사들 같은 경우는 불변하는 존재라고 할 수 있다. 이 천사들은 이제 더는 은혜에서 떨어질 수 없는데, 이들이 이런 상태에 머무는 것은 오로지 하나님의 권능과 은혜 때문이지 천사들 자신의 본성 때문이 아니다. 이와 대조적으로 하나님이 거룩하시고 복되시고 선하심은 하나님이 본래 그런 분이시기 때문이다. 구속받은 죄인들도 천사들처럼 하나님 한분 때문에, 즉 그리스도 안에서 자신들에게 주어진 하나님의 은혜를 통해 거룩하고 복되고 선한 존재가 되어 그 상태에 머문다.

구속받은 사람들은 천국에서 어떤 점에서 '불변'의 존재일 테지만, 절대 변하지 않는다는 의미에서 그런 것은 아니다. 인간인 우리는 늘 변화하며, 심지어 하나님에 관해 알 수 있는 우리 능력도 늘 똑같지 않고 점점 자란다. 다만 우리는 은혜에서 절대, 전혀 떨어질 수 없다는 의미에서 '불변'하게 될 것이다. 우리는 불변으로 복을 받게 될 것이다.

> 내가 들으니 보좌에서 큰 음성이 나서 이르되 보라 하나님의 장막이 사람들과 함께 있으매 하나님이 그들과 함께 계시리니 그들은 하나님의 백성이 되고 하나님은 친히 그들과 함께 계셔서 모든 눈물을 그 눈에서 닦아 주시니 다시는 사망이 없고 애통하는 것이나 곡하는 것이나 아픈 것이 다시 있지 아니하리니 처음 것들이 다 지나갔음이러라. _계 21:3-4

믿음으로 그리스도께 속해 있는 이들에게는 이생에서 그 불변의 사랑과 그 사랑의 효력이 시작된다.롬 8:1 우리는 하나님을 사랑하기 전에 먼저 하나님의 사랑을 받는 이들이다.요일 4:10 하나님께 대한 우리의 사랑은 불완전함으로 차오르고 이울고 하지만, 우리를 향한 하나님의 사랑은 하나님의 존재만큼 늘 불변 상태로 있다. 이사야는 하나님의 "영원한 자비"사 54:8에 대해 말하면서, 산은 옮겨 갈지라도 하나님의 '흔들리지 않는 사랑'은 절대 그 백성을 떠나지 않을 것이라 선언한다.10절 하나님의 사랑은 그리스도 예수 안에서 우리에게 온다.엡 1:3-14 성자께서는 성부의 사랑을 더하거나 그 사랑을 유발시키는 게 아니라 그 사랑을 우리 앞에 드러내 놓는다. 그 결과, 성부의 사랑은 우리를 향해 불변해야 한다. 그렇지 않을 경우, 성부께서는 성자를 사랑하기를 중단해야 할 것이다.

바빙크는 하나님의 불변성과 우리 구원의 보증이 어떤 관계인지를 다음과 같이 멋지게 포착해 낸다.

> 하나님은 그저 자기 자신을 일컬어 "스스로 있는 자"라고 하면서 그 자존성에 대해 아무 설명도 안 하시는 게 아니라, 자신이 어떤 존재이며 어떻게 존재하시는지 명시적으로 진술하신다. 그렇다면 하나님은 어떻게, 그리고 어떤 분으로 존재하실까? 이는 우리가 한마디로 말할 수 있거나 어떤 추가적 표현으로 서술할 수 있는 문제가 아니다. 다만 하나님은 '존재하실 분으로 존재하실 것이다.' 이 말이 모든 것을 요약한다. 이 직함은 여전히 막연하고 불명확하지만, 바로 그 이유 때문에 풍성하고 깊은 의미로 충만하다.……하나님은 자기 백성에게, 그리고 자기 백성을 위해 모든 것이 되실 것이다. 모세를 통해 백성들에게 오신 하나님은 새롭고 낯선 하나님이 아니라 열조의 하나님, 불변하시는 분, 신실하신 분, 영원히 자기모순이 없으신 분으로, 절대 자기 백성을 떠나거나 버리지 않으시는 분이다.……이 하나님은 은혜와 사랑과 도움이 불변하시는 분으로, 앞으로도 계속 그렇게 존재하실 분이다. 왜냐하면 하나님은 늘 하나님 자신이기 때문이다.[5]

이 진리를 묵상하라. 하나님이 언제나 하나님이심은 그가 언제나 하나님 자신이시기 때문이다. 우리를 향한 하나님의 사랑이 불변하심은 그리스도 안에 있는 자들에게 하나님이 하나님 아닌 다른 무엇이실 수 없기 때문이다.

07 } 하나님은 독립적이시다

하나님이여, 주의 인자하심이 어찌 그리 보배로우신지요.
사람들이 주의 날개 그늘 아래에 피하나이다.
그들이 주의 집에 있는 살진 것으로 풍족할 것이라.
주께서 주의 복락의 강물을 마시게 하시리이다.
진실로 생명의 원천이 주께 있사오니
주의 빛 안에서 우리가 빛을 보리이다. _시 36:7-9

교리

하나님의 독립성이란 하나님의 자존성과 자충족성을 가리킨다. 이 신적 속성은 하나님이 창조 질서 및 모든 피조물에게서 존재론적으로 독립되어 있다는 뜻이다. 하나님에게는 우리가 필요 없지만 우리에게는 하나님이 필요하다. 그러므로 하나님이 자신의 피조물과 관계를 맺으실 수 없다고 생각해서는 안 된다. 다만 여기서 분명히 해두어야 할 점은, 하나님은 그 누구에게도, 그 무엇에도 의존하시지 않기 때문에 우리 편에서 하나님을 의지하는 것이며, 또한 의지할 수 있다는 것이다.

자존성^{aseity}은 하나님이 자기 실존^{existence}을 전적으로 자기 자신에게서 이끌어 낸다는 개념이다. 이는 하나님의 존재^{being} 면에서 하나님의 자충족성을 표현하는 개념이며, 이 개념은 모든 일에서 하나님의 철저하고도 완전한 독립성을 암시한다.

하나님은 그 무엇으로부터도 유래하지 않으신다. 가장 순전한 행위(즉, 완전히 실현된 존재)로서 하나님은 오로지 자기 자신으로써, 그리고 자기 자신으로부터 존재하신다. 하나님은 하나님 자신의 원인이 아니다. 왜냐하면 하나님에게는 원인이 없기 때문이다. 하나님은 그저 존재하실 뿐이다. 하나님의 속성 중 단 하나의 속성도 더 늘어나거나 줄어들 수 없는 한, 하나님의 모든 완전함은 독립성을 특징으로 한다. 하나님의 독립성 때문에 모든 피조물은 모든 생명의 근원이신 그분에게서 유래한다. 하나님 외의 모든 생명은 다 하나님께 의존한다.

헤르만 바빙크의 설명은 하나님의 자존성을 가장 풍성하게 묘사하는 설명으로 손꼽힌다.

> 하나님은 오로지 하나님 자신에게서 기원하시되, 스스로 존재를 야기했다는 의미에서가 아니라 영원부터 영원까지 지금 그대로의 하나님이시지, 하나님이 되어 가시는 게 아니라는 의미에서 그렇다. 하나님은 절대적 존재, 존재의 충만함이시며, 따라서 자신의 실존, 자신의 완전함 면에서 영원히, 그리고 절대적으로 독립적이시고, 처음이자 마지막이시며, 만물의 유일한 원인이요 최종 목표이시다. 하나님의 이 자존성은 하

나님 자신에게서 유래되었을 뿐만 아니라 존재의 충만함이기도 한 것으로 여겨져, 다른 모든 완전성은 이 자존성에 다 포괄된다.¹

안셀무스도 비슷한 의견을 제시한다.

> 그러나 이 지고至高의 본성은 어떤 식으로도 다른 본성을 통해 존재하지 않으며, 나중에 자기 자신보다 못한 것이나 다른 무언가가 되지도 않는다. 그러므로 지고의 본성은 그 자체에 의해서나 다른 본성에 의해 창조될 수도 없었고, 그 자신이나 다른 어떤 것이 이 본성이 창조되는 재료일 수 없었으며, 이 본성은 어떤 식으로든 자기 자신을 거들어서 전과 다른 무엇으로 존재하게 하지 않았다.²

하나님의 독립성은 하나님의 충족성이다. 하나님이 자충족적인 분이시기에 자연적 은사든 초자연적인 은사든 자충족성에서 나오는 은사는 세상에 존재하게 될 모든 피조물들을 만족시키기에 충분하다. 성부·성자·성령은 모두 서로를 만족시킨다. 성부·성자·성령께서는 사랑으로 교통하면서 영원히 그리고 변함없이 서로를 만족시키기에, 성부·성자·성령께서는 누구든 사랑으로 교통하는 상대를 만족시키실 수 있다. 하나님 안에서 서로 사랑하며 행복을 소원하는 피조물들로 이루어진 무한한 세상이 있다면, 하나님께서는 마치 하나의 피조물에게 복 주시는 것처럼 쉽게 그 모든 피조물에게 복 주실 수 있을 것이다.

살아 계신 분으로서 하나님은 "생명의 원천"이시다.시 36:9

이제는 나 곧 내가 그인 줄 알라.

나 외에는 신이 없도다.

나는 죽이기도 하며 살리기도 하며

상하게도 하며 낫게도 하나니

내 손에서 능히 빼앗을 자가 없도다.

이는 내가 하늘을 향하여 내 손을 들고

말하기를 내가 영원히 살리라 하였노라.

내가 내 번쩍이는 칼을 갈며

내 손이 정의를 붙들고

내 대적들에게 복수하며

나를 미워하는 자들에게 보응할 것이라. _신 32:39-41

하나님은 생명 자체이시며, 그래서 하나님 외에는 모든 것이 다 하나님에게서 생명을 얻는다. 하나님은 세상을 필요로 하지 않으신다. 하나님은 거리낌 없이 창조하시고, 주시고, 지탱시키신다. 모든 생명이 다 하나님에게서 오는 만큼 하나님은 죽음에 대한 권세 또한 소유하신다. 하나님은 죽이기도 하시고 살리기도 하신다. 살아 계시며 움직이시는 부단한 행위 가운데, 하나님은 그저 살아 있는 하나님으로 존재하신다. 사37:17 "우리가 그를 힘입어 살며 기동하며 존재하느니라." 행 17:28; 참조 25절 자기 안에 생명과 완전한 지식이 있는 하나님은 궁극의 복된 생명을 소유하신다. 참 생명은 복된 생명이다.

하나님의 생명은 몇 가지 면에서 우리의 생명과 다르다. 예를 들어 하나님의 생명은 하나님 자신의 것이지만, 우리의 생명은 하나님에게서 빌려 온다. 하나님의 생명은 무한하고 영원하여 시작과 끝이 없지만, 우리 생명은 유한하여 시작과 끝이 있다(이 세상에서). 하나님의 생명은 완전하고 복되지만, 우리 생명은 불완전하다. 하나님은 자존성과 불변성과 영원성 때문에 과거나 현재나 미래나 할 것 없이 동시에 사시지만, 우리는 긴 시간에 걸쳐 한 걸음씩 나아가며 산다. 하나님의 생명은 하나님의 존재 전체로서, 복되고 지혜롭고 모든 것을 다 알고 전능하다. 그 결과, 하나님은 필연적으로 존재하신다. 하지만 우리는 그렇지 않다. 우리는 불멸하시는 하나님을 섬긴다.^{롬 1:23, 딤전 1:17; 6:16} 우리가 이 세상에 온 것은 우리를 창조하시려는 하나님의 자유로운 결정 덕분이다.

신적 생명은 필연적으로 하나님의 완전한 충족성을 낳는다. 이 중요한 진리로써 우리가 확신하게 되는 것은, 영원히, 불변하게, 무한히, 복되게 모든 것을 충족하신 하나님이 있으면 그분이 우리 필요를 채워 주실 수 있을까 없을까 하는 모든 염려에서 벗어나게 된다는 점이다. 하나님은 정말로 그렇게 해주실 수 있다. 왜냐하면 여전히 하나님은 완벽하게 자기 자체로 충족하신 분이기 때문이다. 그런 원리를 알면 성부와 성자의 관계를 이해하는 데 도움이 된다.

그리스도의 의존 상태

하나님의 아들은 신적 본성에 따라 자기 자신 안에 신적 생명을 소유하신다. 성부·성자·성령은 모두 자존^{自存}하신다. 성부·성자·성령 모두 나뉘지 않는 동일한 본질을 공유하신다. 따라서 한분 하나님이 삼위로 존재하신다.

우리는 성부와 성부의 목적을 드러내는 그리스도의 계시뿐만 아니라 종이 되기 위해 하나님으로서의 자기 권리를 값없이 그리고 기꺼이 포기하신 성자에게서도^{빌 2:5-11} 복음의 영광을 본다. 종으로서 성자께서는 영적 생명을 위해 성부에게 전적으로 의존하게 되었다. "아버지께서 자기 속에 생명이 있음같이 아들에게도 생명을 주어 그 속에 있게 하셨고."^{요 5:26} 이 구절은 성자의 영원한 발생generation에 관해 뭔가를 나타낼 수도 있는데, 성부께서는 이 발생으로써 자신의 생명을 영원히 그리고 말로 표현할 수 없을 만큼 근사하게 성자에게 전하신다. 하지만 요한복음 5:26은 성부께서 신인이신 예수 그리스도에게 어떻게 생명을 주시는가에 관한 진술로, 어쩌면 오직 그 진술로만 해석해야 할 수도 있다.

성경 다른 곳에서 그리스도는 이렇게 말씀하신다. "살아 계신 아버지께서 나를 보내시매 내가 아버지로 말미암아 사는 것같이 나를 먹는 그 사람도 나로 말미암아 살리라."^{요 6:57} 성부께서는 영적 생명을 우리에게 직접 주시지 않고 아들, 곧 "생명의 주"^{행 3:15}를 통해 주신다. 그리스도 안에 생명이 있으며, 그 생명은 사람들의 빛이다.^{요 1:4}

하나님의 독립성이란, 하나님께서 신인에게까지 생명을 주실 수 있다는 뜻이다. 성육신 상태에서 그리스도께서는 성부께서 말씀하라고 하신 것만 말씀하셨다.^{요 12:49} 그리스도께서는 심지어 "아버지께서 하시는 일을 보지 않고는 아무것도 스스로 할 수 없나니 아버지께서 행하시는 그것을 아들도 그와 같이 행하느니라"^{요 5:19}라고까지 주장하셨다.

그리스도는 신적 속성을 따라 영원히, 그리고 불변하게 독립적인 분이시지만,^요일 5:20 자기 자녀들도 그 독립성을 가질 수 있도록 하려고 성부께 의존하는 분이 되셨다. 그리하여 그리스도는 우리 생명이 되셨다.^골 3:4 하나님의 독립성은 필연적으로 지상에 계시는 신인으로 하여금 의존적 존재가 되게 했고, 뿐만 아니라 그리스도에게 연합한 모든 이들에게 의존 상태를 영원히 요구한다.

적용

하나님의 독립성과 자충족성을 생각해 볼 때 어쩌면 우리는 의아해 할 수도 있다. 하나님이 그 무엇도 전혀 필요로 하지 않으시는 분이라면, 도대체 왜 우리 걱정을 하시거나 우리에게 신경을 쓰시는 것일까? 하나님께서 우리를 창조하신 것은 우리를 필요로 하셨기 때문이 아니라 우리를 사랑하셨기 때문이다. 하나님께서 우리를 사랑하심은 그저 그렇게 하기로 결정하셨기 때문이다. 우리를 얼마나 지극히 사랑하시는지 하나님은 우리가 "목적이 이끄는 삶"을 살게 하시기보다는 전폭적으로 의존적인 삶을 살게 만들고자 하신다.

그리스도께서 이 땅에 사실 때 성부에게서 한량없이 주어지는 성령을 소유하신 한 성부를 줄곧 의지하셔야 했다면, 하물며 우리가 어떻게 이런 유형의 의존적 삶을 면제받겠는가? 독립적인 분에게 의존한다는 것은 생각보다 훨씬 어려운 일일 것이다. 산상설교 때 주어진 그리스도의 가르침을 보면, 받기 위해서는 구하고, 찾고, 두드리라고 제자들에게 간절히 말씀하신다.^마 7:7-8 하나님을 구하라고 하나님께서 우리에게 명하실 필요가 없어야 한다. 우리가 날마다 하나님께 나아가 성령으로 우리를 채워 달라고 간청해야 한다. 우리가 어린아이

처럼 되어 하나님께 전적으로 의존해야 한다.마 18:2-4

　그러므로 하나님의 자존성 때문에 하나님의 자충족성은 신자들에게 격려가 된다. 자기 안에 모든 것을 소유하신 분이 우리의 모든 필요를 채워 주신다. 궁극적으로 그리스도를 통해서 말이다. "나의 하나님이 그리스도 예수 안에서 영광 가운데 그 풍성한 대로 너희 모든 쓸 것을 채우시리라."빌 4:19

　실제로 야고보는 신자들의 자만에 대해 꾸짖는다. 하나님에게서만 얻을 수 있는 것을 세상에서 얻으려 한다고 신자들을 질책한다. "너희는 욕심을 내어도 얻지 못하여 살인하며 시기하여도 능히 취하지 못하므로 다투고 싸우는도다. 너희가 얻지 못함은 구하지 아니하기 때문이요 구하여도 받지 못함은 정욕으로 쓰려고 잘못 구하기 때문이라."약 4:2-3 그보다도 본디 지혜가 부족한 우리는 "모든 사람에게 후히 주시고 꾸짖지 아니하시는 하나님께"약 1:5 구해야 한다. 우리는 믿는다. 하지만 우리의 불신앙을 도와 달라고 하나님께 구해야 한다.막 9:24

　그리스도인으로서 우리의 근본적 문제점 중 하나는, 하나님의 독립성과 이것이 그리스도 안에서 우리에게 어떤 의미를 갖는지를 깡그리 잊는다는 것이다. 하나님의 자충족성에 대해 우리는 거의 혹은 전혀 묵상하지 않는다. 자충족성에 의해 하나님께서 사랑하는 자기 아들을 통해 우리에게 필요한 모든 것을 주실 수 있는데 말이다. 하나님께서 우리가 바라는 것보다 더 많이 주고자 하신다는 이 영광스러운 진리에 우리는 얼마나 더 집중해야 하겠는가.

08 } 하나님은 편재하신다

여호와의 말씀이니라. 사람이 내게 보이지 아니하려고 누가 자신을 은밀한 곳에 숨길 수 있겠느냐. 여호와가 말하노라. 나는 천지에 충만하지 아니하냐. _렘 23:24

교리

우리는 하나님의 편재를 하나님이 어디에나 계신다는 개념으로 알고 있다. 하나님은 영이시므로, 하나님의 편재란 하나님의 본질의 무한 대성을 뜻한다. "하나님이 참으로 땅에 거하시리이까. 하늘과 하늘들의 하늘이라도 주를 용납하지 못하겠거든 하물며 내가 건축한 이 성전이오리이까." 왕상 8:27 솔로몬처럼 다윗도 하나님의 편재를 아름다운 말로 단언한다.

> 내가 주의 영을 떠나 어디로 가며
> 주의 앞에서 어디로 피하리이까.
> 내가 하늘에 올라갈지라도 거기 계시며

스올에 내 자리를 펼지라도 거기 계시니이다.
내가 새벽 날개를 치며
바다 끝에 가서 거주할지라도
거기서도 주의 손이 나를 인도하시며
주의 오른손이 나를 붙드시리이다. _시 139:7-10

역사적으로 신학자들은 하나님의 무한대성과 하나님의 편재성을 구별해 왔다. 무한대성은 공간성을 암시하고, 편재성은 무엇인가로 채워진, 혹은 구체적인 공간과 하나님과의 관계를 가리킨다. 무한대성은 하나님에게 공간적 한계가 없다고 말한다. 편재성은 공간을 향한 하나님의 성향을 설명한다. 달리 표현하자면, 하나님의 무한대성은 하나님이 피조물과 구별됨을 말하는 반면, 하나님의 편재성은 하나님과 세상과의 관계, 즉 하나님이 창조 질서 가운데 모든 곳에 '거하신다'는 점을 염두에 둔 개념이다.

하나님은 무한하시지만 우리는 유한하다. 유한한 피조물은 공간에 존재한다. 우리는 공간상 어딘가에 존재하지만, 동시에 또 다른 어딘가에 존재하지는 못한다. 그런 우리와 달리 하나님은 시간에서든 공간에서든 어떤 식으로도 매이지 않는다. 시간이나 공간에 매인다면 그분은 하나님이 아닐 것이다. 에드워드 리의 말처럼 하나님은 "어느 곳에도 갇히지 않으시고, 어느 곳으로부터도 차단되지 않으신다."[1] 하나님께서 창조하신 광대한 우주, 우리가 여전히 별로 아는 게 없는 전 우주에서 하나님은 모든 곳에 완벽히, 그리고 강력하게 임재하신다. 하나님은 하나님으로서 모든 공간을 채우신다. 하나님이 임재하시지 않는 곳은 없다.

스티븐 차녹은 하나님의 편재성과 다른 속성과의 관계에 대해 말하면서 "영원성이라는 완전함으로 하나님에게는 시작도 없고 끝도 없으며, 불변성이라는 완전함으로 하나님이 늘어나지도 줄어들지도 않는 것처럼, 무한대성 혹은 편재성으로 하나님에게는 경계도 없고 한계도 없다"고 주장한다.[2]

또한 하나님의 편재성을 단언하면서 차녹은 무엇인가가 존재할 수 있는, 혹은 어느 한 장소에 있게 되는 세 가지 방식에 대해 말한다.

1. 한정적으로 존재하는 방식(경계가 정해진 물리적 몸의 존재 방식): 예를 들어 손은 몸에 속해 있으며, 손이 어느 특정 장소에서 발로 존재하지는 않는다.
2. 제한적으로 존재하는 방식(유한한 존재인 천사와 영의 존재 방식): 천사가 어느 한 곳에 있으면서 그와 동시에 다른 곳에 있지는 않다는 말이 바로 이 존재 방식을 설명한다.
3. 충만하게 존재하는 방식(모든 장소를 충만히 채우시는 하나님의 존재 방식): 하나님이 충만하게 존재하심은 공간에 제한받지 않으시기 때문이다. 하나님은 무한하시기 때문에 만물을 채우신다. "하나님은 하늘 높은 곳에서부터 깊은 바닥에 이르기까지 세상 모든 곳에, 세상의 전 반경 안에 계시되 거기에 제한받지는 않고 오히려 그곳을 초월해 계신다."[3]

하나님의 편재성은 하나님이 모든 곳에 임재하실 뿐만 아니라 모든 장소의 모든 것에 무한하고도 강력한 영향을 끼치신다는 사실을 가리킨다. 하늘과 땅의 만물이 하나님의 권능으로써 하나님께 복속되는데, 이는 하나님께서 섭리에 의해 만물을 지탱시키시기 때문이다. 마찬가지로, 그런 복속 자체가 하나님께서 만사를 다 아신다는 사실을 드러내며, 이는 모든 곳에 하나님이 임재하심을 암시한다. 차녹의 말처럼 "하나님의 권능은 모든 곳에 미치며, 하나님의 지식은 모든 것을 꿰뚫는다."[4]

성경에서 하나님의 창조 교리는 단순히 하나님께서 무無에서 세상을 만드셨다는 의미만이 아니라 자신의 지혜와 권능과 선하심을 따라 세상을 보존하신다는 뜻이기도 하다. 하나님이 자신의 완전함을 따라 만물을 보존하려면 모든 곳에 임재하셔야 한다. 모든 피조물을 지탱시키시는 하나님은 마치 세상에 피조물이 그것 하나뿐인 것처럼 각 피조물을 하나하나 돌보신다. 하나님의 영원성과 비교해 볼 때 시간은 한순간에 지나지 않는 것처럼, 하나님의 편재 때문에 모든 사람과 모든 장소는 하나님의 존재에 비교할 때 점 하나에 불과하다.

하나님은 어디에나 존재하시지만 자신의 임재를 드러내시는 방식은 여러 가지다. 천국에서 성도들을 향한 하나님의 임재는, 이 성도들을 기쁘게 해주고 위로를 준다. 지옥에서 저주받은 자들을 향한 하나님의 임재는, 이들을 공포에 질리게 하고 고통을 준다. 하나님은 지옥에도 임재하시고 천국에도 임재하시지만, 하나님께서 자신의 임재를 드러내시는 방식은 천국이 다르고 지옥이 다르다. 이 땅에서도 우리는 하나님의 임재에 대해 특별한 방식으로 말할 수 있다. 야곱의 예를 들어 보자. "야곱이 잠이 깨어 이르되 여호와께서 과연 여기 계시거늘 내가 알지 못하였도다. 이에 두려워하여 이르되 두렵도다 이곳이여. 이것은 다름 아닌 하나님의 집이요 이는 하늘의 문이로다 하고."창 28:16-17 마찬가지로 성막에서든 성전에서든 하나님의 언약적 임재는 다른 이들에게는 보이지 않는 방식으로 하나님의 백성들에게 독특하게 나타났다.출 25:8-9, 왕상 8장

우리와 함께하시는 그리스도

하나님의 편재는 우리의 임마누엘, 곧 '우리와 함께 계시는 하나님'인 마 1:23 그리스도의 위격에서 핵심에 이른다. 헤르만 바빙크는 아우구스티누스의 말을 인용해 중요한 지적을 한다.

> 하나님은 모든 피조물 안에 거하시지만, 모두에게 똑같이 거하시지는 않는다. 만물이 '그분 안에' 있다.……하지만 반드시 '그분과 함께' 있지는 않다.……하나님은 하늘에 거하시는 것처럼 땅에 거하시지는 않고, 인간 안에 거하시는 것처럼 짐승 안에 거하시지는 않으며……경건한 자 안에 거하시는 것처럼 악인 안에 거하시지는 않고, 그리스도 안에 거하시는 것처럼 교회 안에 거하시지는 않는다.……하나님은 그리스도 안에 독특하게 거하신다. 위격의 연합에 의해서.[5]

자기 백성들을 향한 하나님의 편재는 그리스도의 위격에서 예정된 목표에 이른다. 신인이신 그리스도는 유한한 인성 때문에 어떤 의미에서는 제한을 받으시고, 신성 때문에 어떤 의미에서는 인성에 제한받지 않으신다. 신성은 한 위격으로서의 그리스도 안에서 인성을 초

월한다. 즉, 영원하신 하나님의 아들이 육신이 되었고, 그의 신성은 인성에 결합되었으되 인성 안에 억제되지 않는다. 그리스도인들은 이 원리를 이해하고 포용해야 한다.

부활 후 그리스도께서는 제자들과 "항상" 함께 있을 것이라고 약속하셨다.^{마 28:20} 이 일은 성령의 임재를 통해 이루어지며, 돕는 자요 위로자인 성령께서는 신자들의 삶 속에서 승천하신 그리스도의 일을 이행하신다. 교회에서 성령의 사역과 관련된 일들은 모두 그리스도의 부활과 승천, 그리고 높아지신 하나님의 아들로서 보좌에 앉으신 것에 기초를 두고 있다. 신자에게 성령의 임재하심은 곧 그리스도의 임재다.^{롬 8:9-10} 바울은 에베소서 3:16-17에서 이 개념을 아름답게 드러내 보이는데, 여기서 바울은 그리스도인들이 "그의 성령으로 말미암아······속사람을 능력으로 강건하게" 하고, 그리하여 "믿음으로 말미암아 그리스도께서······[이들의] 마음에 계시게" 된다고 알려 준다. 성령과 그리스도의 역할은 서로 맞바꿔 쓰이지만, 이는 두 위격이 하나로 융합된다거나 한 위격이 다른 위격이 된다는 의미에서가 아니라, 바울이 단언하는 것처럼 성령의 사역을 통해 예수께서 임재하신다는 의미에서 그렇다는 말이다.

이 가르침을 알면 요한복음 14:16-18의 의미를 파악하는 데 도움이 된다.

> 내가 아버지께 구하겠으니 그가 또 다른 보혜사를 너희에게 주사 영원토록 너희와 함께 있게 하리니 그는 진리의 영이라. 세상은 능히 그를 받지 못하나니 이는 그를 보지도 못하고 알지도 못함이라. 그러나 너희

는 그를 아나니 그는 너희와 함께 거하심이요 또 너희 속에 계시겠음이라. 내가 너희를 고아와 같이 버려두지 아니하고 너희에게로 오리라.

그리스도께서 떠나시는 게 제자들에게 유익임은,^{요 16:7} 성령을 보내심으로써 그리스도가 육체로 임재하셨을 때보다 더 친밀한 방식으로 제자들에게 돌아오시기 때문이다. 그리하여 마태복음 28:20로 다시 돌아가 우리는 이렇게 말할 수 있다. 그리스도께서는 단순히 신적 편재성에 관해 말씀하시는 게 아니라 좀 더 구체적으로 새 언약이 성취됨에 따라 백성들 가운데 언약적으로 임재하실 일에 대해 말씀하신 것이라고 말이다.

적용

그리스도인들은 편재성이라는 하나님의 속성을 대개는 긍정하지만, 실제에서는 이따금 이 믿음을 배신하는 행동을 한다. 죄가 그렇게 한다. 아담이 처음으로 범죄했을 때, 그는 하나님을 피해 숨을 수 있을 것이라 생각했다.^{창 3:10} 우리 역시 하나님의 임재를 피해서 숨으려고 한다. 하지만 이렇게 도망가 봤자 쓸데없다고 히브리서 기자는 말한다. "지으신 것이 하나도 그 앞에 나타나지 않음이 없고 우리의 결산을 받으실 이의 눈앞에 만물이 벌거벗은 것같이 드러나느니라."^{히 4:13} 그리스도께서는 "내가 결코 너희를 버리지 아니하고 너희를 떠나지 아니하리라"^{히 13:5} 하고 말씀하셨건만, 좋은 때든 나쁜 때든 우리는 일상생활 속에서 그리스도가 우리와 함께 계시다는 것을 완전히 잊어버리기도 한다.

그리스도인으로서 우리는 때로 실천적 무신론에 빠져들어, 생각으로는 하나님을 긍정하면서 마음으로는 하나님을 부인할 때가 있다. 더 나쁜 경우로, 그리스도인들은 다른 사람들 앞에서는 절대 꿈도 꾸지 않을 어떤 죄를 하나님의 임재 앞에서 저지르기도 한다. 우리 시대에는 인터넷에서 범람하는 음란물이 교회 안에서까지 수많은 사람들을 얽어매고 있어서, 엄청나게 많은 사람들이 공개적으로는 아니더라도 은밀하게 이 죄를 저지르고 있다. 그 현실을 생각해 보라. 하나님의 임재가 한낱 인간의 시선보다도 영향력이 없다.

하나님의 속성에 대한 공부는 상아탑에 갇힌 사람들을 위한 고급 취향의 신학과는 거리가 멀고, 그보다는 우리가 겸허히 우리 존재의 핵심을 바라보는 자리에 이르게 해준다. 그렇다고 해서 하나님의 편재성 앞에 신자인 우리가 두려움에 질릴 필요는 없다. 경건치 못한 자들은 하나님의 임재를 피해 달아날지라도 말이다. 그리스도인으로서 우리의 두려움은 무서움이나 공포가 아니라 경건한 경외감에 속한 그런 두려움이어야 한다.

존 머리가 아주 잘 표현하는 것처럼 "하나님에 대한 두려움은 모든 경건의 기초이며, 경건은 그 두려움으로 이루어진다고 말할 수 있고, 이 두려움은 하나님의 심판에 대한 두려움보다 훨씬 더 포괄적이고 결정적이다."[6] 그리스도인이 하나님을 두려워하는 마음을 가지면 경외스러운 하나님의 속성을 계속 눈앞에 떠올리게 되고 그리하여 사방에서 하나님의 임재를 상기하게 된다. 하나님이 우리를 보시고 주목하시며, 가장 중요하게는 우리의 성화를 위해(히 13:5, 약 4:8도 보라) 우리 안에 거하신다.요일 4:16

그리스도인들이 하나님의 편재성에 초점을 맞추면, 일반적 임재뿐만 아니라 특히 그리스도의 위격에서 볼 수 있는 특별하고도 언약적인 임재를 확신하게 된다.엡 3:16-17 시험받을 때는 그리스도께서 우리와 함께하사 우리를 도우신다는 사실을 기억해야 한다. 또한 그리스도께서 임재하시므로, 설령 우리가 시험에 빠진다 해도 어떤 의미에서 우리가 그리스도를 우리 죄에 연루시킨다는 것도 기억해야 한다. 그리스도께서 언젠가 우리 마음에 내주하실 수 있기 위해 십자가에서 큰 값을 치르셨음을 묵상함에 따라 그 사실에 우리 마음이 움직여 죄를 피하게 되어야 할 것이다.

그래서 마침내 우리는 하나님이 어디에나 임재하신다는, 반박의 여지 없는 사실뿐만 아니라 우리의 모든 충족이시요 소망과 기쁨이며 위로이신 그리스도 안에서 하나님이 자기 백성 중에 친밀하게 계신다는 가르침 또한 굳게 붙잡는다. 이렇게 해서 우리는 능력으로 부활하신 분의롬 1:4 권능 가운데 삶을 살아갈 수 있다.

09 } 하나님은 전지하시다

우리 주는 위대하시며 능력이 많으시며
그의 지혜가 무궁하시도다. _시 147:5

교리

하나님의 지식에 관한 교리는 수 세기에 걸쳐 교회에서 많은 논쟁을 촉발해 왔다. 어떤 이들은 하나님이 세상에 알려질 수 있는 모든 것을 다 아신다면 하나님의 피조물, 특히 인간의 행동이 어떻게 자유로울 수 있느냐고 말한다. 그래서 인간의 자유의지를 보호하려는 노력으로 일부 신학자들은 하나님이 세상에 알려질 수 있는 것을 모두 다 알 수는 없다고 주장하기도 한다. 하지만 하나님이 만사를 다 알지 못한다면, 하나님은 인간과 똑같이 무지한(지식이 부족한) 분이 되고 만다. 개혁파 신학자들은 면밀한 성경 연구에 근거해 당연히 하나님은 전지하시다고, 혹은 모든 것을 다 아신다고 늘 주장해 왔다. 사실 무한하고 영원하신 하나님이 세상에 알려질 수 있는 모든 것을 다 아신다는 것은 우리에게 손해가 아니라 크나큰 유익이다.

하나님이 무한하시다면, 하나님의 모든 속성도 다 무한하며, 여기에는 하나님의 지식도 포함된다. 하나님의 앎에는 한계가 없으며, 하나님은 뭔가를 더 배우실 필요가 없다. 하나님은 과거·현재·미래에 대한 완벽한 지식과 더불어 만사를 자기 자체로, 자기 스스로 다 아신다.^{욥 28:24; 37:16, 시 94:9-10} 하나님께서 장래 일을 아시는 것과 관련해 우리는 **선견**prescience 혹은 **예지**foreknowledge에 대해 이야기한다. 하나님의 영원성을 고려할 때, 이런 표현들은 기술적으로 적절치 못하기는 하지만 말이다. 그래도 하나님께서 미래를 아시는 한 우리는 하나님에게 예지가 있다고 말할 수 있다. 하나님께서 미래 일을 정하셨기 때문이다.

하지만 하나님은 단순히 과거·현재·미래 일을 아시기만 하는 게 아니다. 하나님의 지식에는 만사에 대한 하나님의 무한한 지혜 혹은 이해도 포함된다. 하나님께서 뭔가를 아신다는 것은 하나님께서 뭔가를 행하신다는 뜻이다. 행하심에서 하나님의 지혜가 드러난다. 그러므로 모든 것을 다 아시는 하나님은 완전히 지혜로운(전지하신) 하나님으로서 늘 최선의 일을 행하신다. 우리가 항상 염두에 두어야 할 사실은, 한 속성이 다른 속성에서 분리될 수 없다는 점이다. 한 속성이 다른 속성을 특징짓는다. 즉, 하나님의 지식은 하나님의 지혜고, 하나님의 지식이 하나님의 지혜라는 것은 곧 하나님의 권능이며, 하나님의 지식이 하나님의 지혜라는 것이 곧 하나님의 권능이라는 것은 하나님의 선하심이다.

하나님은 자기 자신을 완벽히 알기에 자기 자신을 사랑하고 기뻐하실 수밖에 없다. 그래서 하나님은 자신의 무한한 지식을 사랑하시고, 똑같은 방식으로 자신의 무한한 권능을 사랑하신다. 하나님은 그 완전한 지식 덕분에 무한히 복되시다. 하나님의 자기 사랑은 신적 본성을 사랑하시고 서로 간에 사랑을 경험하시는 성삼위와 관련해 존재한다.

스티븐 차녹은 이렇게 말한다.

> 하나님은 다른 모든 일을 다 아신다. 그게 과거에 가능한 일이든, 현재에 가능한 일이든, 미래에 가능한 일이든. 그게 하나님이 할 수는 있지만 절대 하지 않을 일이든, 쭉 해왔지만 지금은 하지 않는 일이든, 지금 진행 중인 일이든, 지금은 존재하지 않는 일이든, 적절하고 직접적인 원인이라는 태(胎) 속에 누워 있는 일이든. 하나님의 지식이 무한하다면, 세상에 알려질 수 있는 일이라면 그게 무엇이든 다 아신다. 그렇지 않다면 하나님의 지식에는 한계가 있다 할 것이며, 한계가 있는 것은 무한하지 않고 유한하다.[1]

(이론적으로) 하나님께서는 있을 수 있는 모든 세상일을 완벽히 아시기에, 자신이 권능의 말씀으로 창조하신 이 세상에 대해서도 필연적으로 완벽한 지식을 갖고 계시다. 또한 하나님은 현재에 대해서도 완벽한 지식을 갖고 계시다. 엄격히 말해 하나님에게는 현재만 있을 뿐이라 할지라도, 하나님은 영원한 '순간'에(즉, 동시에) 만사를 보시기 때문이다. 우리는 기술적 의미에서 하나님이 과거와 미래를 아신다고 말해서는 안 된다. 하나님에게 과거와 미래 같은 것은 존재하지 않으니 말이다. 바빙크가 입증하다시피 "[하나님께서는] 원래, 자기 스스로, 그리고 저절로 만사를 다 아신다. 그런 이유로 하나님의 지식은

나뉨이 없이 완전하고, 단순하고, 불변하며, 영원하다. 하나님은 영원 전부터 한순간에, 동시에 모든 것을 다 아신다. 하나님의 마음의 눈에는 만물이 영원히 현재다."[2] 하나님께서는 자신이 작정한 대로 만사를 아신다.

하나님의 선지자들, 예를 들어 이사야 같은 사람은(사 41:4를 보라) 어떻게 해서 장차 있을 일을 오류 없이 예언할 수 있었을까? 미래를 완벽히 아시는 하나님께서 앞으로 분명히 일어날 일을 자신의 선지자들에게 계시하셨기 때문이다. 자신의 영광을 가나안과 메소포타미아의 우상들과 대조하면서 여호와께서는 이렇게 선언하신다.

> 장차 당할 일을
> 우리에게 진술하라.
> 또 이전 일이 어떠한 것도 알게 하라.
> 우리가 마음에 두고
> 그 결말을 알아보리라.
> 혹 앞으로 올 일을 듣게 하며. _사 41:22

하나님께서는 또 이렇게 말씀하신다.

> 내가 영원한 백성을 세운 이후로
> 나처럼 외치며
> 알리며 나에게 설명할 자가 누구냐.
> 있거든 될 일과 장차 올 일을 그들에게 알릴지어다. _사 44:7

하나님이 미래를 선포하실 수 있음은 미래를 아시며 미래를 정하셨기 때문이다. 미스터리 영화를 내가 먼저 보고 결말을 다 안 뒤 나중에 이 영화를 친구들과 함께 본다면, 나에게는 있고 친구들에게는 없는 지식에 근거해 영화가 어떻게 끝날지를 친구들에게 말해 줄 수 있다. 마찬가지로 하나님은 자신의 지식 덕분에 최종 결말을 정확히 예측하실 수 있다. 처음부터 종말을 선언하신 분으로서 앞으로 어떤 일이 일어날지 무한히 아시기 때문이다.

> 너희 패역한 자들아,
> 이 일을 기억하고 장부가 되라. 이 일을 마음에 두라.
> 너희는 옛적 일을 기억하라. 나는 하나님이라. 나 외에 다른 이가 없느니라.
> 나는 하나님이라. 나 같은 이가 없느니라.
> 내가 시초부터 종말을 알리며
> 아직 이루지 아니한 일을 옛적부터 보이고
> 이르기를 나의 뜻이 설 것이니
> 내가 나의 모든 기뻐하는 것을 이루리라 하였노라.
> 내가 동쪽에서 사나운 날짐승을 부르며
> 먼 나라에서 나의 뜻을 이룰 사람을 부를 것이라.
> 내가 말하였은즉 반드시 이룰 것이요
> 계획하였은즉 반드시 시행하리라. _사 46:8-11

하나님의 지식에 대한 이런 입장을 거부하는 이들은 인간의 자유를 수호하려 애를 쓴다. 예를 들어 로마 가톨릭 예수회 신학자 루이스 데 몰리나Luis de Molina는 **중간 지식**middle knowledge이라는 개념을 제안했고, 유명하기는 했어도 제대로 이해받지는 못했던 야코부스 아르미니우스Jacob Arminius라는 개신교도가 훗날 이 개념을 받아들였다. 이 견해는 나중에 **몰리니즘**Molinism으로 알려지게 되었다.

간단히 말해 몰리나는 하나님께서 개별 인간을 선택하기에 앞서 자유의지를 가진 일정한 수의 인간들이 특정 상황에서 어떻게 행동할지 아실 수 있었다고 믿었다. 달리 말해 하나님은 주어진 조건에서 실제로 어떤 일이 일어날지도 아시고 어떤 일이 일어날 수 있을지도 아신다는 것이다. 그 결과, 하나님은 특정 사람들이 어떤 구체적 정황에서 복음에 호의적으로 반응하리란 것을 아시는 "중간 지식"에 근거해 사람을 택하신다는 것이다. 결국 하나님은 그리스도 안에서 독립적으로, 그리고 무조건적으로 택하시는 게 아니라 유한한 존재의 선택을 미리 아시고 이에 "반응"하신다는 것이다.

하나님의 예지가 장래의 특정 조건에 좌우된다면 어떤 의미에서 하나님은 여전히 무지하신 게 아닌가를 질문할 필요가 있다. 하나님께서 조건부 미래에 근거해서 일어날 일을 '보시고', 그런 다음 완전히 조건부 세상에서 일어날 것으로 '보시는' 일에 근거해서 선택하신다는 것인가? 이런 틀에서라면 하나님은 조건부로 조건들만을 아시는 셈이다. 요약하자면 몰리나는 하나의 개별적 범주를 소개한 것으로, 이 범주에서는 인간의 결단이 사건을 결정짓는 요인이 된다.

클라크 피녹Clark Pinnock과 그렉 보이드가 주창한 열린 신론open theism은 인간이 할 수도 있는 어떤 선택이 바로 그 상태, 즉 가능하고도 불확실한 상태로 남아 있다는 점에서 하나님께서 미래를 부분적으로 열어 놓으셨다고 제안함으로써 몰리니즘의 문제점을 해결하려고 한다. 달리 말해 하나님이 미래를 속속들이 다 아시는 건 아니라는 것이다. 그래서 보이드는 이렇게 말한다.

> [하나님께서는] 미래가 일부 열려 있는, 확정된 사실보다는 가능성들로 이루어진 세상을 창조하셨다. 우리가 생각하기에 하나님께서 이렇게 하신 것은 앞으로 일어날 모든 일을 일방적으로 결정하기를 원치 않으셨기 때문이다. (하나님으로서는 그게 얼마나 지루한 일이겠는가!) 그보다 하나님은 이 우주에 자유 행위자들이 거주케 하시고, 그럼으로써 순전한 사랑과 모험의 가능성, 그리고 또 죄와 악의 위험성을 창조하기를 원하셨다.[3]

열린 신론은 하나님의 전지성을 인정하면서도 다른 한편으로 하나님의 예지는 부인하는데, 이런 입장은 사실상 전지성 개념을 말살한다. 하나님의 지식이 확실하지 않고, 게다가 하나님께서 마음을 바꾸실 수도 있고, 하나님이 뭔가를 더 배우실 수도 있으며, 심지어 (하나님이 미래를 속속들이 알지 못하므로) 위험을 무릅쓰실 수도 있다고 말하기 때문이다. "자유 행위자들이 살고 있는 우주에서, 상황의 결말은—심지어 신의 결정도—대개 불확실하다"고 보이드는 주장한다.[4] 요약하자면 보이드에게는 (그가 주장하려는 내용과 달리) 하나님이, 하나님이 아니다.

그리스도의 지식

우리는 신약성경에서 볼 수 있는 그리스도의 초자연적 지식이 그리스도의 전지성을 증명함으로써 그분의 신성을 입증한다고 섣불리 단정 지어서는 안 된다. 잘 알려진 한 구절에서 그리스도께서는 이렇게 주장하신다. "내 아버지께서 모든 것을 내게 주셨으니 아버지 외에는 아들을 아는 자가 없고 아들과 또 아들의 소원대로 계시를 받는 자 외에는 아버지를 아는 자가 없느니라."마 11:27 이 구절은 그리스도가 아버지를 아는 게 그분의 신성 때문이라고는 말하지 않는다. 성경의 다른 곳에서 가르치고 있다시피 확실히 그게 사실이기는 하지만 말이다.요 1:1-2 그보다 이 구절은 성부께서 성자에게 주신 지식에 신자들이 적어도 부분적으로는 가까이 다가갈 수 있다고 가르친다. "아들의 소원대로 계시를 받는 자 외에는 아버지를 아는 자가 없느니라."

신약성경에서 그리스도의 지식에 대해 언급하는 구절은 대개 성부께서 그리스도의 인성을 따라 그분에게 전해 주신 풍성한 지식을 말한다(요 21:17을 보라). 성부께서 그리스도에게 지식을 주시고 그리스도를 위해 지혜를 주심은 중보자 직분을 이행하도록 하기 위해서였다. "그 안에는 지혜와 지식의 모든 보화가 감추어져 있느니라."골 2:3

이 구별이 왜 중요한가? 그리스도에게 전달된 지식을 별개로 하면 우리는 하나님에 대해 아무런 지식도 가질 수 없다. 그리스도 덕분에 하나님을 아는 지식이 가능해지며, 이는 그가 하나님을 아셨고 아버지를 우리에게 계시하셨기 때문이다.눅 10:21-22

이렇게 하나님의 무한한 지식은 그리스도에게 여전히 다음과 같은 온갖 지식을 전해 주실 수 있는 토대가 된다.

1. 사람들 마음에서 이루어지는 내적 역사: "세 번째 이르시되 요

한의 아들 시몬아, 네가 나를 사랑하느냐 하시니 주께서 세 번째 네가 나를 사랑하느냐 하시므로 베드로가 근심하여 이르되 주님 모든 것을 아시오매 내가 주님을 사랑하는 줄을 주님께서 아시나이다. 예수께서 이르시되 내 양을 먹이라."요 21:17

2. 사람들 삶의 숨겨진 요소: "여자가 대답하여 이르되 나는 남편이 없나이다. 예수께서 이르시되 네가 남편이 없다 하는 말이 옳도다. 너에게 남편 다섯이 있었고 지금 있는 자도 네 남편이 아니니 네 말이 참되도다."요 4:17-18

3. 앞으로 있을 일들: "예수께서 그 당할 일을 다 아시고 나아가 이르시되 너희가 누구를 찾느냐."요 18:4 "예수께서 이르시되 내가 진실로 네게 이르노니 오늘 밤 닭 울기 전에 네가 세 번 나를 부인하리라."마 26:34

그리스도께서는 하나님의 전지함 덕분에 이런 유형의 지식에 접근할 수 있었다. 말하자면 그리스도께서는 자신의 신적 자원에 의지할 수 있었다. 하지만 성육신을 통해 낮아지셨기 때문에 성부께 기꺼이 완전하고도 지속적으로 의존하여, 자신이 알아야 할 모든 것을 배워야 했다. 성부의 가르침 덕분에 그리스도께서는 메시아라는 자기 정체성을 입증해 주는 일들을 초자연적으로 알 수 있었다.

높아지신 상태에서 그리스도는 인간이 지닐 수 있는 최대 용량의 지식을 성령을 통해 성부에게서 받으셨다. 그리스도의 인성을 따라서, 그리고 성부께서 주시는 상급의 일부로서, 성령께서는 하나님의 나라, 목적, 백성에 관해 알 수 있는 모든 것을 그리스도에게 계시했다. 영화롭게 된 인성으로 그리스도께서 소유하는 지식은, 우리의 이해 범위를 완전히 초월한다.

한 인간이 모든 인간의 생각을 다 안다는 개념 앞에 우리는 그저 경탄할 뿐이다. 우리와 공감하는 대제사장으로서 그리스도는 우리 기도를 들으실 뿐만 아니라 우리의 연약함은 물론 우리가 어떤 시험을 받으며 어떤 욕구를 느끼는지도 틀림없이 다 아신다. 이런 앎이 있기에 그리스도께서는 우리를 동정하실 수 있다.[히4:15] 그러나 영광스럽게도 그리스도는 이 모든 일을 자신의 신성을 따라서 알 뿐만 아니라 인성을 따라서도 아신다. 우리 또한 영광 중에 본성이 변화할 것이며, 그래서 하나님과 그리스도와 자연과 그 밖의 모든 현실에 속한 일들을 알 수 있는 능력이 현재 상태에서 훨씬 더 진보할 것이다. 실로 우리는 그리스도, 곧 모든 진리를 계시하시는 분을 통해 성령으로써 하나님을 아는 지식에 "참여"하되, 하나님의 전지성에는 결코 다가가지 못할 것이다.

적용

하나님과 그리스도께서는 천 년 전과 마찬가지로 지금도 인간의 생각과 의도를 아신다. 이는 여전히 하나님만의 독특한 권리이자 특권이다. 하나님의 전지성은 여러 면에서 그리스도인의 삶에 실질적으로 적용되지만, 나는 그중에서도 특히 한 가지를 강조하고자 한다.

그리스도인으로서 우리는 건전한 판단을 하는 데 필요한 지식도 없이 남을 비판하면서 마치 자신이 하나님인 양 행동할 때가 있다. 자기도 모르게 이런 행동을 하지만 그렇다고 해서 이 행동이 죄가 아닌 것은 아니다. 자기 죄도 처리하지 못하면서 다른 사람을 지나치게 비판하거나 판단하는 태도를 보이지 말라고 그리스도께서는 경고하시지만,^마 7:1 그리스도인은 때로 판단을 해야 한다(마 7:15-20; 18:15-20; 24:23-26을 보라). 그러나 남을 판단한다는 것은 위험한 일일 수 있다. 대개의 경우, 판단하는 데 필요한 정보가 부족한 것도 한 가지 이유다. 그리스도는 올바른 판단을 할 수 있는 완벽한 지식이 위로부터 주어졌기 때문에 적절한 판단을 하실 수 있었다.^요 8:44

하나님과 그리스도의 판단은 지식에 근거해 이루어지는데, 우리에게는 이런 지식이 없는 경우가 빈번하다. 진상을 정확히 알지 못하는 한 우리는 판단해서는 안 된다. 부당하게 판단하는 일도 피해야 한다. 하나님께서 판단을 하심은 단지 모든 것을 아시기 때문이 아니라 사랑으로 모든 것을 아시며 절대 부당한 판단을 하지 않으시기 때문이다. 하나님에게는 우리와 같은 편견이 없다. 판단을 할 때 우리는 그 일의 진상을 정확히 알아야 할 뿐만 아니라 사랑으로 마음이 움직여야 한다. 판단을 해야 할 경우, 자신이 그 일에 간섭해 판단을 내릴 필요가 있다는 강한 확신 또한 있어야 한다. 하나님께서는 자신의 지식에 근거해 판단하시지만, 또한 자신의 주권적 다스림(즉, 판단하실 수 있는 권리)에 근거해서도 판단하신다.

기억하라. 바리새인들은 그리스도를 판단했다. "바리새인들이 보고 그의 제자들에게 이르되 어찌하여 너희 선생은 세리와 죄인들과 함께 잡수시느냐."^마 9:11 또 우리는 그리스도께서 이렇게 말씀하시는 것도 보게 된다. "인자는 와서 먹고 마시매 말하기를 보라. 먹기를 탐하고 포도주를 즐기는 사람이요 세리와 죄인의 친구로다 하니 지혜는 그 행한 일로 인하여 옳다 함을 얻느니라."^마 11:19^ 그리스도께 대한 이런 비판은 그리스도의 은혜로운 구속에 대한 무지를 보여 주었고, 자기 의에 사로잡혀 죄를 보지 못하는 상태를 드러냈으며, 게다가 이 태도에는 사랑이 결여되어 있었다. 우리는 이 모든 태도를 피해야 하건만 그렇지 못할 때가 많다.

충분히 진상을 알지 못한 채 누군가를, 혹은 어떤 일을 판단하고 싶은 마음이 들 경우, 그런 판단은 하나님께 맡기는 편이 낫다. 우리는 공의로 판단하시는 분께 모든 일을 맡길 수 있다.^벧전 2:23^ 판단하는 데 필요한 적절한 지식이 부족한 우리는, 그리스도 안에서 우리에게 주어지는 하나님의 은혜를 기억하면서, 신중에 신중을 기하며 사랑으로 타인을 대하는 게 좋다. 때로는 침묵을 지키는 게 최선일 수도 있다. 우리가 알거니와 하나님은 무한 전지하신 분이므로 결국에는 모든 잘못을 바로잡으실 것이다. 하나님은 그렇게 하실 수 있고, 그렇게 하시고자 하며, 그렇게 하기로 결단하신다.

10 } 하나님은 전능하시다

여호와께서 그의 권능으로 땅을 지으셨고

그의 지혜로 세계를 세우셨고

그의 명철로 하늘을 펴셨으며

그가 목소리를 내신즉

하늘에 많은 물이 생기나니

그는 땅끝에서 구름이 오르게 하시며

비를 위하여 번개 치게 하시며

그 곳간에서 바람을 내시거늘._렘 10:12-13

교리

하나님의 전능한 능력 혹은 **전능성**omnipotence을 단언하기는 하나님이 존재하심을 증명하는 것 못지않게 여전히 중요하다. 전능한 능력 없는 하나님은 예배할 가치가 없다. 그런 하나님을 섬긴다면 우리 또한 무신론자일지 모른다. 하나님께서 공의와 자비를 베푸심은 바로 그렇게 하실 수 있는 무한한 능력 때문이다.

하나님은 무한히 전능하신 분으로서 무제한의 능력을 소유하시며, 이는 성경이 왜 "능력"power이라는 말을 하나님을 가리키는 특유의 이름으로 쓰는지 그 이유를 설명해 준다. "예수께서 이르시되 내가 그니라. 인자가 권능자Power의 우편에 앉은 것과 하늘 구름을 타고 오는 것을 너희가 보리라 하시니."_막 14:62_ 하나님은 무한히 능력이 있으시기에, 하나님에게 '힘든 일' 같은 것은 존재하지 않는다. 그 무한한 능력 덕분에, 세상을 창조하는 일은 조약돌 하나 만들어 내기만큼 쉽다.

성경은 하나님의 권능을 인간의 능력과 종종 대조하기도 하고, 가능한 일에 대한 우리의 관념과 대조시키기도 한다.

> 여호와께 능하지 못한 일이 있겠느냐. 기한이 이를 때에 내가 네게로 돌아오리니 사라에게 아들이 있으리라. _창 18:14

> 대저 하나님의 모든 말씀은 능하지 못하심이 없느니라. _눅 1:37

> 예수께서 그들을 보시며 이르시되 사람으로는 할 수 없으나 하나님으로서는 다 하실 수 있느니라. _마 19:26

하나님의 권능은 하나님께서 어떤 행위를 하시는 힘 또는 능력을 가리킨다. 하나님은 원하는 일은 무엇이든 다 하실 수 있다. 하나님은 "힘이 강하시"고_욥 9:4_ "권능이 지극히 크"시다._욥 37:23_ 좀 더 구체적으로 말해 하나님의 권능은 두 가지로, 즉 권한이나 힘으로 이해할 수 있다. 이론적으로 권한이 없으면 힘도 없고 힘이 없으면 권한도 없지만,

하나님에게는 이 두 가지가 다 있다. 차녹은 다음과 같이 증언한다.

> 하나님의 권능이란 하나님 자신이 원하는 일은 무엇이든, 자신의 무한한 지혜가 가리키는 것은 무엇이든, 자신의 뜻의 그 무한한 순결함으로 해결할 수 있는 일은 무엇이든 다 이룰 수 있는 능력과 힘을 말한다.……하나님의 권능은 하나님 자신과 비슷해서, 무한하고 영원하고 사람으로서는 이해할 수 없다. 또한 이 권능은 피조물이 저지하거나 억제하거나 좌절시킬 수 없다.[1]

이렇게 하나님의 권능은 결국 하나님의 존재와 일치한다.[막 14:62]

하나님의 권능을 논할 때 신학자들은 전형적으로 하나님의 절대 권능과 질서적 권능을 구별한다.[2] **절대 권능**이란 하나님께서 하실 수는 있지만 반드시 하시지는 않는 것을 말한다. 하나님은 세상을 10억 개쯤 창조하여 피조물들이 거기서 살아가게 하실 수도 있지만 실제로 그렇게 하시지는 않는다. 하나님의 **질서적 권능**이란 하나님께서 자신의 뜻에 따라 실제로 작정하시고 섭리적으로 이루시는 일을 가리킨다. 이런 용어를 쓰는 것은 하나님에게 두 가지의 구별된 능력이 있음을 말하려는 게 아니라 적용(질서적 권능)과 비적용(절대 권능) 면에서 하나님의 전능성을 이해하기 위해서다.

하나님의 권능은 하나님의 본성에 따라 발휘되거나 하나님의 본성에 의해 '관리'되는 것으로 이해해야 한다. 하나님의 권능은 선한 권능임에 틀림없다. 하나님께서는 말씀하실 때(말씀하시는 것도 권능의 행위다) 신실하게 말씀하신다. 하나님은 거짓말하실 수 없다.[딛 1:2]

그래서 가정해서 말하자면, 하나님께서 만약 우주선을 만들었다가 나중에 분해하신다 해도 하나님께서 우주선을 만들었다는 것은 영원히 참일 것이다. 실제로 우주선을 만드신 한, 하나님은 자신이 우주선을 만들지 않았다고 말씀하실 수 없다. 하나님께서 참이라 명명하시면, 그 어떤 참된 것도 거짓이라 서술될 수 없다. 하나님은 순전한 악인 마귀를 선이라 부를 수 없었다. 하나님은 자신의 의나 선함이나 진리와 타협하는 방식으로는 행동하실 수 없다.

때로 성경은 하나님의 절대 권능과 질서적 권능에 뚜렷이 집중한다. 어떤 경우에는 한 구절에서 이 두 가지 권능을 다 언급하기도 한다. 절대 권능의 한 예로 세례 요한은 회개하지 않는 바리새인들과 사두개인들에게 이렇게 선언한다. "속으로 아브라함이 우리 조상이라고 생각하지 말라. 내가 너희에게 이르노니 하나님이 능히 이 돌들로 아브라함의 자손이 되게 하시리라."마 3:9 우리가 아는 한, 하나님께서 실제로 돌들로 "아브라함의 자손"이 되게 하시지는 않았다. 하지만 자신의 절대 권능에 따라 하나님은 그렇게 하실 수 있었다.

그리스도와의 관계에 나타난 하나님의 권능

마태복음 26:53-54에서 그리스도께서는 하나님의 절대 권능과 질서적 권능, 두 가지를 다 묘사한다. "너는 내가 내 아버지께 구하여 지금 열두 군단 더 되는 천사를 보내시게 할 수 없는 줄로 아느냐. 내가 만일 그렇게 하면 이런 일이 있으리라 한 성경이 어떻게 이루어지겠느냐." 하나님은 자신의 절대 권능에 따라 그리스도를 그 상황에서 구해 내어 수난당하지 않도록 해주실 수도 있었으나, 질서적 권능에 따라 그렇게 하지 않으셨다. 우리는 그리스도께서 시험당하신 일에서 이 교리가 암시된 것을 볼 수 있다. 사탄은 예수를 시험하여 이르기를, 돌이 떡이 되게 하여 네가 하나님의 아들인 것을 입증하라고 했다. 그리스도는 돌을 떡으로 만들 수 있는 분이셨으나 그렇게 하지 않으셨다. 마귀가 아니라 성경이 자기 삶의 규준이었기 때문이다. 이론상 예수께서 하실 수 있었던 일[마 4:3-4]이 요점이 아니다. 중요한 것은 하나님께서 정하신 규칙 아래 예수가 본디 어떻게 하기로 되어 있었느냐는 것이다.

하나님께서는 자기 아들을 보내사 연약함으로 십자가에 못 박히게 하심으로써 자기 권능을 보이신다.[고후 13:4] 바울은 연약함을 거리낌 없이 받아들이사 "성결의 영으로는 죽은 자들 가운데서 부활하사 능력으로 하나님의 아들로 선포되셨으니 곧 우리 주 예수 그리스도"이신[롬 1:4] 분에 대해 말한다. 그래서 복음은 그리스도의 두 가지 상태(낮아지신 상태와 높아지신 상태)에 따라 그리스도의 연약함과 권능을 염두에 둔 것으로, "구원을 주시는 하나님의 능력"이 된다.[롬 1:16]

바울은 "[하나님의] 능력이 역사하시는 대로"[엡 3:7] 복음의 일꾼이 되었다. 그리고 이 좋은 소식이 하나님의 백성에게 이르러, 그들이 "그의 성령으로 말미암아……강건하게"[엡 3:16] 될 수 있게 한다.

적용

우리는 하나님의 절대 권능이라는 이론적 세상에 살고자 하는 유혹에 저항해야 한다. 우리는 하나님의 질서적 권능을 믿고 의지해야 한다. 성경의 약속과 처방은 하나님의 질서적 권능과 연관되어 있다. 비록 약속과 처방이 언제나 동의어로 귀결되지는 않지만 말이다. 하나님의 절대 권능과 질서적 권능이 구별된다는 사실은 그리스도인의 삶에서 중요한 함축적 의미를 지닌다.

하나님의 절대 권능에 따르면 하나님은 설교나 성경 읽기, 성례 같은 것 없이 성령의 능력으로 세상 모든 교회를 즉시 성화시킬 수도 있다. 그러나 질서적 권능에 따라 하나님께서는 그렇게 하지 않기로 결정하셨다. 대신 하나님은 목표를 이루는 수단들을 정해 주셨다. 그래서 우리는 "하나님이 그냥 우리를 지금 당장 천국으로 데려가시고 세상을 멸망시키면 될 텐데, 왜 그렇게 하지 않으시냐?"는 등의 비성경적 항의를 멀리해야 한다. 그보다는 우리와 세상을 위한 하나님의 주권적 계획에 만족해야 한다.

복음의 일꾼들이 자기 "자신과 가르침을 살펴 이 일을 계속"하면, 자기 자신과 자기 가르침을 듣는 이들을 구원할 것으로 기대할 수 있다(딤전 4:16. 롬 10:14-15도 보라). 이는 처방이 곁들인 약속이다. 이 약속의 성취는 하나님의 권능에서 오지만 그렇다고 해서 택자들을 구원하려고 하나님께서 명령하신 질서적 수단(예를 들어 진리를 설교하는 일) 없이 오지는 않는다.

마찬가지로 하나님께서 어떤 일은 기도로 이루도록 정하셨다. 기도하지 않으면 받지 못한다.마 7:7-11, 약 4:2 사실 하나님은 자기 백성들의 기도 없이도 모든 일을 다 이루실 수 있지만, 그런 방법은 정하지 않으셨다. 하나님은 연약한 백성들의 기도를 통해 강력하게 역사하신다.롬 8:26-27

이런 특성은 우리가 어떤 식으로 다양한 소명들을 이행해야 하는지를 알려 준다. 예를 들어 두려움과 주의 훈계로 자녀들을 양육하지^{엡 6:4} 못할 경우, 우리는 자녀들을 위한 하나님의 언약적 약속에 소망을 둘 근거가 없다. 내 말은 우리가 다 실수 한 번 하지 않는 완벽한 부모가 될 수 있다는 뜻이 아니다. 다만 하나님께 순종하고 하나님을 신뢰하는 신실한 부모가 되는 것과 아무 근거 없이 하나님의 은혜로운 역사를 기대하는 세속적 부모가 되는 것은 엄연히 다르다는 뜻이다. 우리는 하나님의 비밀한 뜻이 아니라 언약의 요구에 따라 자녀들을 양육해야 한다.^{신 29:29}

또 한 예로, 불신자 남편을 둔 그리스도인 아내는 남편이 오페라 음악을 들으며 길거리를 걷고 있을 때 하나님께서 그를 회심시키실 수도 있다고 믿을지 모른다. 그러나 이 아내는 베드로전서 3:1-2 말씀을 바라보며 소망을 품어야 한다. "아내들아, 이와 같이 자기 남편에게 순종하라. 이는 혹 말씀을 순종하지 않는 자라도 말로 말미암지 않고 그 아내의 행실로 말미암아 구원을 받게 하려 함이니 너희의 두려워하며 정결한 행실을 봄이라."

놀랍게도 하나님의 질서적 권능은 인간적 수단을 활용한다. 그리고 이런 수단은 설교·기도·훈계·경건처럼 비교적 평범하고 일상적이다. 이 권능은 능력 있는 우리의 구주, 곧 연약함으로 십자가에 못 박히셨다가 이제 우리의 선지자요 제사장으로 높아지사 모든 선한 일을 행할 수 있도록 우리를 구비시키시는 분을 통해 우리에게 임한다.^{딤후 3:17, 히 13:21}

11 } 하나님은 야훼이시다

하나님이 모세에게 말씀하여 이르시되 나는 여호와이니라. 내가 아브라함과 이삭과 야곱에게 전능의 하나님으로 나타났으나 나의 이름을 여호와로는 그들에게 알리지 아니하였고. _출 6:2-3

교리

우리는 성경에 계시된 대로 하나님 이름의 의미를 파악함으로써 하나님에 대해 알 수 있다. 하나님께서 자신의 말씀 가운데 자기 속성을 어떻게 드러내시는가의 관점에서 볼 때, 하나님의 이름은 하나님의 속성과 일치한다. 사실 하나님에게는 적절한 이름이 필요 없다. 하나님께서 스스로 정하신 이름은 자기 자신 안에 존재하는 분으로서의 하나님이 아니라 자기 자신을 계시하시며 자기 피조물과 관계를 맺으시는 하나님을 나타낸다. 이름을 사용하심으로써 하나님은 그렇게 자기 자신을 피조물의 수준에 맞게 적응해서 자신을 우리에게 계시하신다.

하나님의 이름은 하나님의 성품과 동의어, 하나님의 속성의 총합 역할을 한다.^{출 20:7, 시 8:1} 따라서 하나님의 이름을 안다는 것은 곧 하나님을 아는 것이다.^출 6:3 하나님의 이름은 의인화^anthropomorphic 된 이름이지만, 우리가 마치 하나님께 이름을 지어드릴 만한 위치에 있기나 한 듯, 이 이름들이 인간에게서 생겨나는 것으로 생각해서는 안 된다. 그보다 이 이름들은 하나님의 인격적 실존, 하나님의 속성, 그리고 하나님의 영광스러운 존재를 우리에게 드러내 보여 준다. 하나님은 자기 자체로서는 아무 이름이 없지만, 계시에서는 여러 가지 이름을 지닌다. 이 장에서는 "주"^LORD 혹은 야훼(때로는 여호와나 YHWH로 지칭되기도 하는)라는 한 가지 이름에만 초점을 맞춰 볼 텐데, 이 이름은 구약성경에서 대략 5천 번가량 등장한다.

야훼의 어원에 대해서는 교회사 전 과정을 통해 수없이 많이 논의되어 왔으나 상세한 내용 전체에 대해서는 그 어떤 견실한 합의도 이루어지지 않았다. 해이^hwy 또는 하야^hyh('있다, 바로 가까이 있다, 존재하다, 일어나다'라는 의미의)라는 어원에서 온 하나님의 이 이름은 어원만 따지기보다는 하나님의 역사^works에 비추어 이해해야 할 것이다. 하나님의 이름을 알려 달라고 하는 것은 곧 하나님의 성품을 알려 달라는 말이다.

> 모세가 하나님께 아뢰되 내가 이스라엘 자손에게 가서 이르기를 너희의 조상의 하나님이 나를 너희에게 보내셨다 하면 그들이 내게 묻기를 그의 이름이 무엇이냐 하리니 내가 무엇이라고 그들에게 말하리이까. 하나님이 모세에게 이르시되 나는 스스로 있는 자이니라. 또 이르시되 너는 이스라엘 자손에게 이같이 이르기를 스스로 있는 자가 나를 너희에게 보내셨다 하라. _출 3:13-14

하나님의 "이름"이 계시될 때 우리가 기억해야 할 것은, 어느 한 가지 이름이 하나님이 어떤 분이신지를 다 나타내 주지는 못한다는 점이다. 그럼에도 이 계시는 하나님에 대해 엄청나게 많은 것을 말해 준다. **야훼**Yahweh 라는 이름은 하나님의 본성, 특히 하나님은 자존하실 뿐만 아니라("나는 스스로 있는 자") 불변하시는 분("나는 스스로 있을 자")임을 알려 준다. 하나님의 불변성(즉, 변할 수 없는 성질)은 이스라엘 백성들에게 결코 작지 않은 중요성을 지녔고, 그래서 이들은 하나님이 언약에 충실하시다는 점에 의지했다. 스스로 있는 자라는 이 선언은 구속 역사상 그 시점까지 있던 하나님의 계시의 절정이었다.

출애굽의 정황에서 야훼라는 이름은 언약에 대한 하나님의 충실성을 가리킨다. "너희를 내 백성으로 삼고 나는 너희의 하나님이 되리니 나는 애굽 사람의 무거운 짐 밑에서 너희를 빼낸 너희의 하나님 여호와인 줄 너희가 알지라"(출 6:7. 3:7-9; 13-14; 6:1도 보라). 하나님의 이 이름은 하나님의 주권과 영광 또한 보여 준다. "여호와라 이름하신 주만 온 세계의 지존자로 알게 하소서."시 83:18 주님이신 야훼는 영존하시고 전지하시며 전능하신 하나님이다.

> 너는 알지 못하였느냐. 듣지 못하였느냐.
> 영원하신 하나님 여호와,
> 땅끝까지 창조하신 이는
> 피곤하지 않으시며 곤비하지 않으시며
> 명철이 한이 없으시며. _사 40:28

하나님의 이름은 여전히 하나님의 영원한 존재와 동의어다.^사 41:4; 44:6 영화로운 분으로서 야훼는 자기 백성들의 예배와 자기 이름의 영광에 대해 질투를 드러내신다. "나는 여호와이니 이는 내 이름이라. 나는 내 영광을 다른 자에게, 내 찬송을 우상에게 주지 아니하리라."^사 42:8

하나님의 이름은 우리 마음에 공포를 불러일으킬 수 있다. 야훼께서는 천둥소리 가운데 말씀하시고 하늘을 가로질러 번개가 치게 하신다.^출 19:16-19; 20:18 하나님은 불로 자신의 임재를 보이시며,^출 13:21 예를 들어 바다 같은 이 땅의 구성 요소를 통제하신다.^출 14:21 그러나 앞에서 말한 것처럼 야훼께서는 언약의 하나님으로서 자기 백성을 대하신다. 하나님은 만물을 창조하시고 보존하시되, 자기 백성은 그들에게 하신 약속에 따라 특별한 방식으로 유지하신다. 그래서 야훼라는 이름이 하나님의 백성에게 특별히 중요한 것은 이 이름이 하나님께서 백성들을 향해 언약을 충실히 지키심을 나타내기 때문이다.

그리스도는 야훼이시다

그리스도가 아버지에게서 받은 일을 완수하자, 하나님께서는 그리스도에게 신적 이름을 수여하셨다.

> 이러므로 하나님이 그를 지극히 높여 모든 이름 위에 뛰어난 이름을 주사 하늘에 있는 자들과 땅에 있는 자들과 땅 아래에 있는 자들로 모든 무릎을 예수의 이름에 꿇게 하시고 모든 입으로 예수 그리스도를 주라 시인하여 하나님 아버지께 영광을 돌리게 하셨느니라. _빌 2:9-11

어떤 이름이 주어졌는지 명시되지는 않았지만, 이 이름이 야훼를 가리킨다고 짐작할 만한 근거는 충분하다. 예수는 "보이지 아니하는 하나님의 형상"$^{골\ 1:15}$으로서 이 땅에서 아버지를 완벽히 나타낸다. 그런 만큼 예수에게는 최고의 복을 받을 만한 공적 권한이 있다. 바로 모든 이름 위에 뛰어난 이름 말이다. 야훼와 야훼가 의미하는 그 모든 것보다 더 높은 이름이 무엇이겠는가?

바울뿐만 아니라 요한도 이사야의 말을 빌려 그리스도의 높아진 신분에 관한 이 기본적인 신학적 내용을 강조한다. 이사야서에서 우리는 야훼께서 아래와 같이 주장하시는 것을 본다.

> 나 여호와라. 처음에도 나요
> 나중 있을 자에게도 내가 곧 그니라. _사 41:4

> 나는 처음이요 나는 마지막이라.
> 나 외에 다른 신이 없느니라. _사 44:6

> 나는 그니 나는 처음이요
> 또 나는 마지막이라. _사 48:12

이제 요한이 요한계시록에서 예수를 어떻게 묘사하는지 살펴보자.

> 두려워하지 말라. 나는 처음이요 마지막이니 곧 살아 있는 자라. _계 1:17-18

> 서머나 교회의 사자에게 편지하라. 처음이며 마지막이요 죽었다가 살아나신 이가 이르시되. _계 2:8

> 나는 알파와 오메가요 처음과 마지막이요 시작과 마침이라. _계 22:13

요한계시록의 이 구절들이 보여 주듯, 예수의 이름은 불변하시고 영원하시며 살아 계신 하나님으로서 그분의 특권을 확증한다. 높아지신 그리스도는 야훼라는 이름을 감당하실 만하다.

적용

하나님은 자기 백성들에게 복을 주시려고 자기에게 이름을 붙이신다. 하나님은 자기 백성들을 가르치시려고 자기에게 이름을 붙이신다. 하나님은 자신에게 이름을 붙일 필요가 없지만, 하나님의 존재에 대한 지식, 우리를 향한 하나님의 목적에 대한 지식을 주기 위해 기꺼이 자기를 낮추기로 결정하신다. 주목할 점은 하나님이 자기 자신에게는 이름을 붙일 필요가 없지만, 자기 아들에게는 이름을 지어 주신다는 사실이다. 신인이신 예수에게는 야훼로 인식될 만한 독특한 위엄이 있다. 이 사실에 비추어, 우리는 이스라엘 백성들을 애굽에서 이끌어 내실 때 이들을 향한 하나님의 마음이 어땠는지 확실히 알 수 있는 만큼 우리를 향한 그리스도의 마음도 확실히 알 수 있다.

높아지신 메시아이자 천상에서 중보하시는 대제사장으로서 예수는 신뢰할 만한 분이다. 신자들을 향한 그리스도의 목적, 따라서 그리스도의 가르침은 언제나 한결같다. 그리스도는 자신의 목적 면에서 불변하신다. 그래서 히브리서 기자는 그리스도의 사역의 이러한 측면과 관련해 독자들에게 이렇게 확신시킨다. "예수 그리스도는 어제나 오늘이나 영원토록 동일하시니라."^{히 13:8}

하나님이 예수에게 이름을 수여하실 수 있다면, 예수처럼 시종 목표에 충실한 이들에게도 이름을 수여하실 수 있다. 요한계시록 2:17에서는 신자들이 새 이름을 받을 것이라고 말한다. 이 약속은 하나님의 신실한 종 모두에게 확장되며, 요한의 편지를 직접 받아 본 이들에게만 제한되지 않는다. 이 새 이름을 받는다는 것은 곧 그리스도께서 받으신 왕의 이름을 받는 것이다.^{계 19:12-16} 세례를 받을 때 우리는 하나님과 새 관계에 돌입하면서 이름이 불린다. 종말에도 우리는 높아진 신분을 확증해 주는 새 이름을 받게 될 것이다. 이 새 이름이 없으면 우리는 새 하늘과 새 땅에 들어가지 못할 것이다.

12 } 하나님은 복되시다

주께서 생명의 길을 내게 보이시리니
주의 앞에는 충만한 기쁨이 있고
주의 오른쪽에는 영원한 즐거움이 있나이다. _시 16:11

교리

무한히 영화로운 하나님의 모든 속성 중 하나님의 복됨이야말로 아마 우리가 가장 부러워할 속성일 것이다. 하나님 안에서는 모든 선한 것들이 완벽한 연합을 이루어 존재한다. 하나님은 자기 자신 안에 영원토록 무한한 충만함과 즐거움과 기쁨을 갖고 계시다. 완전히 자충족적인 분으로서 하나님은 아무것도 필요로 하지 않으신다. 그래서 바울은 "복되신" 하나님에 대해 이야기한다.^{딤전 1:11; 6:15}

만약 하나님이 무한히 선하시되 능력이 부족하여 선한 일을 이루실 수 없다면, 이 때문에 하나님은 참 초라한 분이 되고 말 것이다. 하나님이 자비롭고 거룩하시되 지혜가 부족하여 자신의 자비와 거룩함을 손상시키는 일 없이 죄인을 구원하지 못한다면, 이 때문에 하나님은 볼품없는 분이 되고 말 것이다. 하나님이 성삼위가 아니라면, 자기 자신에 대한 하나님의 사랑 역시 하나님을 구질구질하게 만들 것이다. 하나님이 영원하시되 만약 무한한 지식이 없다면 그 하나님은 지옥에 있는 자들보다 더 비참할 것이다. 자기 존재 안에서 완전히 실현된 존재, 모든 속성이 서로 아름답게 조화를 이룬 완벽한 존재로서 하나님은 아주 복된 생명을 향유하신다. 무한한 거룩함·지혜·선함·권능·지식 등이 있는 곳에는 무한한 복됨이 있을 것이다.

하나님께서 누리는 복되심에 대해 말하면서 베네딕트 픽테(1655-1724, 스위스의 개혁파 신학자—옮긴이)는 이렇게 선언한다.

> 하나님을 가리켜 바울이 "복되신" 하나님이라고 몇 번이나 말하고 있으므로,딤전 1:11; 6:15 하나님의 삶은 아주 복되시다. 누구든 참 행복의 개념을 제대로 숙고하는 사람에게는 이 말의 타당성이 명쾌히 다가올 것이다. 하나님은 아무것도 부족한 게 없고, 자기 안에서 모든 위로를 누리며, 모든 걸 다 가졌고, 모든 악에서 자유로우며, 모든 선으로 충만하신 분이니, 뉘라서 하나님을 일컬어 복되시다 하지 않으리!¹

마찬가지로 에드워드 리는 "복됨은 하나님의 속성으로, 이 속성에 의해 하나님은 자기 안에 모든 기쁨과 만족을 충만하게 소유하시며, 자기 자신 외에 자신을 복되시게 할 그 무엇도 필요로 하지 않으신다"고 주장한다.² 이 우주에서 하나님 외부에 어떤 복됨이 있다면 그 복됨은 다 하나님에게서 나온 복됨이다. 사실 "천국에서 그리스도의 인성은 하나님 외부에 있지 않다. 그리스도의 인성은 하나님 안에 살고,

하나님이 그 안에 계시며, 그 인성은 하나님께 전적으로 의존하면서 하나님에게서 복되고 영광스럽게 전달되는 것을 받으신다."[3]

또한 우리는 하나님의 복되심을 하나님의 삼위일체성과 별개로 생각해서는 안 된다. 존 오웬의 말에 따르면 "하나님의 복되심은 거룩한 삼위가 동일한 본질 안에 말로는 설명할 수 없이 상호 내재하는 것으로 구성되며, 여기에는 성부와 성자가 성령의 영원한 사랑과 자족 가운데 내재적으로 상호 역사함이 동반된다."[4] 하나님의 복되심에는 하나님께서 자신의 본질을 영원하고도 무한하게 기뻐하심이 필연적으로 수반된다. 성부·성자·성령은 복되신 사랑인 인격적 사랑을 서로 공유하신다. 하나님이 복되시다는 사실을 알면 당연히 우리도 매우 기뻐하게 될 것이다.

좀 더 구체적으로 말해 신학자들은 하나님이 모든 선한 것들에 충만하시다는 견지에서만이 아니라 하나님의 존재가 모든 불행에서 자유롭다는 면에서도 하나님의 복됨에 대해 이야기해 왔다. "하나님은 빛이시라. 그에게는 어둠이 조금도 없으시다."요일 1:5 이와 같이 하나님의 복되심은 하나님의 무한하고 불변하는 거룩함이 보장한다. 어떤 신학자들은 이 점을 더 확장시켜, 하나님은 자신의 복됨을 완벽히 알고 계시다고 주장한다. 하나님은 지금 자신이 갖고 있는 것 외에 그 무엇도 더 바라지 않으신다. 하나님에게 지금보다 더 복되거나 덜 복된 상태는 불가능하기 때문이다.

하나님의 복되심은 우리가 마시는 샘물이다. 하나님의 복되심이 모든 선한 것들에 충만해 있기에, 세상을 창조하실 때 하나님은 모든 것을 선하게, 그리하여 복되게 창조하셨다. 예를 들어 아담의 선함은 그의 복됨 가운데서 나왔으며, 이는 특히 그가 자신을 선하게 만드신 하나님의 사랑을 알고 있었기 때문이다.요일 4:8 죄는 그런 더없는 복을 파괴하여 불행을 안겼다. 하지만 하나님께서 자기 아들을 보내사, 우리를 하나님 자신처럼 복과 행복과 만족과 온전함과 기쁨의 상태로 회복시키려는 목적으로, 죄와 불행의 문제를 처리하게 하셨다!

그리스도의 복되심

그리스도께서는 평생을 기뻐하셨는가? 아니면 "간고를 많이 겪"은사 53:3 분이요, 그와 동시에 기쁨을 아는 분인가? 그리스도가 이 땅에 사시는 동안 항상 기뻐하지는 않으셨다고 결론 내릴 만한 이유는 없다. 사실 누구든 불행해할 만한 핑계가 있는 사람이 있다면 그리스도가 바로 그런 분이셨다. 하지만 인간에게 있는 성경적 기쁨은 성경적 슬픔과 공존할 수 있다. 사랑하는 사람이 주님 곁으로 갔을 때 그 사람의 장례식에 갔다고 생각해 보라. 거기서 우리는 기쁨과 슬픔을 동시에 느낀다.

그리스도께서 이 땅에서 줄곧 기뻐하셨다고 단언할 수 있는 데에는 몇 가지 이유가 있다.

1. 그리스도는 한량없이 성령 충만하셨고,요 3:34 성령의 열매에는 '기쁨'이 포함된다.
2. 그리스도는 선하시고 죄에서 자유로우셨다. 그리스도는 의로운 분이셨고, 자신의 위격적 거룩함을 사랑할 만한 모든 이유를 갖추셨으니, 그리스도는 이 거룩함을 아버지에게서 풍성히

받으셨다. 죄는 우리를 불행하게 만들지만, 그리스도는 죄가 없으셨다.
3. 그리스도는 아버지를 믿고 의지하셨으며, 아버지의 뜻에 순복하셨다. 아버지께서는 그리스도에게서 단순한 순종이 아니라 기쁨에 찬 순종을 바라셨다. 그래서 예수께서는 자기 앞에 놓인 기쁨으로써 세상에서 가장 두려운 곳, 십자가에까지 가셨다.히 12:2
4. 그리스도는 지극히 힘든 상황에서도(예를 들어 시험받으실 때 같은, 마 4:1-11) 자신의 신실함이 마침내 자신의 영광과 백성들을 구원하는 일에까지 미치리라는 것을 알고 계셨다. 그러니 눈물이 나올 때에도 어찌 기뻐하지 않으실 수 있었겠는가?
5. 그리스도는 기쁘다고 말씀하셨다. 누가복음 10:21에서 예수께서 "성령으로 기뻐하"심은, 자신이 마귀를 물리치고 승리함으로써 임하는 구원을 아버지께서 "어린 아이들에게" 나타내셨기 때문이다.눅 10:18-20, 히 2:14
6. 그리스도는 요한처럼 자신에게 기쁨을 안겨 주곤 하는 친구들을 사랑하셨다.
7. 그리스도는 복됨의 근원, 곧 하나님의 속성에 대한 특별한 지식을 갖고 계셨으며, 이는 그리스도가 자기 자신과 자기 백성들도 동일하게 복될 것을 확신했다는 의미였다.

그리스도께서 기뻐하지 않으셨다 해도 충분히 납득이 될 만한 장소가 있었다면 그곳은 바로 골고다일 것이다. 하지만 스펄전은 이에 대해서도 다음과 같이 멋지게 통찰한다.

> 우리의 죄 짐이 그리스도께 지워졌을 때, 큰 슬픔이 그분에게 임했다. 하지만 이렇게 해서 우리가 길 잃은 상태에서 회복된다고 생각하자, 그분의 마음에서는 슬픔보다 더 큰 기쁨이 빛났다.……"엘리 엘리 라마 사박다니"("나의 하나님, 나의 하나님 어찌하여 나를 버리셨나이까")라는 부르짖음도, 그 깊은 비통함이 메아리치는 순간 그 깊은 동굴에 기쁨의 진주가 있음을 발견하게 될 것이다.[5]

그리스도께서는 우리를 위해 하신 일 덕분에 우리가 기쁨을 체험하게 되리란 걸 아셨다. 하나님께서는 그리스도와 성령을 통해 자신의 복된 존재의 충만함을 계속 우리에게 신선하게 공급해 주실 터였다. 그래서 우리는 "기쁨의 강"에서 강물을 마시며 "생명과 빛과 기쁨의 샘물로 언제까지나" 새롭게 기운을 차리게 되리란 소망을 품는다.[6] 그리고 여기에 우리 구속의 영광이 존재하며, 이 영광은 내세에서가 아니라 이생에서 시작된다. "예수를 너희가 보지 못하였으나 사랑하는도다. 이제도 보지 못하나 믿고 말할 수 없는 영광스러운 즐거움으로 기뻐하니 믿음의 결국 곧 영혼의 구원을 받음이라." 벧전 1:8-9

적용

하나님은 모든 복됨의 근원이시기에 그분이 우리 하나님이 되실 때까지 우리는 이생에서 참으로 행복할 수 없다. 우리는 우리가 섬기는 신神만큼 행복하거나 불행할 뿐이다. 세상 그 무엇도 그 자체가 정당히 소유하는 행복보다 더 큰 행복은 우리에게 주지 못한다. 하나님은 행복이 무한하시며, 그래서 기쁨과 만족을 먼저(그리고 특별히) 자기 아들에게 주시고, 그다음 우리가 그 아들과 연합한 일 덕택에, 그리고 내주하시는 성령 덕택에 우리에게도 주신다.

조지 스위녹은 지혜롭게 다음과 같이 말한다.

> 육체를 신으로 섬기는 자는 불행하다.롬 16:18, 빌 3:18 왜냐하면 이들의 신은 비열하고, 약하고, 기만적이고, 덧없기 때문이다.시 49:20; 73:25, 사 31:3, 렘 17:9 마찬가지로 세상을 신으로 여겨 높이는 자도 불행하다. 이들의 신은 헛되고, 골치 아프고, 불확실하고, 뜬구름 같기 때문이다.전 1:2-3; 5:10, 고전 7:29-31, 딤전 6:9-10 그러나 이 크신 하나님과 관계를 맺는 자는 행복하다. "이러한 백성은 복이 있나니 여호와를 자기 하나님으로 삼는 백성은 복이 있도다."시 144:15 7

그리스도가 성령을 통해 하나님에게서 이 복을 받으신 것처럼, 우리도 같은 방식으로 하나님에게서 복을 받는다. 그것만이 우리가 소유할 만한 가치가 있는 유일한 기쁨이니, 이는 마르지 않는 샘에서 우리 마음으로 흘러 넘쳐오는, 천국에서 영원히 점점 더 커질 기쁨이기 때문이다.

하나님께서 우리에게 주실 수 있는 가장 귀하고 가장 큰 선물은 부나 명성이나 생명이 아니고 심지어 구원 자체도 아니다. 그렇다. 가장 큰 선물은 하나님 자신이며, 이보다 더 큰 선물은 존재하지 않는다. 복되신 성삼위 하나님이 우리 하나님이심은 그가 성부·성자·성

령을 통해 자기 자신을 우리에게 주셨기 때문이다. 실로,

> 여호와는 나의 산업과 나의 잔의 소득이시니
> 나의 분깃을 지키시나이다.
> 내게 줄로 재어 준 구역은 아름다운 곳에 있음이여.
> 나의 기업이 실로 아름답도다. _시 16:5-6

마지막으로 이생에서 갖가지 십자가를 질 때에는 예수를 기억하라. 예수의 기쁨을 기억하고, 그 기쁨을 내 기쁨으로 삼으라. 예수 안에서, 그리고 성령으로써 예수의 기쁨이 실제로 내 기쁨이 되기 때문이다. 이 값진 선물에서는 흔히 인내와 오래 참음의 향기가 나지만, 우리를 기다리는 상급 덕분에 이 선물은 그래도 여전히 기쁨일 것이다.[벧전 1:6-9]

13 } 하나님은 영화로우시다

그 영화로운 이름을 영원히 찬송할지어다.
온 땅에 그의 영광이 충만할지어다.
아멘 아멘. _시 72:19

교리

하나님의 영광에 대해 말하는 방법에는 기본적으로 두 가지가 있다. 하나님의 영광이란 하나님의 신적 광휘^{光輝}와 장엄함을 가리키는 말로서, 이 영광에 대해 하나님은 높임을 받으실 만하다. 첫째, 하나님의 본질적 영광이란 하나님의 속성의 총합을 나타내며, 이 속성의 총합 때문에 하나님은 "영광의 하나님"이[행 7:2] 되신다. 토머스 왓슨의 말처럼 하나님의 영광은 "신성의 번쩍임"이다.[1] 하나님의 생명은 하나님의 영광 중에 있고, 이 영광은 이미 무한하고 불변하고 영원하기에 늘어나거나 줄어들 수 없다. 이 영광은 성부·성자·성령에게 속해 있으며, 이는 각 위^{位}가 신적 본질을 공유하기 때문이다. 둘째, 하나님의 피조물이 하나님께 안겨 드린다는 점에서 하나님께 돌려지는 영광이 있다.대상 16:29 이 두 번째 영광은 우리가 모든 행실에서 주님의 이름을 거룩하게 지킬 때 그것으로 표현되는 우리의 찬양과 예배와 순종과 기쁨을 말한다.마 6:9

하나님의 영광에 대해 말할 때 성경은 대개 하나님께서 하신 일과 관련해 이야기한다(대상 29:12-13, 시 72:18-19을 보라). 하나님께서 하시는 일이 다 영광스러움은 이 일이 하나님의 영광스러운 본성을 드러내기 때문이다. 하나님의 속성의 총합으로서 이 영광스러운 "번쩍임"은 우리가 감당하기에는 너무도 엄청나다. 모세는 하나님의 영광을 보고 싶어 했다.출 33:18 하지만 하나님께서는 그건 불가능하다는 사실을 분명히 하셨다. "네가 내 얼굴을 보지 못하리니 나를 보고 살 자가 없음이니라."20절 죄를 별개로 하더라도 우리는 하나님의 영광이 있는 그대로 드러나는 것을 감당하지 못할 것이다. 여기에 죄까지 가세하면 문제는 훨씬 격화된다.

하나님은, 그리하여 또한 하나님의 영광은 우리에게는 여전히 불가해不可解하다. 하나님은 우리를 향해 자기를 낮추사 자신의 영광을 조금 맛보게 하신다. 영광 가운데 있는 자기 자신을 우리에게 계시하기로 선선히 결정하시기 때문이다. 우리가 단호히 마음에 새길 것은, 하나님께서 자신의 영광을 만사의 목표로 세우시되 피조물이 어떻게 행하여야 하고 어떻게 행할 것인지와 관련해서뿐만 아니라 하나님 자신과 관련해서도 그렇게 하신다는 점이다. 하나님은 자기 영광을 다른 이에게 주실 수 없고,사 48:11 오직 하나님 자신을 영화롭게 하실 수 있으며 하나님 자신을 영화롭게 하셔야 한다. 성삼위 모두가 각 위를 서로 영원히, 사랑으로 영화롭게 하기를 기뻐하신다.

우리의 목표도 다르지 않다. "그런즉 너희가 먹든지 마시든지 무엇을 하든지 다 하나님의 영광을 위하여 하라."고전 10:31 우리는 우리에게 생명을 주신 성부를, 우리를 위해 자기 생명을 주신 성자를, 우리 안에 새 생명을 낳으시는 성령을 영화롭게 한다. 우리는 하나님의 이름에 합당한 영광을 하나님께 돌린다.대상 16:29

그런데 하나님께 영광을 돌릴 때 우리는 하나님의 본질적 영광, 하나님께서 이미 자기 자신 안에 갖고 계신 영광에 아무것도 더하지 않는다. 우리는 하나님께서 자신의 말씀에서 명하신 방식에 따라 이 세상에서 하나님께 합당한 존경을 돌림으로써만 하나님을 영화롭게 한다.

신인神人과 그 신부의 영광

우리는 예수 그리스도의 위격에서 하나님의 영광을 보되고후 3:18; 4:6 이 생에서만 아니라 내생에서도 본다. 그리스도에게는 세 가지의 독특한 영광이 있는데, 우리 신앙을 증진시키기 위해서는 이 세 가지 영광을 모두 검토해 봐야 한다. 첫째, 그리스도는 하나님이시기 때문에 앞에서 이야기한 대로 하나님 고유의 **본질적 영광**을 소유한다. 그런데 그리스도에게는 우리가 반드시 알아야 할 두 가지 영광이 더 있다.

둘째, 그리스도에게는 **위격적 영광**이 있다. 예수는 오직 그분에게만 속한 독특한 영광을 지닌다. 성부와 성령이라 할지라도 이 특별한 영광은 지니지 못한다. 성부와 성령은 완전히 하나님이자 완전히 인간이 아니기 때문이다. 이런 식으로 그리스도는 신인이시니, 신학자들은 이를 가리켜 **복합적 존재**complex person 혹은 **혼성 존재**composite person 라고 한다. 그래서 그리스도에 대해 말할 때 우리는 그가 독특한 독자적 영광을 지닌다고 말한다.

그리스도 안에서 신성과 인성이 연합되었기에 토머스 굿윈은 그런 영광을 "신성의 표현 중 피조물에게 전달될 수 있는 최고의 표현"[2]이라고 묘사한다. 그 결과, "하나님께서 세상을 수백만 개 만들어……영광으로 채워 주실 때보다 더 많은 하나님의 영광이 인간이신 그리스도 예수, 즉 신성이 그 안에 인격적으로 거하시는 분 안에서 즉시 빛날 것이다."[3] 즉, 그리스도는 하나님의 영광을 가능하게 할 뿐만 아니라 가시적으로 만들기도 한다. 청교도 존 애로스미스는 하나님이 눈으로 볼 수 없는 분인 것처럼 하나님의 영광도 "우리의 연약한 눈으로 보기에는 너무 눈부실" 것이라고 말한다. 그런데 하늘에 떠 있는 태양은 쳐다볼 수 없지만, 물동이에 비친 태양은 볼 수 있다. 그리스도는 하나님의 영광을 볼 수 있게 해주는 "물동이"다.[4]

우리가 하나님의 속성을 직접 볼 수 없다면, 이사야가 충만한 영광 중에 계신 하나님을 분명히 본 것은 어떻게 이해해야 할까?[사 6:1-7] 이사야는 야훼의 거룩하심을 바라본 것 아닌가?("거룩하다 거룩하다 거룩하다 만군의 여호와여. 그의 영광이 온 땅에 충만하도다."[사 6:3]) 이사야는 사실 하나님을 직접 본(그러고도 살아남은) 것이 아니라 대신 그리스도를 봤다. 사도 요한은 이사야의 체험을 정확히 그런 식으로 해석한다. "이사야가 이렇게 말한 것은 주의 영광을 보고 주를 가리켜 말한 것이라"(요 12:41. 행 7:55-56도 보라).

이사야는 그리스도를 통해 하나님의 영광을 보았지, 자신이 직접 체험하는 하나님의 영광을 본 게 아니었다(요 1:18을 보라). 이사야는 죄인인 자신에게 적절한 것을 보았다.[사 6:5] 이사야처럼 우리는 그리스도의 위격에서 하나님의 영광을 보는 것에 감사할 수 있다. 믿음으로 그 영광을 보면 그 영광이 우리를 다 태워 버리기보다는 우리를 구원하기 때문이다.

셋째, 그리스도는 **중보자의 영광**을 소유하신다. 토머스 굿윈의 말에 따르면 이 영광은 그리스도께서 죄인들을 위해 (성부에게 순종하신) 공로로써 "획득하고 손에 넣은, 받을 자격 있는" 영광이다.[5] 우리는 이 영광을 가리켜 신부인 그리스도의 백성들을 포괄하는, **부가된** 영광이라 부를 수 있다. 그리고 여인이 남자의 영광인 것처럼 그리스도의 신부는 당연히 그리스도의 영광이다.고전 11:7 그리스도의 몸인 우리는 "만물 안에서 만물을 충만하게 하시는 이의 충만함"엡 1:23이다.

그리스도의 신부가 자신을 대신해 이룬 그리스도의 공로로 복을 받는 것처럼, 그리스도께서는 자기 수고의 열매인 영광을 받으신다. 부활하신 영광의 왕으로서 하늘에서 더 많은 복을 쏟아 부어 주실수록 그리스도는 더 많은 영광을 얻으신다. 사실 그리스도는 교회에게 사랑을 더 많이 보이실수록 자기 자신에게도 더 많은 사랑을 보이신다. 아내를 사랑하는 사람은 자기 자신을 사랑하는 것이기 때문이다.엡 5:28 그래서 그리스도는 자기 신부로써 영광을 받으신다. "디도로 말하면 나의 동료요 너희를 위한 나의 동역자요 우리 형제들로 말하면 여러 교회의 사자들이요 그리스도의 영광이니라."고후 8:23 예수께서는 "내 것은 다 아버지의 것이요 아버지의 것은 내 것이온데 내가 그들로 말미암아 영광을 받았나이다"요 17:10 라고 기도하셨다.

아들의 영광이 하나님의 큰 목표이기에,골 1:16 그리스도는 자신이 대신 죽어 준 사람들로 인해 영광을 받으셔야 한다. 그리스도께서는 교회를 정결하고, 아름답고, 거룩하게 하시며, 이는 "주 그리스도가 영원에 이르기까지 영화로우시며, 영원에 이르기까지 영광을 받으실 것"이라는 뜻이다.[6]

존 파이퍼는 "우리가 하나님으로 가장 만족할 때 하나님은 우리로 가장 영광을 받으신다"는 말을 만들어 냈는데,[7] 나는 (이 말을 보완하는 의미로) 이렇게 덧붙이고 싶다. "그리스도가 우리로 가장 영광 받으실 때 하나님은 자기 자신으로 가장 만족하신다." 달리 말해 성자와 세상과 자기 백성을 위한 하나님의 목적상 하나님은 우리가 하나님의 자녀로서 성자에게 가장 큰 영광을 돌릴 때 "가장 만족하신다."

적용

지금까지 설명한 각 영광은 저마다 우리에게 적용되는 내용이 있다. 하나님에 관한 것이라면 모두 우리와 직접적으로 연관된다. 하나님이 어떤 분이신가 하는 것이 우리와 아무 상관이 없다면, 우리의 하나님 개념에 문제가 생길 것이다.

첫째, 하나님의 본질적 영광 면에서 우리는 하나님이 여전히 우리로서는 감당할 수 없을 만큼 크신 분이라는 사실에 직면한다. 하나님의 엄위·거룩함·권능·지식은 완전히 우리의 이해 범위를 벗어난다. 그런데 이 사실이 우리를 절망시키기는커녕 오히려 우리에게 위로가 된다. 우리 마음대로 조종할 수 있는 신은 필요하지 않다. 우리의 이해 능력을 완전히 초월하는 하나님이 우리에게는 필요하다.

둘째, 그리스도의 위격적 영광은 우리 삶에 영향을 끼친다. 하나님은 자신의 본질적 영광 때문에, 그리고 피조물과 교통하고자 하는 바람 때문에, 그리스도를 통하여 자기를 낮추신다. 그리스도의 위격적 영광은 우리가 하나님을 알고 사랑하고 즐거워하게 되는 주된 통로다. 오직 신인을 통해서만 우리는 하나님께 조금이라도 다가가고, 하나님을 보며, 하나님을 알고, 하나님을 즐거워할 수 있다. 그리스도가 계시기에 이 땅에 신학도, 예배도, 성찬도, 천국도 가능하다. 그리스도가 아니면 죄인인 우리는 하나님과 관계를 맺을 수 있으리라는 그 어떤 소망도 가질 수 없다.

셋째, 그리스도께서 중보자로서 지니는 영광도 우리에게 적용 가능하다. 지복직관,^{beatific vision} 즉 하나님을 있는 그대로 (얼굴을 맞대고) 보게 될 것이기에 우리가 그분과 같게 되리라는 전망은^{요일 3:2} 이생에서 우리에게 믿음과 소망과 사랑을 불러일으킨다. 그런 기대가 있기에 우리는 이 땅에서 그리스도의 신부로서 그리스도에게 영광을 돌릴 수 있다. 거룩해지고자 하고 죄를 삼가고자 하는 우리 소원의 주목표는 우리의 개인적 행복이 아니라 그리스도의 영광이다. 개인적 행복이 제아무리 중요하더라도 말이다. 이 땅에서 우리가 해야 할 가장 중요한 일은 영원히 영광스러우신 분을 영화롭게 하는 것이다.

14 } 하나님은 엄위하시다

여호와여, 위대하심과 권능과 영광과 승리와 위엄이 다 주께 속하였사오니 천지에 있는 것이 다 주의 것이로소이다. 여호와여, 주권도 주께 속하였사오니 주는 높으사 만물의 머리이심이니이다. _대상 29:11

교리

하나님의 엄위는 하나님의 다스림 혹은 탁월하심으로도 이해되며, 신적 속성을 이야기할 때 흔히 하나님의 영광과 한 쌍으로 다루어진다. 하나님의 엄위는 하나님의 사랑, 권능, 혹은 영원하심과 마찬가지로 하나님의 존재에서 본질을 이루는 속성이다. 하나님에게 지배권이나 엄위가 없다면 그런 분은 하나님이 아니다. 하나님에게는 무한한 권능, 영원한 선하심, 불변하는 전지하심이 있기에, 필연적으로 최고로 엄위하실 수밖에 없다. 하나님의 말씀에서 우리는 하나님의 다스림과 위엄이 몇 번 따로 언급되기보다는 하나님의 크심을 강조하는 생생한 묘사가 아주 기억에 남을 만한 방식으로 다수 등장하는 것을 볼 수 있다.

다윗 왕은 하나님의 백성이 회집할 때 공개적으로 찬양과 간구의 기도를 드렸는데, 이 기도를 보면 하나님이 실제로 어떤 분이신지 다윗이 잘 인식하고 있음을 알 수 있다. 즉, 다윗은 하나님을 엄위하신 분으로 인식한다. "여호와여, 위대하심과 권능과 영광과 승리와 위엄이 다 주께 속하였사오니 천지에 있는 것이 다 주의 것이로소이다. 여호와여, 주권도 주께 속하였사오니 주는 높으사 만물의 머리이심이니이다." 대상 29:11

여기서 다윗은 하나님의 권능과 영광을 언급함으로써 하나님의 위엄에 대해 말한다. 그리고 나서 다윗은 하나님이 왜 엄위하신지를 설명한다. 즉, "천지에 있는 것이 다" 하나님의 것이기 때문이다. 하나님께서는 자기 백성이 하나님은 엄위하시다고 단언하기만을 원하시는 게 아니라 자신이 왜 엄위한지를 그들이 이해하기를 바라신다. 하나님의 속성에 대해 말할 때에는 왜 why 도 무엇 what 만큼 중요하다. 하나님의 지배권이 바로 하나님이 엄위하신 이유다.

하나님의 속성, 특히 하나님의 엄위는 어떤 면에서 하나님의 백성들 사이에 두려움과 경외감을 불러일으킨다. 욥은 친구들이 하나님을 잘못 알고 있다고 질책했다. "그의 존귀 majesty 가 너희를 두렵게 하지 않겠으며 그의 두려움이 너희 위에 임하지 않겠느냐." 욥 13:11 여기서 욥은 하나님의 위엄 majesty 을 그 위엄에 대한 우리의 태도와 연관시키고 있다. 뒷부분에서 엘리후도 하나님 앞에 이렇게 경외하는 태도를 보이는 게 합당함을 납득한다.

북쪽에서는 황금 같은 빛이 나오고

> 하나님께는 두려운 위엄이 있느니라.
> 전능자를 우리가 찾을 수 없나니
> 그는 권능이 지극히 크사
> 정의나 무한한 공의를 굽히지 아니하심이니라.
> 그러므로 사람들은 그를 경외하고
> 그는 스스로 지혜롭다 하는 모든 자를 무시하시느니라. _욥 37:22-24

하나님의 엄위는 하나님의 백성들의 마음과 생각에 거룩한 두려움을 불러일으키는 게 당연하다. 왜 그런가? 하나님의 엄위는 하나님의 권능이고, 하나님의 엄위가 하나님의 권능임이 하나님의 공의이며, 하나님의 엄위가 하나님의 권능임이 하나님의 공의라는 것이 곧 하나님의 지배권이기 때문이다. 엄위하신 하나님은 교만한 자와 함께 거하시거나 교만한 자를 묵인하시지 못하며, 하나님이 교만한 자를 다스리신다는 것은 곧 하나님께서 이들을 심판하실 수 있고 또 심판하실 것이라는 의미다. 그래서 하나님께서는 욥에게 하나님처럼 행하라고 말씀하신다.

> 너는 위엄과 존귀로 단장하며
> 영광과 영화를 입을지니라.
> 너의 넘치는 노를 비우고
> 교만한 자를 발견하여 모두 낮추되
> 모든 교만한 자를 발견하여 낮아지게 하며
> 악인을 그들의 처소에서 짓밟을지니라.

그들을 함께 진토에 묻고

그들의 얼굴을 싸서 은밀한 곳에 둘지니라.

그리하면 네 오른손이 너를 구원할 수 있다고

내가 인정하리라. _욥 40:10-14

물론 욥은 이렇게 하지 못한다. 하지만 하나님은 하실 수 있다. 하나님은 교만한 자를 그냥 심판하시는 게 아니라 이들에 대한 지배권으로 위엄 있게 심판하신다. 하나님은 하나님 자신과 교만한 자가 엄청나게 다르다는 사실을 보여 주신다. 하나님은 불가능한 일을 행하라고 욥에게 요구하신다. 하나님은 오직 하나님만이 "영광과 영화"를 입는다는 사실로 자신의 엄위를 강조하신다. 시편 기자는 하나님을 이렇게 찬양한다. "내 영혼아, 여호와를 송축하라. 여호와 나의 하나님이여, 주는 심히 위대하시며 존귀와 권위로 옷 입으셨나이다. 주께서 옷을 입음같이 빛을 입으시며 하늘을 휘장같이 치시며."[시 104:1-2] 욥이 만약 하나님(만)이 하실 수 있는 일을 하면, 그때는 자기 자신을 엄위하신 분과 비교할 수 있을 것이다.

하나님의 권능은 하나님의 뜻을 실제로 이룰 수 있는 능력을 말하고, 하나님의 지배권이란 하나님이 왕으로서 자신이 원하시는 것은 무엇이든 할 수 있는 (위엄 있는) 특권을 말한다는 점에서 우리는 하나님의 권능과 하나님의 지배권을 구별한다. 하나님의 물리적 권능을 우리는 하나님의 전능하심으로 이해하고, 하나님의 도덕적 권능은 하나님의 지배권 혹은 주권으로 이해한다.

자신의 주권적 권능을 행사하실 때, 하나님은 모든 피조물을 자신에게 순복시키신다. 자신의 지배권을 행사하실 때 하나님은 모든 피조물을 복종시킬 수 있는 주권적 권리를 소유하신다. 정확히 말해 우리가 하나님의 속성들을 엄격하게 구별하지 않기 때문에, 하나님의 속성들을 생각할 때 하나님의 완전한 다스림 안에서 생각하지 않는 한 우리는 하나님의 다스림을 다 이해하지 못한다. 예를 들어 하나님의 지배권을 생각할 때, 우리는 교만한 자에 대한 심판이라는 맥락에서 생각했다. 마찬가지로 하나님의 다스림은 의롭고, 권능 있고, 영원한 다스림이다. 스티븐 차녹은 권능과 다스림이 불가분으로 연합되어 있다고 본다. "지상^{至上}의 존재가 아니면 하나님이실 수 없다.……지상적 지배권 없는 무한한 권능을 상상한다는 것은 지극히 말도 안 되는 존재를 상상하는 것으로, 이는 우리가 바라보기에는 합당하나 순종하기에는 합당치 않은 존재다."[1]

하나님에게서 지배권을 받는 인간과 달리,^{창 1:26, 롬 13:1} 하나님의 지배권은 완전히 독립적이다. 하나님의 독립성 때문에 하나님의 다스림은 절대적 다스림, 혹은 무한한 권위를 반영하는 다스림이 된다. 하나님께서 지배권을 행사하실 때면 하나님의 다른 속성들(예를 들어 지혜·의로움·선함)이 모두 드러나며, 이는 하나님의 다스림이 전제적이거나 억압적이거나 무자비하지 않고 완전히 선하고 의롭고 지혜롭다는 뜻이다.

어떤 이들은 창조 행위로써 하나님이 인간과 천사들의 자유로운 선택에 유리하게 자신의 지배권을 제한했다고 말한다. 하지만 이는 불가능한 일이다. 하나님의 지배권은 필연적으로 하나님의 모든 속성과 하나로 묶이기 때문이다. 하나님께서 어느 한 속성, 예를 들어

지배권 같은 속성을 포기하면 다른 모든 속성도 포기해야 하는데, 이는 존재론적으로 불가능한 일이다. 하나님의 다스림의 위엄은 하나님의 거룩하고 영원하고 불변하는 존재의 아름다움으로 옷 입은 그 명백한 무한 권능에서 나온다. 결과적으로 피조물에 대한 하나님의 다스림은 필연적으로 영원할 수밖에 없다. 존재론적 필요에 의해 인간은 시종 하나님의 통치 아래 있게 된다.

그리스도 안에 있는 하나님의 엄위

하나님의 이름과 그리스도의 영광을 위해 하나님께서는 자신의 지배권을 행사하사 반역하는 죄인들을 제압할 뿐만 아니라 이들이 하나님을 사랑하게 만든다. 어떤 사람은 믿고 어떤 사람은 믿지 않는 것은 하나님께서 자신의 지배권으로 그렇게 작정하셨기 때문이다. 그래서 성부 하나님께서는 구원하시기로 정해진 죄인들을 위해 그리스도가 죽게 하셨고 그리스도께서 죽음을 대신해 준 그 사람들에게 성령이 역사하게 하셨다.^{벧전 1:1-2}

그리스도가 높아지심은 하나님의 지배권을 보여 준다. 그리스도께서는 포괄적 권한을 부여받으셨으며,^{마 28:18, 요 5:22, 엡 1:22, 계 3:21} 이는 자신의 기쁨과 뜻에 따라 자신의 지배권 덕분에 거리낌 없이 그런 권한을 주실 수 있는 하나님에게서 받은 권한이다. 무엇인가를 주거나 상급을 베푸는 행위는 그렇게 하는 분의 지배권을 입증한다.^{히 11:6} 이렇게 해서 우리는 하나님의 본질적 지배권과 그리스도께 속한 경륜적 지배권을 구별할 수 있다.

그리스도인인 우리는 하나님의 지배권을 주로 성자에게 주어진 지배권 면에서 이해해야 한다. 시편 45편이 바로 그런 지배권에 대해 이야기한다. 시편 기자는 먼저 그리스도를 하나님께서 영원히 복 주신 분으로 묘사하고,[2절] 그런 다음에 왕이요 오실 메시아인 예수 그리스도의 영광과 그의 다스림을 이야기한다.

> 용사여, 칼을 허리에 차고
> 왕의 영화와 위엄을 입으소서.
>
> 왕은 진리와 온유와 공의를 위하여
> 왕의 위엄을 세우시고 병거에 오르소서.
> 왕의 오른손이 왕에게 놀라운 일을 가르치리이다.
> 왕의 화살은 날카로워
> 왕의 원수의 염통을 뚫으니
> 만민이 왕의 앞에 엎드러지는도다.
>
> 하나님이여, 주의 보좌는 영원하며
> 주의 나라의 규는 공평한 규이니이다.
> 왕은 정의를 사랑하고 악을 미워하시니
> 그러므로 하나님 곧 왕의 하나님이 즐거움의 기름을
> 왕에게 부어 왕의 동료보다 뛰어나게 하셨나이다.
> 왕의 모든 옷은 몰약과 침향과 육계의 향기가 있으며. _시 45:3-8

무엇이 그리스도를 위엄 있게 만드는가? 그의 은혜로운 말,[2절] 군사력,³⁻⁵절 영원한 보좌,⁶절 성령의 기름부음 받은 도덕적 거룩함,⁷절 찬미 받는 신분⁸⁻⁹절 등이다. 하나님께서는 그리스도에게 모든 이름 위에 뛰어난 이름을 주셨다.빌 2:9 그래서 그리스도는 열방에게 복을 베풀라고 제자들에게 명하실 수 있다. 하늘과 땅의 모든 권한이 자신에게 주어졌기 때문이다.마 28:18 성령을 받은 분으로서 행 2:33 그리스도께서는 죄인들의 마음을 제압하실 수 있으며, 이는 사랑하는 피조물들의 세상을 수백 개 창조하는 것보다 더 권능 있고 위엄 있는 일이다.

대제사장의 수하들은 그리스도를 잡으러 왔다가 잡지 못하고 돌아갔다. 이유가 무엇인가? 그들이 알아차렸다시피 "그 사람이 말하는 것처럼 말한 사람은 이때까지 없었"기 때문이다.요 7:46 그리스도의 말씀에는 위엄이 있었으며, 이 위엄 앞에 그분의 원수들은 뒷걸음치다가 넘어질 정도로 당황했다. "예수께서 그들에게 내가 그니라 하실 때에 그들이 물러가서 땅에 엎드러지는지라."요 18:6 그리스도의 이 말씀은 시편 9:3과 연결된다. "내 원수들이 물러갈 때에 주 앞에서 넘어져 망함이니이다."

베드로는 그리스도의 위엄을 목격한 증인이었다. "우리는 그의 크신 위엄을 친히 본 자라. 지극히 큰 영광 중에서 이러한 소리가 그에게 나기를 이는 내 사랑하는 아들이요 내 기뻐하는 자라 하실 때에 그가 하나님 아버지께 존귀와 영광을 받으셨느니라."벧후 1:16-17 베드로는 우리가 언젠가 성자를 통해 하나님으로부터 체험하게 될 것을 맛보았다. 달리 말해 우리도 언젠가는 베드로처럼 그리스도 안에서 하나님의 엄위를 보는 경험을 하게 될 것이다. 하지만 베드로보다 훨씬 더 나은 방식으로 하게 될 텐데, 왜냐하면 우리는 그 엄위를 영원토록 무죄하게, 쉬지 않고 바라보게 될 것이기 때문이다.

적용

위엄으로 옷 입으신 분을 생각할 때,시 93:1 우리는 경외감에, 실로 무릎을 꿇을 만큼의 경외감에 사로잡혀야 할 것이다. 우리는 "경건함과 두려움으로"히 12:28 예배해야 할 것이다. 그리스도인의 삶에서 하나님은 2등 위치에 자리를 잡지 않으신다. 우리는 하나님이 첫 번째여야 한다는 데 지적으로는 동의하면서 행동으로는 자신의 진짜 신학적 입장을 드러낼 때도 있다. 하나님께 마땅히 돌려져야 할 경외감이 결여된 입장 말이다. 하나님이 만물보다 위에 계시므로 우리는 다른 모든 것보다도 하나님을 먼저 생각해야 한다. 하나님의 엄위는 우리가 그렇게 경외하는 태도로 하나님을 최우선으로 생각할 것을 요구한다.

무한히 엄위하신 하나님에 빗대어 우리 죄의 무한한 과실을 생각해 볼 때, 우리 스스로의 힘으로는 도무지 이 문제를 수습할 수 없다고 더할 수 없이 겸손하게 말하게 될 것이다. 엄위하신 하나님 앞에서 저지른 죄는 아무리 작디작은 죄라 해도 우리 힘으로는 배상하거나 보상할 수 없다. 칼뱅은 하나님의 위엄을 생각할 때 우리가 얼마나 자기를 낮추게 되는지를 다음과 같이 아름답게 표현한다.

> 그래서 성경은 성도가 하나님의 임재를 느낄 때마다 그런 두려움과 경이감에 엄습당하여 그를 사로잡는 것으로 흔히 표현한다. 그리하여 우리는 하나님이 임재하지 않으실 때는 보통 단호하고 흔들림 없다가 하나님께서 자기 영광을 드러내실 때면 죽음의 공포를 느끼며 쓰러질 만

큼 심히 요동하며 말을 잃는 사람들을 보게 된다. 이들은 실로 그 공포에 압도당해 거의 멸절되다시피 한다. 결론적으로 우리는 인간이 자기 자신을 하나님의 위엄과 비교해 보기 전에는 절대 자기가 얼마나 비천한 상태인지 자각하여 충분히 마음이 움직이지도, 그 자각에 영향을 받지도 못한다고 추론해야 한다.²

안셀무스는 하나님에 관해 이렇게 단언한 것으로 유명하다. "우리는 주님을 믿습니다, 주님보다 더 큰 존재는 생각할 수 없는 그런 분으로."³ 안셀무스의 이 말은 하나님의 위엄에 관해서뿐만 아니라 그리스도 안에서 우리를 위해 이루신 하나님의 일과 관련해서도 여전히 참이다. 하나님께서 자기 아들을 통해 얼마나 엄위한 일을 이루시는지 하나님보다 더 큰 존재는 생각할 수 없을 정도다. 하나님의 엄위는 신인이신 그리스도를 통해 이루신 하나님의 구속 사역에 온통 도장처럼 찍혀 있다.

필연적으로 자기를 낮추시는 길을 통해 그리스도는 영광과 존귀의 자리에 이르셨다.히 2:9 우리 또한 고난의 길을 통해 영광과 존귀의 자리에 이르게 된다. 우리는 왕의 왕이신 그리스도의 엄위에 참여한다. 우리는 "넉넉히 이기"는 자들이다.롬 8:37 이렇게 우리의 믿음은 장차 그리스도의 나라에서 영광과 존귀의 관을 쓰는 것으로 상급을 받게 되리라는 소망을 갖게 만든다.

하나님께서 욥에게 위엄과 존귀로 단장하라고 하셨을 때, 욥은 도무지 그 난처한 상황에 대처할 수 없었다. 그러나 하나님께서 자기 아들을 우리에게 선물로 주실 때, 우리는 그리스도의 위엄에 참여하는 복을 받게 된다. 인간으로서는 불가능한 일이 하나님과 함께라면 가능하다.

15 } 하나님은 주권자시다

이는 만물이 주에게서 나오고 주로 말미암고 주에게로 돌아감이라. 그에게 영광이 세세에 있을지어다. 아멘. _롬 11:36

교리

우주에서 일어나는 모든 일들은 다 하나님의 뜻에서 시작된다. 이 진리를 알면 우리는 다음과 같이 하나님을 찬양하게 된다.

> 우리 주 하나님이여, 영광과 존귀와 권능을
> 받으시는 것이 합당하오니
> 주께서 만물을 지으신지라.
> 만물이 주의 뜻대로 있었고 또 지으심을 받았나이다. _계 4:11

성삼위 하나님에게는 한 가지 뜻이 있다. 삼위 간의 사랑이 하나님의 단일하고 영원한 뜻의 행위다. 성부·성자·성령이 서로를 사랑해야 함은 이 삼위께서 동일한 의지를 공유하기 때문이다. 하나님께서는 자신의 선함과 거룩함을 본성적으로 그리고 필연적으로 원하시며, 이것이 바로 우리가 하나님의 선함과 거룩함을 하나님의 필연적 뜻이라 일컫는 이유다. 또한 우리는 하나님의 내적 역사 혹은 활동에 대해서도 말할 수 있는데, 이는 다음과 같은 식으로 서술할 수 있다.

1. 하나님의 뜻은 독립적이다: 하나님은 자기 스스로 뜻을 가지시며, 무엇을 뜻하시든 다른 누구의 권유를 받지 않으신다.
2. 하나님의 뜻은 나뉠 수 없는 한 가지 행위로 이루어진다: 하나님의 단순성과 하나님의 뜻은 하나님의 본질과 일치하기 때문에, 하나님의 뜻은 서로 다른 행위나 서로 다른 양상으로 나뉠 수 없다.

또한 하나님은 만사를 자유로이 뜻하시고 결정하신다. 하나님의 자유로운 뜻과 관련해 프란키스쿠스 투레티누스는 이렇게 말한다. "하나님의 뜻은 피조물이 하나님을 완전하게 만들어 드리는 게 아니라 (마치 하나님이 피조물을 필요로 하시기라도 하는 듯), 피조물에게 자기 자신을 전하시고 피조물 안에서 자신의 선함과 영광을 드러내시는 것이다. 하나님은 피조물 없이도 자신의 행복이 전혀 손상됨 없이 존재하실 수 있다. 그렇기 때문에 하나님이 무엇에도 구애받지 않으시고 피조물을 원하시는 것이라 말할 수 있다."[1]

하나님의 외적 행위는 하나님의 자유로운 뜻과 연결되며, 이 뜻으로써 하나님은 창조 질서를 세우시고 유지하시고 그 질서와 관계를 맺으신다. 하나님이 만물에 질서를 세우지 않으신다면 이는 우리에 대한, 그리고 하나님 자신에 대한 책임을 포기하는 것이다. 두 가지 모두 있을 수 없는 일이다. 물론 하나님이 '일하시는 방식'에 대한 불안에 근거해 하나님의 선하심을 의심하는 이들이 많다. 그러나 우리가 염두에 두어야 할 것은, 하나님께서 만약 자기 뜻의 결정에 따라 모든 일을 하시지 않는다면엡 1:11 하나님은 완전히 이해 불가한 분이 되고 우리는 훨씬 더 불안한 상태가 되리라는 것이다.

하나님의 뜻에 대해서는 하나님의 주권과 섭리 측면에서도 말할 수 있다. 영원하신 하나님은 영원 전부터 만사를 정하시고, 역사의 진행 가운데 만사가 정해진 목표를 이루게 하시며, 하나님의 이름을 찬양하게 하신다. 하나님은 "모든 일을 그의 뜻의 결정대로 일하"신다.엡 1:11 느부갓네살도 이 사실을 인식하고 하나님 뜻의 그 광대함과 권능을 이유로 그에 합당한 영광과 존귀를 하나님께 돌렸다.

> 내가 지극히 높으신 이에게 감사하며
> 영생하시는 이를 찬양하고 경배하였나니
> 그 권세는 영원한 권세요
> 그 나라는 대대에 이르리로다.
> 땅의 모든 사람들을 없는 것같이 여기시며
> 하늘의 군대에게든지
> 땅의 사람에게든지 그는 자기 뜻대로 행하시나니
> 그의 손을 금하든지
> 혹시 이르기를 네가 무엇을 하느냐고 할 자가 아무도 없도다. _단 4:34-35

성경은 하나님의 절대 주권을 숨기지 않는다. "오직 우리 하나님은 하늘에 계셔서 원하시는 모든 것을 행하셨나이다." 시 115:3

만사는 그 만사를 이루는 실체와 환경의 제1원인이신 하나님에게 달려 있다.사 45:7, 애 3:37-38 자신의 목표를 이룰 때 아무런 도구도 필요로 하지 않으심에도 하나님은 흔히 도구를 통해 일하신다. 하나님의 섭리는 만물을 보존하시고, 시 104:19-20, 행 17:28, 히 1:3 만물을 주관하신다.창 50:20, 시 29:10 2

섭리는 하나님의 뜻의 한 부분이지만, 하나님의 예정이나 영원한 작정과 혼동해서는 안 된다. 섭리는 하나님께서 자신이 창조하신 시간과 공간 안에서 그 작정을 실행하시는 것을 말한다. 하나님의 섭리를 세 가지로 묘사하는 아래 설명에서 이런 개념을 명확히 볼 수 있다. 청교도 윌리엄 펨블은 하나님의 섭리에 대해 이렇게 말한다.

> [섭리란] 하나님께서 시간 속에서 행하시는 외적 행동으로, 이 행동으로써 하나님은 모든 일과 개개의 일들, 즉 피조물과 피조물의 기능과 행동을 보존하고 주관하고 처리하시며, 이 일들이 간접 목표는 물론 자신의 뜻의 지극히 자유로운 작정과 의논에 따라 일련의 결정적 방식으로 최종 목표를 향하게 하신다. 그리고 그 최종 목표란 바로 하나님 자신이 만물을 통해 영광을 받으시는 것이다.3

존 오웬은 하나님의 섭리를 다음과 같이 언급한다.

> [섭리란] 전능하신 하나님이 행하시는 말로 다할 수 없는 행위 혹은 일

이며, 이 행위나 일로써 하나님은 자신이 창조하신 세상 혹은 만물을 소중히 여기시고, 지탱하시고, 주관하사, 태초에 이들에게 부여하신 그 본성에 맞게 이들을 감동시켜 자신이 목적하신 목표에 이르게 하신다.⁴

또한 17세기 네덜란드 개혁신학을 간명하게 다룬 논문인 『순수신학개요』 Synopsis of a Purer Theology 에서는 하나님의 섭리를 다음과 같이 설명한다.

> [섭리란] 하나님께서 한 목표를 향해 어떤 일을 생각 속에 구조적으로 미리 정해서 선재先在하게 하신 것을 말한다. 즉, 이는 하나님의 실제적 지식으로서, 이 지식에 의해 하나님은 영원 전부터 각각의 일과 모든 일 하나하나를 미리 정하시고 적정한 목표, 즉 자신의 영광을 향하게 하신다.⁵

섭리를 이렇게 정의하는 말에는 몇 가지 요소가 있다. 간단히 말해 하나님께서는 한 가지 목표를 향해, 즉 자신의 영광을 향해 만사를 주관하신다. 우리는 하나님을 예배하는 것에 대해 하나님께 감사할 수 있다. 왜냐하면 하나님께서 우리가 자신을 예배하도록 정하셨을 뿐만 아니라, 참되고 살아 계신 하나님의 형상을 지닌 자들로서 하나님의 거룩한 존재를 경외하도록 정하셨기 때문이다.

오바댜 세즈윅은 하나님의 섭리를 하나님의 다른 속성들과 연결시켜서 이해를 돕는다. "하나님의 섭리란 하나님께서 지혜롭고 거룩하고 의롭고 능력 있게 만물을 보존하고 주관하사 하나님 자신의 영광을 찬미하게 하는, 하나님의 외적 행동이다."⁶ 하나님의 섭리와 하나님께서 만물을 주관하는 방식에 대해 말할 때는 이렇게 하나님의 모든 속성을 염두에 두어야 한다. 그렇게 해야 우리는 단순히 하나님께서 만물을 주관하신다는 사실만이 아니라 주관하시는 방식까지 인식할 수 있을 것이다.

하나님께서 세상을 주관하신다는 것은 바로 그것, 즉 하나님의 다스림이다. 하나님은 자신의 존재와 일치하는 방식 말고 다른 방식으로는 세상을 다스리실 수 없다. 하나님은 가장 아름다운 방식으로 통치권을 행사하시는 주권적 주님으로서 필연적으로 공평하고 지혜롭게 세상을 주관하신다.

그리스도의 죽음에 나타난 하나님의 주권

죄를 허용하는 것은 하나님께 속한 일이며, 하나님의 주권적 뜻이 공공연하게 허용하는 일이 절대 아니다. 『순수신학개요』를 공동 저술한 라이덴 대학 교수들이 주장하는 것처럼,

> 죄가 악하기는 하지만, 그리고 따라서 하나님께서 죄를 제공하실 리 없지만, 그럼에도 죄를 허용하신 것은 선한 일이다. 그렇다면 하나님은 죄를 허용하기로 뜻하시고 직접 작정하시며, 하나님께서 허용하신 악이 부재하는 경우보다 더 큰 모종의 선한 목적을 위해 악을 허용하기로 정하신다. 하나님은 최고로 선하시기에 자신의 일에 그 어떤 악의 존재도 결코 허용치 않으실 터였다. 아우구스티누스가 제대로 말하는 것처럼, 악과 관련해서도 여전히 선을 행하고자 하실 정도로 전능하시지 않다면 말이다.7

하나님께서 악을 허용하신다면 이는 자신의 뜻에 따라 만사를 행하시는 분이 아니라 감시탑에 앉아 흥미롭게 구경만 하는 구경꾼이 되어 버리는 것이라고 생각할 수도 있다. 그러나 악한 행위를 허용하실 때 하나님은 수동적으로가 아니라 능동적으로 허용하신다. 그래서 하나님께서 악을 허용하심에는 하나님의 간접적 의지의 행위가 수반된다.

그리스도의 죽음은 이 진리를 매우 주목할 만한 방식으로 조명한다. 베드로가 오순절 설교에서 유대인 청중에게 강조하는 것처럼, 하나님의 섭리에는 인간이 그리스도를 죽이는 악행을 허용하시는 것도 포함된다.

> 이스라엘 사람들아, 이 말을 들으라. 너희도 아는 바와 같이 하나님께서 나사렛 예수로 큰 권능과 기사와 표적을 너희 가운데서 베푸사 너희 앞에서 그를 증언하셨느니라. 그가 하나님께서 정하신 뜻과 미리 아신 대로 내준 바 되었거늘 너희가 법 없는 자들의 손을 빌려 못 박아 죽였으니. _행 2:22-23

마찬가지로 사도행전 4장의 신자들도 마음속으로 이 같은 진리를 생각하며 기도한다. "헤롯과 본디오 빌라도는 이방인과 이스라엘 백성과 합세하여 하나님께서 기름 부으신 거룩한 종 예수를 거슬러 하나님의 권능과 뜻대로 이루려고 예정하신 그것을 행하려고 이 성에 모였나이다." 행 4:27-28

악한 인간이 거룩하고 의로운 분 행 3:14 을 살해하도록 하나님께서 허용하심은 하나님의 은밀한 뜻에 반하지 않는다. 동시에 하나님께서는 그리스도를 십자가에 매단 것에 대해 그 악한 인간들에게 합당한 책임을 지우신다. 그리스도를 십자가에 매단 일에서 하나님의 주권적 목적과 인간의 가증스러운 행위가 어떻게 합력하는지 우리는 다 이해하지 못한다. 우리는 다음과 같은 정도로, 즉 성경이 두 가지 개념을 계시한다(행 2:23 한 구절에서!)는 것 정도만 안다. 하나님께서 그리스도의 죽음을 정하셨고, 악한 인간들이 그분을 죽였다는 것이다. 자신의 뜻에 따라 하나님은 자기 자신을 영화롭게 하는 사건을 마침내 강력하고도 의롭게 일으키신다. 이 진리가 가장 뚜렷하게 드러난 것이 바로 하나님의 아들의 죽음이다.

그리스도께서는 죽기 전, 자신의 죽음을 예견하셨다. "인자가 많은 고난을 받고 장로들과 대제사장들과 서기관들에게 버린 바 되어 죽임을 당하고 사흘 만에 살아나야 할 것을 비로소 그들에게 가르치시되."막 8:31 그리스도께서는 구약성경의 예언을 통해 자신의 사명과 삶에 대해 아주 명확히 이해하셨기에, 자신에게 어떤 일이 생길지 절대적으로 확실하게 알고 계셨다. 하나님은 그 어떤 일도 우연에 맡기지 않으시며, "내가 시초부터 종말을 알리며 아직 이루지 아니한 일을 옛적부터 보이고 이르기를 나의 뜻이 설 것이니 내가 나의 모든 기뻐하는 것을 이루리라"라고 하신다.사 46:10

먹을 것, 비, 의복을 공급해 주시는 것시 136:25; 147:8-9, 마 6:30, 32 같은 통상적 수단을 통해 일하시든, 혹은 그리스도 예수 안에서 자신의 계획에 따라 우리의 구원을 이루시든, 하나님은 주권적 주님으로서 자신의 목적을 성취하실 것이다.

적용[8]

하나님께서 자신의 창조 세계는 물론이요 피조물에게 일어나는 모든 사건과 그들의 행동에 대해 주권을 행사하지 않으신다면, 우리는 정말 위험한 처지가 된다. 그리스도께서는 십자가에서 수치스러운 죽음을 당하시면서도 그 가운데서 위로를 누리셨다. 왜냐하면 인간을 죄와 비참에서 건져내려는 아버지의 영광스러운 목적을 자신이 이루고 있었기 때문이다. 우리는 그런 끔찍한 사건에서 하나님의 섭리에 대해 모호한 입장을 취할 수 없다. 우리와 마찬가지로 그리스도의 입장에서도, 구약성경에 그리스도에 대해 기록된 모든 것을 아주 놀라울 만큼 상세하게 성취하려고 그가 이 세상에 들어왔다는 것보다 더 확실한 사실은 있을 수 없었다. 예를 들어 하나님께서는 그리스도의 뼈 하나도 꺾이지 않으리라 말씀하셨고,시 34:20 그래서 실제로 그분의 뼈는 꺾이지 않았다. "이 일이 일어난 것은 그 뼈가 하나도 꺾이지 아니하리라 한 성경을 응하게 하려 함이라."요 19:36

이를 우리 자신의 삶에 적용하자면, 우리는 하나님이 만사에 주권을 가지심을 마음을 다해 믿어야 한다. 환난 때 하나님의 뜻이 우리에게 위로가 됨은 선하신 우리 하나님의 작정 밖에서는 그 어떤 일도 일어날 수 없기 때문이다. 하늘에 계신 우리 아버지께서는 진실로 우리의 유익을 위해 만사를 합력시키시며,롬 8:28 이 약속은 우리가 하나님의 주권을 믿고 단언할 때에만 위로를 준다.

나쁜 사람들에게 왜 좋은 일이 생기고, 선한 사람들에게 왜 나쁜 일이 생기는가? 엄밀히 말해 나쁜 일을 당한 선한 사람은 역사상 단 한분, 바로 그리스도뿐이다. 놀랍게도 그리스도께서는 자원하여 인간에게 푸대접을 받으시고 멸시당하셨다. 그런데 성경은 "선한" 사람들에게 뭔가 정말로 나쁜 일이 생긴 예(이를테면 요셉이나 다니엘의 경우처럼. 참조 시 44:22)뿐만 아니라 악한 사람들에게 좋은 일이 생긴 예(시 73:3, 말 3:15)로도 가득하다.

14세기의 명민한 캔터베리 대주교 토머스 브래드워딘^{Thomas Bradwardine}은 『펠라기우스 논박』^{De causa Dei contra Pelagium}에서, 이 미묘한 신학적 문제의 이해를 도울 뿐만 아니라 그리스도인으로 살면서 큰 고난을 겪는 이들에게 모종의 희망을 줄 수도 있는 한 가지 이야기를 들려준다.

옛날에 악인이 좋은 것을 받고 의인이 나쁜 것을 받는다고 생각하는 한 은자^{隱者}가 있었다. 그는 선하신 하나님이 실제 존재하는지 의심하기 시작했다. 어느 날 그는 홀로 살던 곳을 떠나 세상을 두루 돌아다녔다. 그때 한 천사가 사람의 모양을 하고 나타나 그와 동행했다.

첫째, 그들은 어떤 사람을 만났고, 이 사람은 그들을 정중히 자기 집으로 맞아들인 뒤, 숙식을 제공하며 아주 잘 대접해 주었다.

한밤중에 일어난 천사는 집주인의 황금 잔을 훔쳐 은자와 함께 도망쳤다.

둘째, 그들은 또 다른 사람을 만났는데, 이 사람도 첫 번째로 만난 사람과 똑같이 그들을 잘 대접하며 자기 집에 머물게 했다. 한밤중에 은자와 함께 일어난 천사는 집주인의 아기가 자고 있는 요람으로 가서 아기를 목 졸라 죽였다.

셋째, 그들이 만난 또 다른 어떤 사람은 그 둘을 자기 집에 들이지 않고 밖에 머물게 했다. 아침이 되자 천사는 문을 두드려 주인을 불러서는, 첫 번째 머문 선인의 집에서 훔쳐 온 황금 잔을 건네주었다.

넷째, 둘은 아주 친절한 사람의 집에 머물렀다. 갈 시간이 되자 천사는 자신들이 길을 잘 모르니 종을 함께 보내 주어 길 안내를 받게 해달라고 집 주인에게 청했다. 집주인이 내어 준 종과 함께 길을 나서서 한 다리를 건너던 중 천사는 그 종을 급류가 흐르는 강으로 던져 버렸다.

은자는 이 악해 보이는 천사와 동행하고 싶지 않았다.

그러자 천사가 은자에게 말했다. 모든 일이 어떻게 하나님의 의로운 질서에 따라 진행되었는지 잠시 들어보라고. 천사는 인간이 보기에 부당해 보이는 많은 일들이 사실은 아주 좋은 일임을 은자에게 가르치려고 하나님께서 보내신 사자였다.

천사는 첫 번째 만난 사람에게서 황금 잔을 훔쳐 냈는데, 잔을 잃은 게 사실 그 사람에게는 유익이었다. 그 사람은 그 잔을 소유하기 전에는 하나님을 경외하는 사람이었다. 그런데 잔을 갖게 된 후로 날마다 그 잔으로 술을 마시고 취해 지냈다. 하나님께서는 그 사람이 구원을 받도록 하려고 천사를 보내사, 날마다 술 취하게 만드는 그 잔을 없애신 것이다.

천사가 황금 잔을 준 그 세 번째 남자, 즉 그들 일행을 박대한 악인에게 천사는 큰 해를 끼쳤다. 그 악인이 겉으로 보기에는 잘되는 것처럼 보였지만 말이다. 그 사람은 일단 그 잔을 갖게 되자 주정뱅이가 되었다. 하나님께서는 심판의 증표로 그에게 잔을 주셨다. 비록 그 사람은 자기가 잘되고 있다고 생각했지만 말이다.

천사가 아기를 죽인 그 집주인에 관해 말하자면, 그는 아들이 생기기 전에는 가난한 사람에게 후히 베푸는 사람이었다. 그런데 아들이 생기자 그때부터 가난한 사람을 대접하거나 돌보지 않았다. 하나님께서는 아기를 죽이라고 천사에게 명했다. 그리하여 그가 자신의 영원한 구원을 위태롭게 만들지 않고 예전처럼 관대한 삶을 살 수 있도록 말이다.

천사가 급류 속으로 던져 버린 그 종에 대해 말하자면, 그는 그날 밤 마음씨 좋은 자기 주인은 물론 주인의 아내와 아이를 포함해 일가족을 다 죽일 계획이었다. 그런데 주님이 이 가족을 사랑하사 그런 흉한 일을 당하지 않도록 막아 주신 것이었다.

이어서 천사는 말했다. "가서, 이제 더는 하나님의 섭리를 잘못 판단하지 마시오. 선한 사람에게 나쁜 일이 생기고 나쁜 사람에게 좋은 일이 생긴다고 생각하지 말란 말이오."9

하나님의 섭리는 지금도 여전히 무한히 지혜롭고 선하고 강력한 하나님의 역사다. 우리가 각 스토리를 세세히 다 이해하지는 못하지만, 그럼에도 우리는 자기 존재와 상반되게 행동하실 수 없는 분에게 우리 자신을 맡길 수 있다. 그리고 그분이 어떤 분이신지 알면, 이해할 수 없는 시련으로 가득한 세상에서 우리가 궁극적으로 필요로 하는 모든 위로를 다 얻을 수 있다.

16 } 하나님은 사랑이시다

사랑하지 아니하는 자는 하나님을 알지 못하나니 이는 하나님은 사랑이심이라. _요일 4:8

교리

하나님은 사랑이시다. 성경은 그 사실을 우리에게 명백히 선언한다. 요한일서 4:8에서처럼 명시적 언어("하나님은 사랑이심이라")로만이 아니라 하나님의 말씀 어디에서든 말 그대로 수천 가지 방식으로 그렇게 선언한다. 패커의 말처럼, "하나님의 사랑을 안다는 것은 실로 지상의 천국이다."[1]

세상이 없고 우주도 없다 해도 성삼위의 세 위격은 여전히 서로 간에 무한하고 복되고 불변하고 영원하고 권능 있는 사랑, 내적인 사랑을 나누실 것이다. 이 사랑이 삼위를 만족시키심은, 이것이 완전한 사랑이기 때문이다. 이 사랑은 어떤 식으로든 늘어나거나 줄어들 수 없다. 하지만 자신의 사랑을 밖으로 확장시키려는 하나님의 자유로운 결정에 따라, 삼위 아닌 다른 이들도 이 사랑의 대상이 될 수 있다.

하나님께서는 예수를, 모든 피조물을, 인간을, 택자를, 그리고 택자의 선함을 사랑하신다. 하나님의 사랑을 가장 잘 표현하는 말은 **애정** affection 으로, 이는 안에서 생겨나 밖으로 확장되는 사랑이다. 하나님의 사랑은 격정과 달라서, 무엇인가가 하나님으로 하여금 사랑하게 만든다고 생각해서는 안 된다. 다른 존재에 대한 하나님의 사랑은 하나님 자신에게서 기인한다. 누군가가 하나님에게 기쁨이 된다면 이는 하나님께서 자신의 사랑과 은혜에 따라 그 사람이 자신에게 기쁨이 되게 만드셨기 때문이다.

하나님은 마르지 않는 사랑의 샘으로 존재하신다. 자신의 피조물을 위한 하나님의 목표는 이들이 하나님을 사랑하고 서로를 사랑하는 것이다. 왜냐하면 우리는 사랑할 때 하나님을 가장 많이 닮기 때문이다. 천국 자체가 영원히 사랑이 존재하는 곳일 것이다.^{고전 13:13}

하나님의 사랑을 이해하는 데에는 여러 가지 방법이 있다. 성삼위 간의 사랑은 영원하고, 그래서 본성적이고 필연적이지만, 그런 한편 하나님께서 자신의 피조물은 필연적으로가 아니라 자발적으로 사랑하신다. 외부를 향하는 이 자발적인 충동에 따라 하나님의 사랑이 세 가지로 구별되는 것을 우리는 확인할 수 있다.

1. 만물을 향한 하나님의 보편적 사랑: "여호와께서는 모든 것을 선대하시며 그 지으신 모든 것에 긍휼을 베푸시는도다."^{시 145:9} 이 땅의 피조물들도 하나님 사랑의 수혜자다.
2. 택자와 유기자를 포함해 모든 인간을 향한 사랑: "나는 너희에게 이르노니 너희 원수를 사랑하며 너희를 박해하는 자를 위

하여 기도하라. 이같이 한즉 하늘에 계신 너희 아버지의 아들이 되리니 이는 하나님이 그 해를 악인과 선인에게 비추시며 비를 의로운 자와 불의한 자에게 내려 주심이라."마 5:44-45 하나님은 자신을 미워하고 거부하는 사람일지라도 사랑하시며, 심지어 생각과 말과 행동으로 그런 증오를 드러낼 수 있는 능력까지 허락하신다.

3. 자기 백성을 향한 특별한 사랑: "그러나 너희는 택하신 족속이요 왕 같은 제사장들이요 거룩한 나라요 그의 소유가 된 백성이니 이는 너희를 어두운 데서 불러내어 그의 기이한 빛에 들어가게 하신 이의 아름다운 덕을 선포하게 하려 하심이라."벧전 2:9 이 테마가 성경의 각 페이지를 지배하면서, 하나님께서 자신의 창조 세계와 불신자를 향해 보여 주시는 다른 유형의 사랑과 대조를 이룬다.

그래서 구약성경에서 하나님은 이사야 선지자를 통해 이렇게 선포하신다.

> 산들이 떠나며
> 언덕들은 옮겨질지라도
> 나의 자비는 네게서 떠나지 아니하며
> 나의 화평의 언약은 흔들리지 아니하리라.
> 너를 긍휼히 여기시는 여호와께서 말씀하셨느니라. _사 54:10

마찬가지로 신약성경에서도 이렇게 선포한다. "내가 확신하노니 사망이나 생명이나 천사들이나 권세자들이나 현재 일이나 장래 일이나 능력이나 높음이나 깊음이나 다른 어떤 피조물이라도 우리를 우리 주 그리스도 예수 안에 있는 하나님의 사랑에서 끊을 수 없으리라."롬 8:38-39

하나님 사랑의 세 번째 범주, 즉 자기 백성들을 향한 하나님의 사랑이 특별히 초점을 맞추는 부분은, 하나님께서 그리스도 예수 안에서, 그리고 그리스도 예수를 통해 우리에게 사랑을 보이시는 것이다. 여기서 우리는 세 가지 유형의 사랑에 대해 좀 더 부연해 말할 수 있다.

1. 선택과 예정의 관점에서 이해하는 선의善意의 사랑: "곧 창세전에 그리스도 안에서 우리를 택하사 우리로 사랑 안에서 그 앞에 거룩하고 흠이 없게 하시려고 그 기쁘신 뜻대로 우리를 예정하사 예수 그리스도로 말미암아 자기의 아들들이 되게 하셨으니 이는 그가 사랑하시는 자 안에서 우리에게 거저 주시는 바 그의 은혜의 영광을 찬송하게 하려는 것이라."엡 1:4-6

2. 자기 백성을 구원하시려는 성은聖恩의 사랑: "자기 아들을 아끼지 아니하시고 우리 모든 사람을 위하여 내주신 이가 어찌 그 아들과 함께 모든 것을 우리에게 주시지 아니하겠느냐."롬 8:32

3. 자기 백성들의 거룩함을 좇아 이들에게 상급을 주시는 기쁨 혹은 호의의 사랑: "나의 계명을 지키는 자라야 나를 사랑하는 자니 나를 사랑하는 자는 내 아버지께 사랑을 받을 것이요 나도 그를 사랑하여 그에게 나를 나타내리라"(요 14:21. 23절도 보라).

하나님은 본디 선하시고 그래서 스스로를 기뻐하신다. 예를 들어 하나님은 자신의 무한하고 영원하고 불변하고 권능 있고 풍성하고 위엄 있는 선함을 기뻐하신다. 자기 본질에 대한 이 기쁨이 하나님께서 피조물을 보고 즐거워하실 수 있는 토대가 된다. 하나님이 자기 자신을 사랑하신다면, 다른 존재들에게서 볼 수 있는 자신의 선함의 형상도 분명 사랑하실 것이다. 다른 존재를 사랑하심으로써 하나님은 자기 자신과 자신의 덕목을 사랑하신다. 하나님은 만물 안에 있는 사랑스러움의 정도에 따라 만물을 사랑하시며, 이 사랑스러움은 하나님의 목적과 은혜의 지혜에 따라 하나님에게서 유래한 사랑스러움이다.

그리스도에 대한 하나님의 사랑

우리는 자기 아들에 대한 하나님의 사랑에 초점을 맞춤으로써 외부의 다른 존재를 향한 하나님의 사랑을 이해할 수 있다. 예를 들어 성자는 성부의 기쁨과 사랑의 특별한 대상으로 존재한다. 그리스도의 아름다움은 하나님께서 창조하신 여느 사람과 비교할 수 없다. 시편 45편은 사실 이스라엘의 왕을 가리키는 한편 그리스도에게서 궁극적으로 성취된다. "왕은 사람들보다 아름다워 은혜를 입술에 머금으니 그러므로 하나님이 왕에게 영원히 복을 주시도다."[2절]

성육신 전에도 성부께서는 자기 종 메시아를 전망하는 말씀을 하신다. "내가 붙드는 나의 종, 내 마음에 기뻐하는 자 곧 내가 택한 사람을 보라."[사 42:1] 성부의 기쁨은 성육신 후 그리스도의 세례식 때[마 3:17]와 변화 사건 때[마 17:5] 새로워졌다.

그리스도가 세례 받으실 때, 성부께서는 그리스도를 향한 자신의 사랑에 대해 그리스도에게 말씀하신다. 이는 첫째로 그리스도를 위해서였고(사랑을 직접 확인시키시려고), 둘째는 우리를 위해서였다(성부께서 성자를 얼마나 사랑하시는지 우리에게 알려 주시려고).

그리스도께서 증언하시는 것처럼 "아버지께서 아들을 사랑하사 만물을 다 그의 손에 주셨"다(요 3:35. 요 5:20도 보라). 성부뿐만 아니라 예수 자신도 성자를 위한 성부의 사랑을 신자들이 알 수 있기를 바라고 기도한다.요 17:23, 26 하나님께서 성삼위 간의 이 사랑을 드러내심은, 성부께서 성자를 사랑하심으로 우리 또한 사랑하심을 우리가 깨달을 수 있도록 하려는 것이다. 자기 백성을 향한 하나님의 이 사랑을 강조하려고 칼뱅은 다음과 같이 아우구스티누스의 말을 인용한다.

> 하나님의 사랑은……불가해하고 불변하다. 왜냐하면 우리가 성자의 피를 통해 하나님과 화목케 된 후에야 비로소 우리를 사랑하기 시작하신 게 아니기 때문이다. 그보다 하나님은 세상이 창조되기 전부터 우리를 사랑하사, 우리가 무엇인가가 되기 전부터 독생자 아들과 나란히 하나님의 아들들이 될 수 있게 하셨다. 우리가 그리스도의 죽음을 통해 하나님과 화해한다는 사실을, 마치 성자께서 우리를 하나님과 화해시키자 그제야 하나님께서 그때까지 미워하신 사람들을 사랑하기 시작하신 것으로 오해해서는 안 된다. 그보다 우리는 우리를 사랑하시는 분, 죄 때문에 우리가 원수 된 분과 이미 화해한 상태다. 내가 진실을 말하는지 여부는 [바울] 사도가 증명해 줄 것이다. "우리가 아직 죄인 되었을 때에 그리스도께서 우리를 위하여 죽으심으로 하나님께서 우리에 대한 자기의 사랑을 확증하셨느니라."롬 5:8 그러므로 하나님은 우리가 하나님

을 적대하고 악을 저지를 때도 우리를 사랑하셨다. 하나님은 우리를 미워하실 때조차도 이렇게 놀랍고 거룩한 방식으로 우리를 사랑하셨다. 하나님이 우리를 미워하심은 우리 모습이 하나님께서 창조하셨을 때의 모습이 아니기 때문이다. 그러나 우리의 악함이 하나님께서 친히 만드신 작품인 우리를 완전히 소멸시키지는 않았기에, 하나님은 우리 각 사람 안에서 우리가 만들어 낸 모습을 미워하는 방법을 아시는 동시에 자신이 만드신 모습을 사랑하는 법도 아셨다.[2]

하나님의 아들이라는 선물은 지금도 여전히 하나님께서 주실 수 있는 가장 큰 선물이다.[롬 8:32] 어떤 의미에서 하나님의 사랑과 관련해 우리가 믿어야 할 유일한 진리는 하나님이 우리를 위해 자기 아들을 주셨다는 것뿐이다. 이보다 더 영광스러운 일, 하나님의 사랑을 이보다 더 잘 보여 주는 일은 없다. 다른 어떤 일도 우리로 하여금 생각과 마음을 높이 들어, 하나님께서 자기 아들을 보내사 저주받은 죽음을 죽게 하시어 우리가 하나님의 사랑을 알 수 있게 하셨다는 사실을 깨닫게 하지 못한다.

윌리엄 베이츠의 말에 따르면 "더 큰 사랑은 그리스도보다도 우리를 향해 표현되었다"고 한다.[3] 어떻게 그렇다는 말인가? "하나님은 아들을 주사 우리를 위해 죽게 하심으로써 유일한 아들의 생명보다 우리의 구원이 자신에게는 더 소중하다고 선언하셨다."[4] 달리 말해 하나님은 자기 백성을 향한 사랑이 얼마나 큰지 나타내 보이시기 위해서가 아니었다면, 절대로 자기 아들이 그런 고통과 고난을 겪게 만들지 않으셨을 것이다. 우리 구주께서 겪은 모든 굴욕과 시련과 마음

아픔과 고난은 하나님께서 우리를 향한 자신의 사랑을 보여 주시는 것이었다.

하나님의 사랑뿐만 아니라 구주의 사랑도, 우리를 향한 그리스도의 죽음에서 최고로 표현되기에 이른다. 구주의 사랑은

> 지극히 순결하고 위대해서, 유례가 있을 수 없고, 이에 필적할 만한 사랑은 더더구나 없다. 그는 완벽히 거룩했고, 그래서 불멸의 특권은 응당 그분의 것이었다. 그분의 생명은 천사와 인간의 생명보다 무한히 더 소중했다. 하지만 그분은 그 생명을 내려놓고, 저주받은 죽음에, 무한히 더 쓰라린 죽음에 순복하셨다. 그리고 이 모든 일을 죄인을 위해, 전능자의 의롭고 엄중한 노여움 아래 있는 죄인들을 위해 감당하셨다.[5]

적용

그리스도 안에서 우리를 사랑하시는 하나님의 사랑은, 그리스도인의 삶에서 실제 여러 가지로 적용된다. "그리스도의 사랑이 우리를 강권하시는"[고후 5:14] 것을 우리가 앎은, 그리스도께서 우리를 위해 죽으셨기 때문이다. 우리는 마땅히 사랑해야 할 그런 유형의 사랑으로 하나님을 사랑하는가? 스코틀랜드 교회 목사 존 러브는 출애굽기 3:14을 본문으로 '나는 스스로 있는 자니라'라는 제목의 설교를 하면서 이렇게 한탄했다.

> 그런데 경험으로 보아 확실한 사실은, 하나님의 존재와 완전함에 관한 위대한 진리를 접할 때, 인간의 마음이 얼마나 냉랭하고 얼마나 메마르

고 얼마나 삐딱한지 모른다는 것입니다. 신앙고백자들이 하나님의 말씀을 듣고도 마음이 초조하거나 의분으로 부글부글 끓어오르지 않는 것은, 많은 설교자들이 이런 기본 진리들을 야비하고도 부주의하게 외면하기 때문입니다. 참되신 하나님의 영광이 충실하게, 그리고 간혹 그렇다시피 합당한 위엄을 지닌 모습으로 현시된다면, 하나님께서 주권적으로 많은 이들의 마음을 변화시키지 않는 한 수많은 예배당 좌석이 곧 듬성듬성해질 것이라고 저는 확신합니다. 가끔 그랬던 것처럼 만약 하나님이 성소에 나타나신다면, 거짓되고 세상적이고 변덕스러운 고백자들 무리는 마치 사막에서 짐승 떼가 불길을 멀리하듯 하나님에게서 모두 도망칠 것입니다.[6]

우리는 하나님의 이 속성을 세심하게 묵상해야 한다. 우리를 위한 하나님의 사랑을 알게 되면 타인을 대하는 우리 자신의 태도가 달라질 것이기 때문이다. 다시 말해 하나님과 그리스도께서 지옥에 가야 마땅할 죄인들, 본성적으로 하나님을 싫어하는 이 죄인들에게 마음을 두셨다면, 우리가 그들을 향해 어떻게 하나님과 다른 태도를 보일 수 있겠느냐는 것이다. 우리는 불신자들을 사랑하되 말뿐만 아니라 행동으로 그들을 설복시켜 그리스도 안에 있는 하나님의 사랑으로 이끌고자 하는 그런 사랑으로 사랑해야 한다.

우리가 불신자들을 사랑함은, 하나님을 사랑하게 되면 한 성령을 함께 소유한 자들로서 우리에게 그 사랑이 아주 자연스러운 것이 되기 때문이다. 하나님과 그리스도께서 사랑하신 이들을 우리가 어떻게 사랑하지 않을 수 있겠는가? 그리스도를 사랑하면서 그리스도의 신부를 미워할 수는 없다. 그리스도께서 사랑하시는 것은 나도 사랑해야 한다. 우리는 신자들을 사랑해야 한다. 설사 그들이 지극히 사랑스럽지 못한 이들이라 할지라도 말이다. 하나님의 사랑은 행동으로 이어졌다. 하나님의 사랑은 희생으로 이어졌다. 우리의 사랑이 이와 달라서는 안 된다.

제자들에게 말씀하실 때 그리스도께서는 사랑하는 태도로 서로를 대하는 게 중요함을 강조하신다. "새 계명을 너희에게 주노니 서로 사랑하라. 내가 너희를 사랑한 것같이 너희도 서로 사랑하라. 너희가 서로 사랑하면 이로써 모든 사람이 너희가 내 제자인 줄 알리라." 요 13:34-35

이 오래된 계명을 왜 "새" 계명이라 부르는가? 그리스도의 이 명령은 구약성경의 몇몇 율법을 표현만 달리한 것이 확실하다. 그렇지 않은가? 그리스도께서 요한복음 13:34-35에서 제자들에게 하신 말씀을 보면, 신명기 15:12-18과 레위기 19:33-34의 명령이 떠오른다 ("너희는 그를……자기같이 사랑하라").

구약성경에서 "내가 너희를 사랑한 것같이" 사랑하라는 명령은 구체적으로 하나님의 백성들이 애굽에서 탈출한 일과 관련 있다. 하나님께서 자기 "기업의 백성"을 은혜롭게 대하신 것(직설법)은 이제 이 백성이 타인을 향해 동일한 유형의 자비를 보여야 할 이유가 된다(명령법).

이에 비해 "내가 너희를 사랑한 것같이"요 13:34라는 그리스도의 말씀은 요한복음 13장에서 그리스도께서 자기를 낮추신 행위(제자들의 발을 씻기신 것)와 십자가에서의 희생적 죽음빌 2:5-11과 직접적으로 연관된다. 그리스도께서 자기를 낮추신 것, 그리고 희생적 죽음은 신자들이 어떤 새로운 방식으로 서로를 사랑해야 하는지를 가리킨다. 우리의 사랑이 자기를 희생하는 지점까지 이르지 못한다면, 이는 하나님께서 우리에게 바라시는 만큼 사랑하지 못한 것이다. 하나님의 사랑에는 희생이 수반된다. 그래서 남편은 희생적 사랑으로 아내에 대한 사랑을 나타내 보인다.엡 5:25

갈라디아서 5:14은 우리가 이웃을 자기 자신처럼 사랑할 때 "온 율법"을 이루는 것이라고 말한다. 갈라디아서 5:14에서 바울은 율법 전반을 말하고 있지만, 다른 구절에서는 율법을 십계명이라는 구체적 형태로 적용하기를 주저하지 않는다. 이를테면 로마서 13:8-10과 에베소서 6:2-3이 바로 그런 구절이다.

남을 사랑하기가 어렵다면, 하나님께서 나에 대한 사랑을 보여 주시려고 어떤 어려움을 마다하지 않으셨는지 생각해 보라. 그래도 자기 자신만 사랑하고 타인, 특히 그리스도 안에서 우리의 형제자매를 싫어하는 태도가 고쳐지지 않는다면, 과연 다른 무엇이 이 문제를 적절히 해결해 줄지 나로서는 염려된다. 또 한 가지, 하나님께서 우리에게 사랑을 명하심은, 우리가 하나님을 닮게 되면 설령 사랑하는 게 고통스러울 때도 사랑에서 기쁨을 발견하게 되기 때문임을 기억하라. 하나님의 사랑은 하나님을 만족케 하는 복된 사랑임을 명심하라. 우리를 위한 그리스도의 사랑은 우리가 타인을 사랑하는 것에서 드러나며, 이는 우리에게 만족감과 복을 안겨 줄 것이다.

17 } 하나님은 선하시다

여호와께 감사하라. 그는 선하시며 그 인자하심이 영원함이로다. _시 136:1

교리

하나님은 선하시다. 필연적으로 선하시다. 하나님의 본질은 선善의 어떤 외적 기준에 부합하지 않는다. 하나님은 본질적으로 선 그 자체시다. 하나님의 이 본질적 속성은 하나님의 다른 속성들(예를 들어 권능이나 지혜)이 하나님의 선함의 한 측면이라는 뜻이다. 하나님의 본질은 선하고, 그래서 하나님은 선하지 않은 어떤 일을 하실 수 없다. 완전한 선은 오로지 하나님에게만 속한다. "예수께서 이르시되 네가 어찌하여 나를 선하다 일컫느냐. 하나님 한분 외에는 선한 이가 없느니라."_막 10:18_ 피조물에게 무엇이든 참으로 선한 게 있다면 그것은 하나님의 선함을 반영하는 것일 뿐이다. 바빙크는 하나님의 윤리적 속성 중 "제일은 당연히 하나님의 선함"이라고 주장한다.[1]

하나님은 자신의 뜻에 따라 자신의 선함을 피조물에게 전해 주시는데, 신학자들은 이를 일컬어 하나님의 **외적 사역**outward works 이라고 한다. 하나님께서 자신이 작정한 뜻에 따라 피조물 가운데 자신의 선함을 드러내실 때, 우리는 그 선함에 대해 알게 된다. 이렇게 하나님의 선함은 모든 피조물에게로 확장된다. 창조와 섭리는 하나님의 선함이 이루어 내는 결과다. 하지만 하나님께서 자신의 지혜와 권능과 선함에 따라 창조하시고 보존하시는 자들이 반드시 그리스도 예수 안에서 그분의 자비의 대상은 아니다. 택함받지 못한 자들이 이생에서 마땅히 겪어야 할 일을 겪지 않게 해주시는 데서 볼 수 있는, 그런 유형의 자비도 있다. 하나님의 선하심은 이렇게 하나님의 자비보다 더 넓은 반경을 보인다. 인간이 범죄 하지 않았다면, 성자가 혹 성육신하셨다 해도 그 성육신은 하나님의 자비의 행위가 아니라 하나님의 선하심의 행위였을 것이다. 왜냐하면 인간이 타락한 피조물로 여겨지지 않았을 테니 말이다.

하나님께서는 만물을 선하게 창조하셨으며, 그런 선함은 하나님에게서만, 모든 선의 원천이며 샘이신 하나님에게서만 받을 수 있다. 중요한 사실은, 하나님은 선함을 하나의 특성으로서가 아니라 자기 본성 자체로서, 차녹이 증언하는 것처럼 "본질에 추가된 하나의 습관이 아니라 자신의 본질 자체로서" 소유하신다는 것이다. "하나님은 먼저 하나님이신 후, 그다음에 선하신 게 아니다. 하나님은 하나님이기에 선하시고, 하나님과 동일한 하나님의 본질은 공식적으로, 그리고 동등하게 하나님이요 선하다."[2]

하나님의 선하심은 하나님의 다른 속성들과 마찬가지로 무한하다. 그럼에도 하나님께서는 이 선함을 자신의 피조물에게로 거침없이 확장시키신다. 하나님의 선함 덕분에 유익을 얻는 사람들 그들 자신도 선해질 수 있으며, 유추해 말하자면 이는 선함이라는 속성이 무한성이나 영원성 혹은 불변성과 달리 피조물에게 전달될 수 있는 속성임을 보여 준다. 그래서 하나님은 자기 자신의 선함을 사랑하실 뿐만 아니라 자신의 피조물에게 전해 주시는 선함도 사랑하신다. 차녹의 말처럼 "하나님이 자기 자신을 사랑하신다면, 자신을 닮은 자도, 그리고 자신의 선함의 형상도 사랑하실 수밖에 없다."[3] 그래서 하나님은 필연적으로 자기 피조물을 사랑하신다. 피조물이 (아직 드러나지 않은) 자신의 선함 면에서 하나님을 닮기 때문이다.

그런데 하나님은 그 선하심으로 자기 피조물과 관계를 맺되 강압적으로가 아니라 자유롭게, 선하고 관대한 방식으로 관계를 맺으신다. 그 방식이 하나님을 가장 기쁘게 하기 때문이다. 이 말은 곧 하나님께서 세상을 창조하기로 자유롭게 결정하셨으나 창조 활동에서 필연적으로 만물을 선하게 만드셨다는 뜻이다. "하나님이 지으신 그 모든 것을 보시니 보시기에 심히 좋았더라. 저녁이 되고 아침이 되니 이는 여섯째 날이니라."[창 1:31] 간단히 말해 무엇이든 하나님께서 창조하시는 것은 틀림없이 다 선하다.

차녹의 말을 빌리자면 "이는 하나님 본성의 완성이니만큼 필연적이기도 하다. 이는 하나님의 관대함을 전해 주시는 것인 만큼 자발적인 일이기도 하다."[4] 창조의 동기는 하나님 외부에서가 아니라 하나님 내부에서 왔음에 틀림없다. 하나님의 지혜는 하나님께서 창조를 지휘하시고 완성하신 일을 확증하는 데 비해 하나님의 선하심은 창조의 동기를 제공한다. 사실 하나님에게는 최고선으로서 자기 자신 외에 다른 목표가 있을 수 없었다. 즉, 하나님은 필연적으로 선을 하나의 목표로 원하시며, 그 목표에 이르는 수단은 무엇에도 구애받지 않으시고 자유롭게 정하신다.

에덴동산에서 아담의 형편에 관해 말하자면, 하나님께서는 아담의 순종에 대해 은혜로운 상급을 내리심으로써 자신의 선함을 아담에게 나타내 보이셨다. 그런데 차녹이 주목하는 점은, 아담이 하나님께 힘입어 순종했지만 "엄격한 공의^{justice}와 의^{righteousness}에 관한 규칙에는 하나님 쪽에서 무죄한 자에게 영원히 복을 주신다는 조항은 없었다. 그랬다가는 하나님이 인간에게 채무債務라도 있는 것이냐는 주장이 나올 터였다"라는 것이다.[5] 영원히 죽지 않는 것이 되었든 영생이 되었든 하나님이 제시하신 상급은 아담에게는 과분했고, 이는 피조물에 대한 하나님의 선하심을 입증한다. 비슷한 경우로 하나님의 선하심은 "구속의 원동력"으로, 무엇도 섞이지 않은 "순수한 선함"임이 드러났다. 하나님은 누구의 요청을 받고 타락한 인류를 구원하신 게 아니기 때문이다.[6]

하나님의 선하심은 하나님께서 자기 아들을 통해 인간을 구원하신 이유가 된다. 이 선하심은 창조 세계에 드러난 선하심을 능가한다. 차녹의 주장처럼 "'하나님이 세상을 이처럼 사랑하사 독생자를 주셨으니 이는 그를 믿는 자마다 멸망하지 않고 영생을 얻게 하려 하심이라'요3:16라는 이 한 구절에 표현된 하나님의 관대하심이 온 세상 중에 있는 하나님의 관대하심보다 더 크고 중하다. 이 구절에 드러난 하나님의 은혜는 그 정도로 무한하다. 그래서 하늘의 천사들도 이를 다 분석할 수 없을 정도다."[7]

하나님께서는 하나님을 적대하는 죄 많고 완악한 세상을 이토록 사랑하셨다. 하나님의 사랑은 이토록 경이로워서, 사랑스럽지도 않고 사랑받을 자격도 없는 것을 사랑하신다.

그리스도 안에 있는, 그리스도를 통해 드러나는 선하심[8]

그리스도인은 하나님이 선하시다고 단언한다. 그런데 하나님은 정확히 얼마나 선하신가? 하나님에 대해 "무한히 선하시다"고 말할 수는 있지만, 그 정도로 말해서는 회중석에 앉아 있는 이들이 하나님의 선하심을 이해하는 데 크게 도움이 되지 않는다. 사람들에게는 구체적 예가 필요하다. 하나님이 사랑하는 자기 아들보다도 자기 백성들에게 선하심을 더 많이 보여 주실 수 있다는 게 가능할까?

성부께서 자신이 영원토록 기뻐하시는 분인 자기 아들[마 3:17; 17:5]에게 진노를 퍼부으셨다는 진리를 생각해 보자. 이 신비를 어떻게 이해해야 할까? 어떤 의미에서 우리는 하나님이 자기 아들에게 몹시 진노하셨을 때만큼 그 아들과 더불어 행복한 때는 없었다고 말할 수 있다. 이 말이 무슨 뜻인가? 존 오웬은 이렇게 설명한다.

> [성부는] [그리스도] 자신의 거룩함, 그의 탁월하고 완전한 의로움, 그의 기꺼운 순종을 늘 기뻐하셨다. 하지만 그에게 뒤집어씌운 죄에 대해서는 진노하셨다. 그래서 하나님은 그를 상하게 하고 비탄에 빠뜨리기를 기뻐하셨다. 자신이 늘 기뻐하신 그 아들을 말이다.[9]

우리의 구속을 이렇게 이해하면 뭔가 다소 도발적인 말을 하게 된다. 우리, 즉 하나님의 백성에게 보이신 선함은 "한때 그리스도에게 보이

신 선함보다 더 큰 선함"이라고 말이다.[10]

아들에 대한 하나님의 진노는 너무 격렬해서 죄 많은 인간과 천사들의 세상 수백만 개라도 다 쓸어버릴 수 있을 정도였다. 아버지께서는 우리를 결코 버리지 않으시려고 히 13:5 자기 아들을 잠시 버리셨다. 버리지 않겠다는 약속은 그리스도도 받아 보지 못한 약속이었다. 하나님의 거룩한 분이 갈보리에서 거룩하지 못하다고 선언되었고, 그래서 우리처럼 거룩하지 못한 피조물은 그분이 거룩하신 것처럼 거룩하다 선언될 수 있었다. 하나님께서는 택자의 구원을 얼마나 소중하게 여기시는지 그리스도에게 속한 모든 이들이 천국에서 높임받을 수 있도록 하려고 자기 아들이 땅에서 수치를 당하게 하셨다. 이렇게 하나님의 선하심에 대해 말할 때, 우리는 하나님의 선하심이 우리에게 어떤 방식으로 드러났는지 생생하게, 때로는 도발적으로 말해야 한다. 이에 대해서는 차녹이 훌륭한 모범을 보여 준다.

> 하나님은 아들이 신음하는 소리를 듣고자 하셨고, 아들이 피 흘리는 것을 보고자 하셨다. 그래야 우리가 자신의 찌푸린 얼굴 아래 신음하고 자신의 진노 아래 피 흘리는 일이 없을 것이기에. 하나님은 아들의 목숨을 살려 주지 않으셨다. 그래야 우리 목숨을 살려 주실 수 있을 것이기에. 하나님은 아들을 치기를 마다하지 않으셨다. 그래야 우리를 기뻐하실 수 있을 것이기에. 하나님은 자신의 칼이 아들의 피로 흠뻑 젖게 하셨다. 그래야 그 칼이 우리 피로 젖는 일이 영원히 없고 자신의 선함이 우리의 구원으로 영원히 승리할 수 있을 것이기에. 하나님은 스스로 멸망의 길로 가기를 좋아하는 인간을 멸망시키기보다는 기꺼이 자기 아들

을 인간으로 만드사 죽게 하셨다. 하나님은 자기 아들을 본디의 신분에서 잠시 강등시키신 것 같았다!¹¹

하나님이 한동안 자기 아들보다 우리에게 더 큰 선함을 보였다는 말은 곧 그리스도의 비명과 울부짖음과 영적 고통이 가식이 아니라 진짜였다는 말이다. 하나님께서 사랑하는 자기 아들보다 우리에게 더 많은 사랑을 보이셨다니, 이보다 더 고귀한 사랑을 과연 생각할 수 있겠는가? 우리에 대한 하나님의 사랑이 이렇게 아름답게 드러나는 것보다 더 충격적인 일은 도무지 상상할 수 없다.

내가 생각하기에 우리가 사는 이 시대는 설교가 먹혀들지 않는다. 여기에는 여러 이유가 있겠지만, 목회자들의 어휘가 제한되어 있고 하나님의 속성을 그 백성들에게 적절히 설명할 능력이 부족하다는 것도 한 이유다. 그 결과, 설교자들은 하나님의 선하심·사랑·인내·진노 등을 생생하게 그려 내어 회중들이 이 영광스러운 진리에 감응하게 만들지 못한다. 하나님은 선하시다, 좋다! 그런데 얼마나 선하신가? 설교자는 하나님의 이 완전한 모습을 창의적으로 설득력 있게 풀어내어 하나님이 자신들을 얼마나 선대善待하시는지 그리스도인들이 알고 사랑하고 믿을 수 있게 해야 한다.

아버지께서 자기 백성들에게 주실 수 있는 최고의 선물은 자기 아들로, 아버지가 한동안 이 아들에게 보이신 선함은 여러분과 나처럼 하나님을 미워하는 비열한 죄인들에게 보이신 선함보다 더 적었다. 하나님의 선함이 그렇게 표현된 것을 묵상하노라면, 하나님의 진노를 받을 아무 이유가 없는 분이 우리가 받아 마땅한 진노를 받으셨다는 사실에 역시 가슴이 뭉클하지 않을 수 없다. 놀랍게도 그리스도는 한동안 진노를 더 많이 받으셨고 우리는 사랑을 더 많이 받았다.

적용

하나님은 선하시다. 그리고 바로 그 이유로 우리는 이 하나님을 사랑해야 하며, 여호와의 선하심을 "맛보아 알"아 시 34:8 이 선하심에 참여해야 한다. 우리는 특히 성찬 때에 더욱 그리해야 한다. 하나님의 백성에게 성찬은 일상을 잠시 중단하고 복음을 묵상할 수 있는 놀라운 배경을 제공한다. 우리는 너 나 할 것 없이 분주하게 살고 있으며, 바쁜 세상에서 행동에만 전념할 때가 많다. 그러나 성찬 때 어떤 의미에서 우리는 가만히 앉아 진정한 선함을 생각하고 맛보지 않을 수 없다. 성찬 때 우리가 주 예수를 맛보니 말이다.

그리스도 안에서 우리를 향하신 하나님의 선함을 인식하면, 우리 삶을 위한 하나님의 길과 명령에 대해 알고 싶어진다. 하나님의 길은 선한 길임을 우리가 믿고 의지하기 때문이다. "주는 선하사 선을 행하시오니 주의 율례들로 나를 가르치소서." 시 119:68 하늘에 계신 우리 아버지의 자녀요 성령이 내주하시는 자들로서, 우리는 선을 행하는 것을 우리 목표로 삼는다. 하나님께서 우리를 위해 하신 일을 생각하면서 우리는 "선을 행하되 낙심하지 말지니 포기하지 아니하면 때가 이르매 거두리라. 그러므로 우리는 기회 있는 대로 모든 이에게 착한 일을 하되 더욱 믿음의 가정들에게" 해야 할 것이다. 갈 6:9-10 그리스도께서도 두루 다니며 선을 행하사 행 10:38 크나큰 고난 중에도 우리에게 모범을 보이고 본을 남기셨다. 벧전 2:20-21

우리가 선을 행하지 않는다면, 그리스도 안에서 하나님이 우리에게 보이신 선함을 우리가 제대로 이해했는지 진지하게 자문해야 한다. 이 진리만 깨달아도 타인에게 선행을 폭포처럼 쏟아 부을 수 있다. 사실 우리의 복음 증거는 우리의 메시지뿐만 아니라 우리의 행동 또한 바탕으로 한다. 디도에게 보내는 편지에서 바울은 "범사에 네 자신이 선한 일의 본을 보이"라고 간절히 권한다.딛 2:7 물론 선한 행위는 하나님께서 우리를 위해 미리 예비하신 일이지만,엡 2:10 그래도 성경 기자들은 선한 행위를 하라고 신자들에게 끊임없이 명한다. 또한 우리는 선한 행위가 과연 어떤 행위들로 이루어지는지 알 필요가 있다. 이에 대해서는 「웨스트민스터 신앙고백서」에 유익하게 요약 정리되어 있다. "선행이란 오로지 하나님께서 그의 거룩한 말씀으로 명하신 행위만을 가리키며, 말씀의 보증이 없이 맹목적인 열심에서, 혹은 선의를 가장해 사람이 고안해 낸 것은 선행이 아니다"(16장 1항). 선하신 우리 하나님만이 "선한" 행위를 규정하며, 하나님은 말씀을 통해 그렇게 하신다.

하나님은 그 선하심으로 우리의 선한 행위를 기쁘게 받아들이신다. 16세기에 베네딕트 픽테는 이렇게 말했다.

> 이 선한 행위는 신자들이 이행하며, 비록 완전하지는 않지만 그래도 참으로 선하다 일컬을 수 있다. 왜냐하면 이 행위는 신자들 마음에 내주하시는 성령의 특별한 감동으로 하나님 은혜의 도움을 받아 하는 것이기 때문이다. 신자는 이 행위를 근거로 하나님을 기쁘시게 하며, 이 행위를 근거로 하나님은 신자들에게 상급을 약속하신다.[12]

하나님의 선함은 하나님께서 우리의 불완전한 행위를 그리스도 안에서 선하게 받아들여 주실 뿐만 아니라 그 행위를 선하다고 결정하셨기에 상급까지 주신다는 사실로 더욱 강조된다. 「웨스트민스터 신앙고백서」가 이 부분에서도 우리의 이해를 돕는다. "신자의 인격이 그리스도를 통해 하나님께 받아들여졌기에 신자의 선행 또한 그리스도 안에서 받아들여진다"(16장 6항). 즉, 우리는 하나님께서 그리스도의 완전한 의로움 때문에 우리를 받아들여 주신다고 단언하며, 그 의로움은 전가에 의해 우리의 의가 된다. 마찬가지로 우리의 불완전한 행위 또한 우리 구주 안에서 하나님께 받아들여진다. 그러나 이 진리들과 더불어 하나님께서는 그리스도 안에서 적절히 이행되고 성취되는 우리의 선한 행위에 상급을 내리심으로써 자신의 선함을 보이신다. 자기 아들이라는 선물 외에도 하나님께서는 아버지가 자녀에게 해줄 수 있는 모든 방법으로 우리에게 선함을 보이신다.

18 } 하나님은 오래 참으신다

그러나 주여, 주는 긍휼히 여기시며 은혜를 베푸시며 노하기를 더디 하시며 인자와 진실이 풍성하신 하나님이시오니. _시 86:15

교리

하나님의 오래 참으심, 특히 죄인들에 대한 오래 참으심은 하나님의 백성들 사이에서 매우 소중히 여겨지는 속성이다. "그러나 주께서는 용서하시는 하나님이시라. 은혜로우시며 긍휼히 여기시며 더디 노하시며 인자가 풍부하시므로 그들을 버리지 아니하셨나이다."_느 9:17 하나님의 오래 참으심은 당연히 중시되어야 하건만 오늘날에는 그렇지 않다. 특히 설교에서 하나님의 오래 참으심이 소홀히 취급된다. 하나님에게는 죄 많은 피조물을 대하시는 어떤 일정한 성향이 있다. 하지만 자비로우신 하나님께서는 오래 참으심으로써 그 죄인들이 마땅히 받아야 할 징벌을 늦추시거나 경감시켜 주신다.

　에드워드 리는 하나님의 오래 참으심을 다음과 같은 속성으로 이해한다. "[오래 참으심으로써] 하나님은 죄인들의 비난을 감당하시고 이들에 대한 징벌을 늦추신다. 아니, 오래 참으심은 하나님의 가장 관대한 뜻으로서, 이 뜻에 따라 하나님은 자신이 미워하는 죄를 오래 참으사 죄인들의 목숨을 살려 주시는데, 이는 이들이 멸망하는 게 언짢아서가 아니라 이들을 회개의 자리로 데려가시기 위함이다."[1] 이 같은 입장은 하나님의 인내를 두 부분으로 이해하고 있음을 보여 주는데, 하나는 징벌 자체가 늦추어진다는 것이고 다른 하나는 구속을 위해 징벌 내리는 것이 늦추어진다는 것이다.

하나님의 오래 참으심을 하나님의 고난으로(즉, 고통을 감수하시는 것으로) 이해해서는 안 된다. 이는 앞에서 내가 한 말과 모순되지 않는다. 앞에서 나는 어떤 의미에서 "하나님은 십자가에서 죽으셨다(고난당하셨다)"고 확언할 수 있다고 했다. 이 말은 그리스도의 구체적 위격(신성과 인성이 연합되었다는)과 관련해서만 참이지, 우리가 여기서 논의하는 것처럼 추상적이거나 일반적 방식에서 말하는 하나님과 관련해서는 참이 아니다. 간단히 말해 개혁파 신학자들은 보통 하나님의 오래 참으심을 하나님께서 심판을 전면적으로 시행하기를 늦추시는 속성으로 이해했다.

차녹은 이를 다음과 같이 자세히 설명한다. "[하나님의 오래 참으심이란] 죄 많은 피조물에게 진노하기를 늦추는 것은 좋아하시고, 진노를 쏟아 붓기는 좋아하지 않으신다는 뜻이다. [하나님은] 공의를 발하시는 속도를 조절하시고, 세상에서 날마다 하나님께 저지르는 무례에 보복하기를 삼가신다."[2] 차녹은 능란한 솜씨로 하나님의 속성들을 조화시켜, 하나님의 본질적 단순성이라는 논리적 결론을 도출해 낸다. "선함이라는 속성 덕분에 하나님은 오래 참으심을 발휘하시고,

오래 참으심은 많은 죄인들로 하여금 자비의 품 안으로 달려가게 만든다."[3]

이렇게 말하기는 하지만 하나님의 오래 참으심이 타락한 천사들에게까지 미치지는 않는다. 타락한 천사들이 한동안은 최종적 징벌을 면하기는 해도, 이들에게는 회개하고 사함받을 기회가 없다. 하나님은 타락한 죄인들을 대하실 때와 똑같은 의미에서 이들에게 자비를 보이시지는 않는다. 즉, 자비와 오래 참으심은 하나님께서 죄인인 인간을 대하시는 방식에서 필연적으로, 그리고 밀접하게 연결된다.

오래 참으신다고 해서 하나님이 약한 분이 되지는 않으며, 노하기를 더디 하신다고[출 34:6, 시 103:8] 해서 하나님이 화낼 줄 모르는 분이 되는 것은 아니다. 약속이 지연된다 해서 그것이 하나님의 태만 때문은 아니다. 마찬가지로 하나님이 징벌을 잠시 보류하신다는 이유만으로 하나님을 만만한 분으로 여겨서도 안 된다. 영원한 현재를 보는 하나님의 시선에는 모든 피조물들의 생각과 행동을 단번에 다 아시는 완전한 지식이 자리 잡고 있다. 하나님이 지금 당장 권능을 휘둘러 죄인을 벌하시지 않는다고 해서 하나님에게 그렇게 하실 만한 능력이 없다는 뜻은 아니다. 그보다는 하나님의 완전한 권능과 철저한 지식은 하나님이 왜 그렇게 오래 참으시는지 그 이유를 설명해 준다.

> 여호와는 노하기를 더디 하시며 권능이 크시며
> 벌 받을 자를 결코 내버려두지 아니하시느니라.
> 여호와의 길은 회오리바람과 광풍에 있고
> 구름은 그의 발의 티끌이로다. _나 1:3

하나님은 서두르실 필요가 없다. 하나님의 오래 참으심은 하나님의 능력이며, 하나님께서 오래 참으심을 발휘하실 때면 세상을 천 개 창조하실 때보다도 더 큰 능력을 보여 주신다. 어떻게 그런가? 세상을 창조하는 일에서는 피조물과 물질에 대한 권능이 나타난다. 그런데 오래 참으심을 발휘하는 일에서는 하나님 자신에 대한 능력이 나타난다. 우리는 흔히 하나님의 오래 참으심을 하나님의 권능 및 자비와 연결시켜 생각한다. 그리고 그렇게 생각하는 게 옳다. "여호와께서 그의 앞으로 지나시며 선포하시되 여호와라 여호와라. 자비롭고 은혜롭고 노하기를 더디 하고 인자와 진실이 많은 하나님이라"(출 34:6. 시 86:15도 보라). 그러나 하나님의 권능·지식·영원하심 또한 하나님의 오래 참으심을 구성하는 중요 요소들이다.

그리스도의 죽음은 하나님의 오래 참으심을 보여 준다

하나님의 오래 참으심을 이해하는 토대는 그리스도의 죽음이다. 하나님께서 인간을 향해서는 오래 참으시고 천사들을 향해서는 그렇지 않으시다는 사실은 그리스도의 희생적 속죄에 비추어서만 설명할 수 있다. 그리스도는 인간의 본성("아브라함의 씨")을 입으셨지 천사의 본성을 입지는 않으셨고, 그래서 하나님의 오래 참으심에서 혜택을 본 것은 당연히 인간이다.

    인간을 향한 하나님의 오래 참으심은 복음과 은혜 언약에서 비롯된다. 그리스도가 중보자로 세워지지 않았다면, 하나님이 죄인들을 향해 오래 참으심을 보여야 할 이유가 없다. 어떤 이들은 반론을 펼지 모르지만, 하나님이 그리스도와 별개로 피조물을 선대하실 수도 있다. 하지만 하나님은 자기 아들의 위격 및 사역과 별개로는 죄인인 인간에게 자비를 베풀거나 오래 참으심을 발휘하실 수 없다.

차녹의 말에 따르면, 하나님은 "다소의 안타까움"으로 불경한 자들을 멸하시고, 심판을 내리실 때도 점차적으로 내리신다. 하나님은 갈기갈기 찢기보다는 꼭 "옥죄신다."[4] 하나님은 자신이 행하는 모든 일에서 공평함을 발휘하시지만, 우리가 마땅히 당해야 할 일과 관련해서는 공정하시지 않다. 다시 말해 이 땅에 있는 동안 우리는 마땅히 당해야 할 일을 당하지 않고 그보다 더 좋은 것을 받는다. 심지어 악한 자도 잠시 동안은 번영을 누린다. 에드워드 리는 새뮤얼 볼튼의 말을 인용해 이렇게 말한다. "아무리 속 좋은 사람이라도 전능자의 보좌에 한 시간만 앉아, 하나님이 늘 그러시듯 세상을 내려다보며 그 한 시간 동안 세상에서 어떤 가증한 일들이 벌어지는지 보게 된다면, 곧바로 온 세상을 불태워 버릴 게 틀림없다."[5]

예나 지금이나 인간의 사악함은 여전히 하나님께 대한 모욕이다. 그럼에도 하나님은 노하기를 더디 하고 진노를 누그러뜨림으로써 오래 참으심을 발휘하신다. 이 세상에서 하나님의 징벌은 몇몇 예에서 보듯 아주 끔찍할 수도 있지만, 그래도 무한히 거룩하시고 의로우신 하나님을 거슬러 우리가 저지른 죄과에 비하면 새 발의 피다.

그런데 하나님은 왜 심판의 강도를 조절하시고 그런 오래 참으심을 보여 주시는가? 위에 주어진 답변은 그리스도의 중보 사역을 염두에 두고 있다. 이것이 주된 이유임은 분명하지만, 하나님이 그리스도 때문에 죄인들을 향해 오래 참으심을 보이시는 것에서 우리는 하나님이 진노를 가라앉힐 수 있는 분이심을 알 수 있다.

하나님은 자기 피조물과 화해하기를 바라신다. 그래서 하나님은 이들을 즉시 멸하지 않으시고 회개할 기간을 주신다.

> 사랑하는 자들아, 주께는 하루가 천 년 같고 천 년이 하루 같다는 이 한 가지를 잊지 말라. 주의 약속은 어떤 이들이 더디다고 생각하는 것같이 더딘 것이 아니라 오직 주께서는 너희를 대하여 오래 참으사 아무도 멸망하지 아니하고 다 회개하기에 이르기를 원하시느니라. _벧후 3:8-9

하나님이 피조물과 화해하고 싶어 하신다는 사실은 하나님의 오래 참으심뿐만 아니라 하나님의 영원하심과도 관련된다는 점에 주목하라("하루가 천 년 같고").

현실적으로 말해서 하나님의 오래 참으심은 인류의 번성 또한 허용한다. 인간이 세상에 들어오는(혹은 잉태되는) 족족 하나님께서 다 죽이신다면 인류의 숫자는 늘어날 수 없을 것이다. 좀 더 구체적으로 말해 하나님의 오래 참으심 덕분에 교회가 지속되고 성장할 수 있다. 하나님의 시선에는 택자가 있는데, 이 택자가 때로 악인의 허리에서 태어나는 경우가 있다. 의인 히스기야가 악한 아버지 아하스에게서 태어난 것처럼 말이다. 이 점을 고려해 차녹은 이렇게 말한다. "이 완전함이 없었다면 이 땅은 물론 결과적으로 천국에도 단 한 명의 성도 존재할 수 없을 것이다." 물론 이 완전함은 하나님의 오래 참으심을 말한다.[6]

그렇다면 바로 이것으로 하나님께서 악인에게까지 오래 참으심을 보이시는 이유가 설명된다. 하나님의 오래 참으심에도 불구하고 회개의 지점에 이르지 못하는 자들에 대해서는 하나님께서 공의를 시행하실 것이 확실하다. 이 모든 사실은 하나님의 오래 참으심이 직접적으로든 간접적으로든 그리스도께 초점을 맞추고 있음을 시사한다. 그리스도 안에서, 그리스도를 통해, 그리고 그리스도를 위해 하나님께서는 피조물을 향해 계속 오래 참으심을 발휘하신다.

적용

하나님께서 우리에게 오래 참으심을 보이심은 우리에 대해 염려할 필요가 없기 때문이다. 하나님은 그 어떤 불안의 기색도 없이, 만사가 어떻게 돌아갈지 다 아신다. 그러나 유한한 피조물인 우리는 초조해하며, 간혹 결과에 대해 불안이나 좌절을 드러내기도 한다.

하나님은 이생뿐만 아니라 내세에서 우리 성화가 어떤 결과를 낳을지 다 아신다. 우리가 장차 두 걸음 앞으로 나갈 것을 아신다면 우리가 잠시 한 걸음 뒤로 물러난다 해도 하나님은 이를 허용하실 것이다. 그러나 이는 결코 우리의 죄를 정당화하지 않는다. 다만 죄가 여전히 존재하는 동안에도 하나님께서 우리를 향해 관용을 보이심을 말해 준다. 그러므로 우리를 향한 하나님의 오래 참으심은 절대 민낯으로 오지 않고 하나님의 지혜와 사랑을 동반하고 온다. 지금까지 그랬고 앞으로도 계속 그러해야 하는 것처럼, 이 부분에서 우리는 하나님의 신적 단순성으로 돌아가게 된다. 하나님은 어떤 일이든 자기 존재의 그 모든 속성을 포괄하지 않는 일은 우리에게 절대 하시지 않는다.

우리 삶을 돌아보면 하나님께서 우리를 바깥 어두운 데 던져 버려야 옳은 상황에서 그렇게 하시지 않은 경우가 많았음을 알 수 있다.

심지어 우리 죄까지도 하나님은 자신의 영광을 위해 쓰실 수 있다.^창 50:20 하나님께서 그리스도 안에서 우리에게 보여 주시는 지혜롭고 자애로운 오래 참으심의 영광을 생각할 때, 우리는 하나님의 오래 참으심을 본받아 우리 삶에도 오래 참음이라는 성령의 열매가 맺히는 걸 보고자 하게 되고, 그에 따라 타인을 향해 오래 참음을 보일 준비를 더 잘 갖추게 된다. 이 점에 대해서도 차녹이 잘 설명하고 있다. "자기에게 잘못을 저지른 사람을 벌하려고 거칠게 힘을 몰아가며 서두르는 사람은 하나님을 닮지 않았다."[7] 그리고 그는 이렇게 덧붙인다.

> 하나님은 아담이 타락하던 때부터 지금 이 순간까지 헤아릴 수 없이 많은 문제들에 대해 오래 참아 오셨는데, 우리는 손해 한번 봤다고 보복하려는 욕망에 도취될 것인가?……하나님의 성품과 얼마나 거리가 먼가, 실낱같은 허상의 명예 의식에 사로잡혀, 살짝 건드릴 때마다 불같이 화내는 사람이라니. 이들은 사소한 일에도 칼에 피를 묻히고, 결국은 다쳐서 죽게 만드는 복수극을 쓴다.[8]

이런 경우가 흔한 만큼 타인을 대하는 우리의 태도는 하나님께서 우리를 대하실 때와 같이 오래 참는 자세가 주도해야 한다.

19 } 하나님은 자비로우시다

네 하나님 여호와는 자비하신 하나님이심이라. 그가 너를 버리지 아니하시며 너를 멸하지 아니하시며 네 조상들에게 맹세하신 언약을 잊지 아니하시리라. _신 4:31

교리

하나님은 자비로우십니다.[merciful] 그리스도인들이 무릎 꿇고 기도할 때 흔히 맨 먼저 고백하는 진리다. "하나님이여, 불쌍히 여기소서.[be merciful] 나는 죄인이로소이다."[눅 18:13] 죄인인 우리는 이 속성을 매우 소중히 여기며, 하나님 또한 그렇게 여기신다. 자비는 당연히 신적 의지와 관계된 성정[性情]으로, 이 성정에 의해 하나님은 타락한 피조물을 긍휼히 여기신다. 토머스 굿윈이 아주 아름답게 표현한 것처럼 "하나님께서 말씀하시기를, 너희 모두가 나에 관해 알고 있으니 나는 가련한 죄인들을 구원할 것이고, 나는 자비를 기뻐한다. 이 사실을 누가 알든 상관없다."[1] 그래서 자비에 대해 말할 때, 우리는 대개 아무 자격 없는 비참한 죄인을 향해 하나님께서 베푸시는 자애로움, 관용, 혹은 불쌍히 여김을 가리키는 경향이 있다.

예레미야애가 3장에서 화자는 하나님의 이 속성을 잘 이해하고 있다.

> 여호와의 인자와 긍휼이 무궁하시므로
> 우리가 진멸되지 아니함이니이다.
> 이것들이 아침마다 새로우니
> 주의 성실하심이 크시도소이다.
> 내 심령에 이르기를 여호와는 나의 기업이시니
> 그러므로 내가 그를 바라리라 하도다. _애 3:22-24

성경에서는 이 성정을 대개 위 구절에서처럼 하나님의 선함과 성실함 같은 다른 성정 및 속성과 연관시켜 이야기한다.

수 세기에 걸쳐 하나님의 자비라는 속성은 하나님이 타자의 아픔을 똑같이 느낀다고 비정통적인 방식으로 주장하는 데 이용되어 왔다. 사실 하나님의 자비는 하나님의 마음이 참담해진다는 뜻이 아니다. 마치 하나님에게 자기 존재를 변화시키는 무슨 강렬한 감정 같은 게 있기라도 한 양 말이다. 그보다는 하나님의 자비란 하나님께서 아무 자격 없는 자들에게 안도감을 주시고자 하는 것을 말한다. 자비의 올바른 개념은, 하나님이 '우리의 불행을 깊이 고려'하시고, 이어서 불행한 자들을 안심시키시는 것으로 이해해야 할 것이다.

하나님에게는 자기 자신에 대한 무한한 지식이 있어서 필연적으로 하나님 자신을 사랑하고 영화롭게 하게 된다. 하지만 하나님은 어떤 면에서도 자기 자신에게 자비로울 필요가 없다. 하나님은 자신의 본질적 선함과 사랑을 바탕으로, 자격 없는 대상에게 자비를 보이신다. "여호와여, 주의 긍휼하심과 인자하심이 영원부터 있었사오니 주여, 이것들을 기억하옵소서. 여호와여, 내 젊은 시절의 죄와 허물을 기억하지 마시고 주의 인자하심을 따라 주께서 나를 기억하시되 주의 선하심으로 하옵소서." 시 25:6-7

하나님은 여전히 주권적이고 자유로이 자비를 보이실 수 있으며, 이런 식으로 자비를 표현하는 것을 대단히 기뻐하신다.출 33:19 본질적으로 선하고 자비로운 하나님은 심판을 일컬어 "기이한"(즉, 낯선) 사역이라고 하신다.사 28:21 이와 대조적으로 자비는 하나님께서 "소중히 여기시는 속성"으로, 이를 "아주 기뻐하신다"고 토머스 왓슨은 말한다.[2]

고집스럽고 회개할 줄 모르는 죄는 하나님으로 하여금 심판을 내리게 하지만, 하나님은 자신의 자비로운 사랑을 기뻐하신다.

> 주와 같은 신이 어디 있으리이까. 주께서는 죄악과
> 그 기업에 남은 자의 허물을 사유하시며
> 인애를 기뻐하시므로
> 진노를 오래 품지 아니하시나이다. _미 7:18

자비를 보이실 때, 하나님께서는 자기 영광을 계시하신다. 그래서 예를 들어 하나님은 시내 산에서 모세와 함께 섰고,출 34:5 하나님께서 모세에게 주신 메시지는 하나님의 자비로운 성품을 두드러지게 강조했다.

여호와께서 그의 앞으로 지나시며 선포하시되 여호와라 여호와라. 자비롭고 은혜롭고 노하기를 더디 하고 인자와 진실이 많은 하나님이라. 인자를 천대까지 베풀며 악과 과실과 죄를 용서하리라. 그러나 벌을 면제하지는 아니하고 아버지의 악행을 자손 삼사 대까지 보응하리라. _출 34:6-7

때로 성경은 하나님의 자비를 인간의 자비와 대조하기도 한다. "다윗이 갓에게 이르되 내가 고통 중에 있도다. 청하건대 여호와께서는 긍휼이 크시니 우리가 여호와의 손에 빠지고 내가 사람의 손에 빠지지 아니하기를 원하노라 하는지라."_삼하 24:14 하나님의 자비는 우리가 불행 중에 있는 사람에게 자비를 보일 수 있는 토대다. "찬송하리로다. 그는 우리 주 예수 그리스도의 하나님이시요 자비의 아버지시요 모든 위로의 하나님이시며 우리의 모든 환난 중에서 우리를 위로하사 우리로 하여금 하나님께 받는 위로로써 모든 환난 중에 있는 자들을 능히 위로하게 하시는 이시로다."_고후 1:3-4 우리의 자비를 하나님의 자비와 비교해 보면, 우리의 자비는 일종의 잔인함이라 부르는 게 옳으며, 그래서 하나님의 자비와는 무한히 거리가 멀다.

또한 하나님의 자비는 **일반적** 자비와 **특별한** 자비라는 두 범주로 이해할 수 있다. 그래서 프란키스쿠스 투레티누스는 이렇게 주장한다.

> 이생에서 우리에게 선을 베푸시고 징벌을 미루시는 일반적 자비를 보고 하나님을 자비로운 분으로 아는 것은, 속죄가 이루어진 뒤 그리스도 안에서 특별하고도 구원에 이를 만한 자비를 보고 하나님을 자비로

운 분으로 아는 것과 상당히 많이 다르다. 하나님을 회유하기 쉽고 온화한 분으로 아는 것은 하나님을 실제로 노여움을 가라앉히는 분 혹은 확실히 노여움을 가라앉혀 드릴 수 있는 분으로 아는 것과 다르다. 우리가 인정하거니와 이방인들도 자연의 빛에 비추어 전자와 같은 신은 가질 수 있지만, 그럼에도 필연적으로 양심이 평온할 것을 요구하는 후자와 같은 신은 갖지 못한다.[3]

하나님께서는 주린 자를 먹이신다.[시 104:27] 공기를 주어 만물이 숨을 쉬게 하신다. 하나님은 약을 만들 수단을 우리에게 공급하사 병자의 고통을 줄여 주신다. 하나님은 모든 피조물에게 일반적 자비를 보이신다. 심지어 은혜 언약 밖에 있는 자들에게도 크고 작은 자비를 보이시는데, 이는 하나님으로서 인간에게 꼭 어떤 식으로만 해야 한다는 의무가 전혀 없기 때문이다. 하지만 하나님의 특별한 자비는 교회를 위한 하나님 아들의 위격과 사역에서 비롯되는 결과다.

그리스도 안에서 하나님께서 자비롭게 예비해 주심

가련한 죄인으로서 우리가 뭔가 소망을 갖고자 한다면 그리스도를 통해서 오는 특별한 자비를 구해야 하며, 일단 그 자비를 발견하면 이를 즐거워해야 한다.

> 우리 주 예수 그리스도의 아버지 하나님을 찬송하리로다. 그의 많으신 긍휼대로 예수 그리스도를 죽은 자 가운데서 부활하게 하심으로 말미암아 우리를 거듭나게 하사 산 소망이 있게 하시며 썩지 않고 더럽지 않

고 쇠하지 아니하는 유업을 잇게 하시나니 곧 너희를 위하여 하늘에 간직하신 것이라. 너희는 말세에 나타내기로 예비하신 구원을 얻기 위하여 믿음으로 말미암아 하나님의 능력으로 보호하심을 받았느니라. _벧전 1:3-5

하나님은 우리에게 소망을 주시고, 유업을 허락하시며, 능력으로 우리를 지키신다. 하나같이 우리로서는 과분한 것들이다. 왜 이런 과분한 것들을 베푸시는가? 하나님의 "많으신 긍휼" 덕분이다. 하나님은 무엇 때문에 그렇게 긍휼이 많으신가? 하나님의 크신 아들이 우리 죄를 위해 죽으시고, 우리를 "거듭나게 하사 산 소망이 있게" 하시려고 죽은 자 가운데서 부활하셨기 때문이다.

하나님의 자비가 우리를 향해 값없이, 영원히, 넘치게 흘러 들어와 하나님을 대하는 우리 마음을 부드럽게 만든다. 토머스 브룩스는 그런 자비를 다음과 같이 기뻐한다.

값없는 자비가 날마다 지옥과 내 영혼을 갈라놓는다. 이는 내가 안으로 밖으로 원하는 것들을 공급해 주는 자비다. 이는 나의 겉 사람을 보존하고, 먹이고, 입히는 자비다. 이는 나의 속사람을 새롭게 하고, 강하게 하고, 번영하게 하는 자비다. 이는 내가 이러저러한 죄를 저지르지 않도록 여러 번 막아 준 자비다. 이는 내가 이러저러한 유혹 앞에 넘어지지 않도록 여러 번 지켜 준 자비다. 이는 내가 이러저러한 안팎의 고통에 잠식당하지 않도록 여러 번 보호해 준 자비다.[4]

하나님은 그리스도 안에서 구체적으로 우리에게 자비를 보여 주셨다. 그렇기 때문에 모든 자비를 우리에게 부어 주실 것이다. 하나님은 우리에게 자비의 아버지시며,[고후 1:3] 우리가 받는 모든 선하고 완전한 선물은 다 하늘에 계신 우리의 자비로운 아버지에게서 온다.[약 1:17] 우리가 이런 자비를 받음은 그리스도의 죽음과 부활이 우리에게 큰 능력으로 역사하기 때문이다. 그런 만큼 그 무엇도 우리를 하나님의 사랑에서 떼어 놓을 수 없다. 이렇게 하나님은 그리스도를 위해 우리에게 자비를 쏟아 부어 주시고자 하며, 그리하여 그리스도께서 정당한 유업을 받으실 수 있게 한다. 토머스 굿윈은 하나님의 자비와 은혜가 "하나님의 가장 큰 부요이며 가장 높은 영광"이라고 올바로 결론 내린다. 하나님의 자비와 은혜는 "하나님의 면류관에 달린 가장 화려한 보석"이다.[5]

하나님께서는 그리스도의 마음에서 자기 마음을 우리에게 드러내 보이신다. 존 오웬의 말에 따르면 "불쌍한 죄인에게 하나님의 자비는 적나라한 불안일 뿐이며, 하나님의 자비는 이 불안을 경감시키려는 하나님의 거룩한 뜻의 행위에 의해 효력을 갖게 된다. 그리스도의 자비는 긍휼과 애도이며, 가슴 뭉클한 연민과 슬픔이 여기 동반된다"고 한다.[6] 하나님의 자비와 그리스도의 자비 사이에는 이렇게 중요한 구별점이 있다.

신약성경에는 그리스도의 인성을 멋지게 일별할 수 있게 해주는 책들이 많지만, 히브리서는 그 점에서 아마 가장 발군일 것이다. 히브리서 1장의 주요점은, 그리스도는 하나님의 아들이므로 천사들보다 뛰어나다는 사실을 보여 주는 것이다.[8-12절] 2장에서는 그리스도의 인성에 초점을 맞춘다. 그리스도는 우리와 똑같은 "혈과 육"[14절]을 지니며, "범사에 형제들과 같이 되"[사] 우리의 자비로운 대제사장이 될 수 있었다.[17절] 그리스도가 자비로울 수 있음은, 물론 하나님이 자비로우시기 때문이지만, 우리와 똑같은 인성을 지니지 않았더라면 그리스도는 자비로운 대제사장이실 수 없었을 것이다.

대제사장은 자기가 대표하는 백성들과 공감할 수 있어야 한다. 우리의 대제사장으로서 그리스도는 이 땅에서 불행과 고통과 시험을 경험하셨으며, 이런 일이 가능한 것은 그가 죄와 비참으로 가득한 세상에서 인성을 취하셨기 때문이다. 존 오웬의 말을 빌리자면, 그리스도께서는 "시험이 공격해 올 때 인성의 연약함, 슬픔, 비참함을 특별히 체험하셨다. 그는 이 시련을 겪고 느꼈으며, 그래서 절대 잊지 못할 것이다."[7] 이 점에 비추어 볼 때 그리스도께서는 은혜로 자기 백성의 아픔을 덜어 주시고, 은총을 내리시며, 위로하실 것이다. 이 땅에서 겪은 일 때문에 그리스도가 '더' 자비로워진 것은 아니지만, 이 체험 덕분에 그분은 은혜를 필요로 하는 자들에게 좀 더 즉각적으로 은혜를 베풀 수 있게 되었다. 오웬은 그리스도께서 "시험당하실 때 자신을 짓누른 그 슬픈 느낌을 자신의 거룩한 생각 속에 여전히 지니고 있으며, 그 느낌에 근거해 비슷한 어려움과 싸우는 형제들을 언제라도 도울 자세를 하고 있다"고 말한다.[8] 오웬은 그리스도가 이 땅에서 인간으로서 겪은 일은 우리의 경우와 마찬가지로 어떤 면에서 유익했다고 주장한다. 이 얼마나 놀라운 신비인가.

결국 성육신은 하나님이 자비로운 하나님이실 수 있는 길을 열어 주며, 이는 달리는 불가능했을 것이다. 하나님은 여전히 우리에게 자비를 보이실 생각으로 자기 아들을 세상으로, 죄와 불행으로 가득한 세상으로 보내신다. 육신을 입고, 그리하여 인간으로서 직접 겪는 일에 근거해 우리에게 자비를 보이실 수 있게 하려고 말이다.

적용

예수께서 지상에서 사역하시는 동안 그분의 속성으로 가장 빈번하게 언급되는 정서는 자비다. 그리스도는 성령으로 기름부음 받고 "두루 다니시며 선한 일을 행하시고 마귀에게 눌린 모든 사람을 고치셨으니 이는 하나님이 함께하셨음"이었다.^{행 10:38}

예수께서는 타인을 자주 "불쌍히 여기"셨다(막 1:41. 마 9:36; 14:14; 20:34도 보라). 하지만 그리스도는 사람들이 물리적인 혹은 영적인 고통(예를 들어 귀신에 들렸다거나 하는)을 당하는 것에 대해서만 자비를 보이신 게 아니라 전인^{全人}에 대해 연민을 보이셨다.^{막 6:34} 그리스도께서는 자비로울 수 있는 길을 추구하셨다.

우리가 그리스도인으로 살다 보면 너무 수구적으로 행동할 때가 아주 많다. 상황에 맞게 반응할 뿐 마땅히 행동해야 하는 대로 행동하지 않는다. 그리스도인으로서 우리가 더 바람직하게 책임을 다하는 한 가지 길은 거룩하신 우리 구주께서 우리에게 어떤 자비를 보이셨는지 깨닫고 그리스도인다운 거룩함을 추구하는 데서 찾을 수 있다. 이렇게 행동하면 타인에게 자비를 보이며 타인의 물리적이고 영적인 고통을 덜어 주면서 이들을 전인으로 대할 수 있게 된다.

자비를 받은 그리스도인은 자신도 자비를 보이고자 한다. 앎에는 체험이 포함된다. 실제로 그리스도께서는 우리가 타인에게 자비를 보여야 할 필요성과 관련해 산상설교에서 다소 놀라운 명령을 내리신다. "긍휼히 여기는 자는 복이 있나니 그들이 긍휼히 여김을 받을 것임이요." 마 5:7

토머스 왓슨은 초대교회 교부 암브로시우스의 말을 다음과 같이 인용한다. "신앙의 요체이자 정의는, 자비의 일을 풍성히 행하라, 타인의 몸과 영혼에 도움이 되라는 것이다. 수확이 보장되는 씨를 뿌리라, 그대 신앙고백의 등燈에 자비의 기름을 가득 채우라. 자비롭게 베풀고 용서하라."9 여기서 보면 암브로시우스는 전인, 즉 몸과 영혼에 대한 우리의 의무가 무엇인지 잘 알고 있다. 하나님의 자비와 우리의 자비는 단순한 개념이나 관념이 아니라 타인을 향한 행동이다.

영적 자비를 표현할 때는 나에게 죄를 지은 사람에게 자비를 보여야 한다. 범죄자가 나에게 거리낌 없이 죄를 지었다 해도 하늘에 계신 아버지처럼 우리는 그 범죄자보다 더 거리낌 없이 자비를 보여야 한다. 토머스 왓슨은 이렇게 말한다.

> 이렇게 최초의 순교자 스데반은 "무릎을 꿇고 크게 불러 이르되 주여, 이 죄를 그들에게 돌리지 마옵소서" 행 7:60 라고 부르짖었다. 베르나르는 말하기를, 스데반은 자기 자신을 위해 기도할 때는 서서 했지만 자기 원수들을 위해 기도할 때는 무릎을 꿇고 간절히 기도했으며, 하나님께서 저들을 용서해 주시기를 얼마나 크게 바랐는지 모른다고 한다. 이는 보기 드문 자비다. "허물을 용서하는 것이 자기의 영광이니라." 잠 19:11 자기에게 손해를 끼친 자를 용서하는 데서 나타나는 자비는 기독교 신앙의 시금석이요 면류관이다. 크랜머는 기질적으로 자비로운 사람이었다. 자

기에게 잘못을 저지른 사람일지라도 자신을 찾아와 호의를 청하면 그 사람을 위해 힘닿는 데까지 애를 썼으며, 그래서 이런 속담이 생길 정도였다고 한다. "크랜머에게 손해를 끼쳐 보라. 살아 있는 날까지 그는 그대의 친구가 될 것이다." "선으로 악을 이기고" 악의에 자비로 답하는 것이야말로 진짜 영웅적 행위이며, 이로써 신앙이 만인의 눈에 영광스럽게 보일 것이다.[10]

요약하자면 "너희 아버지의 자비로우심같이 너희도 자비로운 자가 되라"눅6:36는 것이다.

20 } 하나님은 지혜로우시다

지혜 있는 자가 어디 있느냐. 선비가 어디 있느냐. 이 세대에 변론가가 어디 있느냐. 하나님께서 이 세상의 지혜를 미련하게 하신 것이 아니냐. 하나님의 지혜에 있어서는 이 세상이 자기 지혜로 하나님을 알지 못하므로 하나님께서 전도의 미련한 것으로 믿는 자들을 구원하시기를 기뻐하셨도다. 유대인은 표적을 구하고 헬라인은 지혜를 찾으나 우리는 십자가에 못 박힌 그리스도를 전하니 유대인에게는 거리끼는 것이요 이방인에게는 미련한 것이로되 오직 부르심을 받은 자들에게는 유대인이나 헬라인이나 그리스도는 하나님의 능력이요 하나님의 지혜니라. 하나님의 어리석음이 사람보다 지혜롭고 하나님의 약하심이 사람보다 강하니라. _고전 1:20-25

교리

어떤 이들은 하나님의 지혜를 하나님의 지식과 총명, 즉 하나님의 전지全知하심이라는 맥락에서 생각할지도 모른다. 그러나 하나님의 지혜는 하나님의 본질적 속성으로 여겨 따로 취급할 만한 가치가 있다. 하나님은 "마음이 지혜로우시고 힘이 강하"시다.[욥 9:4] 바울은 하나님을 가리켜 "지혜로우신 하나님"only wise God, 롬 16:27이라고 한다. 하나님은 완벽히, 보편적으로, 영원히, 이해할 수 없을 만큼, 그리고 오류 없이 지혜로우시다. 물론 하나님의 지혜는 하나님의 다른 속성들과 모순이 없어야 하며, 이는 하나님만이 완전한 의미에서 지혜로우신 또 하나의 이유일 뿐이다.

신적 지혜란 옳은 목적을 위해 행동할 수 있는 하나님의 능력(즉, 권능)을 염두에 둔 표현이다. 여기서 옳은 목적은 하나님의 지혜뿐만 아니라 그 목적에 이르는 수단 또한 나타낸다. 하나님은 자신의 지식으로 사물을 분별하시며, 그 이해에 근거해 자신의 지혜로써 행동하신다. 지식은 이론적인 일에 관한 것이고, 지혜는 실제적인 일에 관한 것이다. 에드워드 리는 이렇게 말한다.

> 우리가 이해하기로 하나님의 지식은 하나님의 지혜와 이렇게 다르다. 즉, 하나님의 지식은 모든 대상에 대한 단순한 판단이고, 하나님의 지혜는 만사의 질서를 세우시고 처리하시는 수단이라고 말이다. 우리는 하나님의 지식을 하나의 행위로 이해하고, 하나님의 지혜는 습관 혹은 내적 원리로 이해한다. 반드시 그렇다는 것은 아니고, 단지 우리가 이런 식으로 이해한다는 말이다.[1]

하나님은 지혜로써 만사를 능숙하게 통솔하사, 자신의 무한한 명철에 따라 만사의 질서를 세우신다. 하나님에게는 모사가 없다.롬 11:34 하나님은 본질적이고 포괄적인 지혜를 소유하시기 때문이다.욥 12:13 그리고 하나님은 만물을 창조하시고 다스리시는 일에서 자신의 지혜를 드러내신다.

> 여호와께서 그의 권능으로 땅을 지으셨고
> 그의 지혜로 세계를 세우셨고
> 그의 명철로 하늘을 펴셨으며
> 그가 목소리를 내신즉 하늘에 많은 물이 생기나니
> 그는 땅끝에서 구름이 오르게 하시며
> 비를 위하여 번개 치게 하시며
> 그 곳간에서 바람을 내시거늘. _렘 10:12-13

> 여호와여, 주께서 하신 일이 어찌 그리 많은지요.
> 주께서 지혜로 그들을 다 지으셨으니
> 주께서 지으신 것들이 땅에 가득하니이다. _시 104:24

우주를 창조하신 일은 지금도 여전히 하나님의 권능 있는 지혜의 기념비로 남아 있다. 하나님은 만물이 제자리에 있게 하신다. "주께서 땅의 경계를 정하시며 주께서 여름과 겨울을 만드셨나이다."[시 74:17] 칼뱅의 말에 따르면, 인간의 몸을 창조하신 일은 "그 자체가 지극히 독창적인 작품임을 보여 주기에 이를 지으신 분은 기적을 행하시는 분으로 여겨 마땅하다"고 한다.[2]

하나님은 창조뿐만 아니라 섭리에서도 자신의 지혜를 보여 주시는데, 섭리로써 하나님은 만사를 올바른 목표로 인도하시고 방향을 지도하신다. 하나님의 지혜로운 섭리가 어떻게 역사하는지를 보려면,

요셉에 얽힌 감동적인 스토리를 읽고 신적 지혜의 인(印)이 사방에 찍힌 갖가지 사건들이 모여 하나님께서 애초에 꿈꾸신 일을 성취하는 과정을 지켜봐야 한다.^{창 37:5-8; 50:18-20} 하나님의 길은 지혜로운 길이다. 하나님의 지혜는 무한하시기에 간혹 하나님께서 우리 삶에 섭리적으로 행하시는 일을 보며 당혹스러울 수도 있다. 마리아는 자신의 아들이 자기 눈앞에서 십자가에 달리는 광경을 목도했다. 마리아의 입장에서 이보다 더 나쁜 일은 상상할 수 없었을 것이다. 하지만 하나님에게는 이보다 더 좋은 계획이 있을 수 없었다.

하나님의 지혜이신 그리스도[3]

하나님의 아들은 하나님의 인격적 지혜로서 존재하신다. 그리스도께서는 지혜를 하나님의 필연적 완전함으로 나타내신다. 하나님의 비밀, 신비, 목적은 하나님의 아들께서 나타나 아버지의 지혜를 우리에게 열어 보이실 때까지 모두 희미하게 장막에 가려 있었다. 오웬은 우리가 성자의 인격을 통해서만 하나님의 무한하고 다양한 지혜를 볼 수 있다고 말한다. "그리스도 안에서만 우리는 하나님의 지혜를 다소나마 분별할 수 있다. 그리스도를 위해 성부께서 이 지혜를 택하시고 봉인해 두사 우리에게 나타내 보이게 하셨다. 이 지혜의 모든 보화는 그리스도 안에 감추어지고 간직되었다가 그리스도 안에서 펼쳐진다."[4]

그리스도께서는 선지자 직분을 이행하는 데 꼭 필요한 은사와 은혜를 받으셨다. 타고난 능력 외에도 그리스도는 "도무지 측량할 수 없을 만큼의 특별한 성령 부음을 받으셨으며, 그는 교회의 대선지자로서 이렇게 성령을 받으셔야 했고, 그리하여 성부께서 그리스도 안에서 말씀하시며 그리스도 안에서 자신에 관한 최종적 계시를 주실 터였다."[5] 따라서 "택자의 구원을 위한, 성부와 영원한 말씀eternal Word 사이의 의논에 관련된 모든 신비는, 그분 자신의 보혈을 통해 그 의논이 성취되는 모든 방법과 더불어 그분에게 알려졌다."[6] 특정한 때에만 계시를 받은 모세와 달리 그리스도께서는 지혜와 지식과 진리의 모든 보화를 소유하셨다. 그리스도는 하나님의 마음에 대해 그때까지의 다른 어떤 선지자보다도 무오하게, 권위 있게 말씀하실 수 있었다.

앞에서 말했다시피 하나님께서는 세상을 창조하시고 피조물을 다스리시는 일에서 자신의 지혜를 드러내지만, 구속에 나타난 하나님의 지혜는 "그보다 더 큰 놀라움으로 다가온다."[7] 차녹은 특유의 장엄한 표현으로 구원의 영광을 포착하곤 하는데, 예의 그런 표현법으로 말하기를, 창조는 하나님의 지혜의 "발자국"이고 구속 사역은 그 지혜의 "얼굴"이라고 한다.[8]

구속에서는 수많은 목표와 수단이 하나님의 지혜의 영광을 보여 준다. 예를 들어 복음에서 우리는 두 본성이 한 위격, 즉 주 예수 그리스도 안에서 복된 연합을 이루는 것에 대해 배우게 된다. 그리스도인의 삶 또한 어떻게 처음이 나중이 되고 나중이 처음이 되는지를 보여 준다.마 20:16 그리고 하나님의 백성은 영광에 이르는 길이 수치와 고난을 통과하는 길임을 알게 된다. 그리스도 자신의 경우가 그러했듯 말이다.

그리스도께서 하신 일은 의로운 분이자 의롭다 하시는 분으로서 하나님의 지혜를 보여 주지만, 그리스도의 위격 또한 하나님의 탁월한 지혜를 드러내 보인다. 성육신에서 무한이 유한과, 불멸이 필멸과 연합하며, 율법을 제정하시는 분이 율법 아래 살기 때문이다.

간단히 말해 성육신은 성자를 중보자로 세우시는 하나님의 지혜를 보여 준다. 오직 신인만이 하나님과 인간 사이에 화목을 이루실 수 있었으며, 하나님과의 교통이 여전히 우리에게 가능함은 오로지 하나님이 인간이 되셨기 때문이다. 사실 성육신을 통해 성삼위의 제2위께서는 자신의 인성을 좇아 경험에 의해 사람을 불쌍히 여길 수 있게 되었으며 경험에 의한 동정은 신성으로서는 줄 수 없는 동정이었다. 그래서 그리스도의 제사장 직분의 효력은 모든 면에서 두 본성이 한 위격 안에서 연합한다는 사실에 달려 있다. 그렇게 볼 때 성육신은 하나님께서 인간에게 자신의 지혜를 계시하는 여러 가지 방법 중 하나다.

토머스 리즐리는 다음과 같이 정확하게 주장한다. 하나님의 지혜는 "우리를 구속하신 일에서 더욱 뚜렷하게 나타난다. 이 일은 '천사들도 살펴보기를 원하는' 일이요, 크나큰 찬탄 없이는 볼 수 없는 일이다. 여기에서 하나님의 '각종 지혜'가 나타나기 때문이다."9

적용

그리스도인으로서 우리는 하나님께서 어떤 일을 우리 삶에서 왜 행하시는지 궁금할 때가 아주 많다. 그 일을 행하시는 목적을 도무지 헤아릴 수가 없다. 그러나 하나님의 지혜가 무한하다는 것을 생각하면, 우리가 처한 상황에서 하나님께서 섭리적으로 일하실 때 그 앞에서 겸손히 우리 자신을 낮출 수 있다. 우리는 하나님께서 하시는 모든 일을 완벽히 납득할 만한 지혜가 부족하다. 그런데 하나님에게는 그런 지혜가 있다는 것을 알면 더할 수 없이 긴박한 상황에서도 하나님을 신뢰하며 우리 처지를 하나님께 맡길 수 있다.

그러나 이렇게 신뢰하는 데서 끝나서는 안 되고, 하나님께 더 많은 지혜를 구해야 한다. 솔로몬은 하나님께 지혜를 구했다.[왕상 3:9] 야고보는 "너희 중에 누구든지 지혜가 부족하거든 모든 사람에게 후히 주시고 꾸짖지 아니하시는 하나님께 구하라. 그리하면 주시리라"[약 1:5]라고 말한다. 하나님의 형상으로 창조된 하나님의 피조물로서 우리는 지혜로워질 수 있다. 그 지혜가 비록 독창적인 지혜는 아닐지라도 말이다. 하나님 안에 지혜의 샘이 있으며, 하나님은 그리스도를 통해 우리에게 이 은사를 허락하신다.

우리는 그리스도의 마음을 가져야 한다.[고전 2:16] 특히 하나님께 영광을 돌리며 우리의 쉼 없는 예배 자세를 드러내는 방식으로 하나님의 뜻을 이해하며 행하고자 할 때는 더욱 그래야 한다. 그리스도의 마음이 있어야만 그 마음으로써 성령께서 우리를 인도하시며, 그 마음으로 우리는 하나님의 지혜를 이해할 수 있다. 성령의 인도를 따름으로써 우리는 그리스도께서 받으신 고난에 비추어 우리가 당하는 고난의 의미를 이해하게 되고, 그리스도께서 받으신 영광에 비추어 우리가 장래에 받게 될 영광에 대해 알게 된다. 우리가 섬김을 사랑함은 그리스도께서 종이 되셨기 때문이고, 우리가 원수를 사랑함은 그리스도께서도 자기 원수를 사랑하셨기 때문이다. 달리 말해 지식을 지혜롭게 적용한다 함은 모든 상황에 그리스도의 마음을 적용한다는 뜻이다. 그래야만 시련과 박해 가운데서도 우리는 그 모든 것을 기쁨으로 여길 수 있게 된다.[롬 8:18, 약 1:2]

21 } 하나님은 거룩하시다

여호와여, 신 중에 주와 같은 자가 누구니이까. 주와 같이 거룩함으로 영광스러우며 찬송할 만한 위엄이 있으며 기이한 일을 행하는 자가 누구니이까. _출 15:11

교리

어떤 이들은 하나님의 거룩함을 하나님의 공유적 속성의 중심이라 일컫는다. 이는 하나님의 거룩함에 대한 최상의 표현은 아닐 것이다. 하나님의 속성들은 모두 서로에게 기반을 두고 있기 때문이다. 지금까지 언급했듯이 하나님의 거룩함은 하나님의 선하심이고, 하나님의 거룩함이 하나님의 선하심이라는 게 하나님의 권능이며, 하나님의 거룩함이 하나님의 선함이며 이것이 하나님의 권능이라는 게 하나님의 지혜 등등으로 계속 이어진다. 하나님에게는 사실상 중심 속성이라는 게 없다. 그럼에도 하나님께서 자신의 외적 의지와 관련해 무슨 일을 하실 때, 하나님의 본질적 거룩하심 때문에 그 일은 필연적으로 거룩하다. 여기 함축된 의미에 따르면, 하나님은 자신이 하는 모든 일에서 늘 의로우시다. 당연한 말이지만, 이 속성은 수 세기에 걸쳐 기독교 신학자들의 글에서 상당히 많은 주목을 받아 왔다.

하나님의 거룩함은 하나님의 모든 속성들의 "아름다움"으로 묘사되어 왔으며, 에드워드 리는 "이것이 없으면 하나님의 지혜는 치밀함에 지나지 않을 것이고, 하나님의 공의는 잔인함이 될 것이며, 하나님의 주권은 폭정이 될 것이고, 하나님의 자비는 어리석은 연민이 되고 말 것"이라고 주장한다.[1] 하나님은 무한한 괴물이기는커녕 "모든 악으로부터의 완전하고도 오염되지 않은 자유"를 소유하신다고 차녹은 말한다.[2] 차녹은 하나님의 거룩함에 대해 또 이렇게 말한다. "[하나님의 거룩함이란] 신적 의지에 따라 사랑하고 행동할 때의……신성의 엄격함 혹은 고결함으로……이 엄정함 혹은 고결함으로 하나님은 하나님 고유의 탁월함에 걸맞게 일하신다."[3] 간단히 표현하자면, 하나님은 언제나 변함없이 선을 사랑하고 악을 미워하신다는 뜻이다.

개혁파 신학자들은 거룩함이 하나님의 본질적 속성이라는 데 만장일치로 동의한다. 하나님의 속성이 우리의 유한한 개념 작용 속에서 씨실 날실로 엮임에 따라 우리는 자신의 본질을 입고 계신 하나님의 초상을 좀 더 정확히 그릴 수 있다. 하나님을 생각할 때 우리가 기억해야 할 것은, 하나님은 전지하시고 불변하시는 존재인 만큼 거룩함은 하나님의 필연적인 속성이라는 점이다. 엄격히 말해 이 모든 속성들은 서로에게 꼭 필요하다. 하나님의 속성들은 나뉠 수 없으니 말이다.

이 완전함을 강조하면서 성경은 하나님을 "거룩하신 이" 욥 6:10, 사 40:25로 제시한다. 천사들이 서로 부르며 말한다.

> 거룩하다 거룩하다 거룩하다 만군의 여호와여.
> 그의 영광이 온 땅에 충만하도다. _사 6:3

마찬가지로 요한계시록에서도 네 생물이 밤낮 쉬지 않고 이렇게 말한다.

> 거룩하다 거룩하다 거룩하다 주 하나님 곧 전능하신 이여.
> 전에도 계셨고 이제도 계시고 장차 오실 이시라. _계 4:8

하나님은 한계 없이 거룩함을 소유하신다. 그래서 우리는 그리스도를 통해 하나님에게서 우리의 거룩함을 획득하지만, 하나님의 거룩함은 하나님 자신에게서 발생한다. 에드워드 리의 말에 따르면 "하나님의 거룩함은 하나님 본성의 그 탁월함으로, 이 탁월함에 의해 하나님은 자기 자신을 자기 자신에게 주시며 모든 일을 하나님 자신을 위해 하시고, 모든 것 가운데서, 모든 것에 의해, 그리고 무엇보다도 자신의 기쁨과 영광을 목표로 하신다. 또한 거룩함은 하나님의 본성의 절대적 정결함이요 악을 혐오하심이다.출 34:30, 계 15:4"[4]

토머스 왓슨은 하나님을 거룩하신 분으로 말할 때 다음 네 가지 방식으로 말한다.

1. 본원적 거룩함: 하나님은 본성상 거룩하시다.
2. 원초적 거룩함: 하나님은 거룩함의 원형이시다.
3. 결과를 발생시키는 거룩함: 하나님은 그리스도의 인성을 포함

해 다른 존재들에게 있는 모든 거룩함의 원인이시다.

4. 초월적 거룩함: 하나님은 천사들이나 영화롭게 된 성도들의 능력으로도 볼 수 없을 만큼 초월적이시다.[5]

하나님의 거룩함은 하나님의 아름다움이다. 차녹은 하나님의 속성에 관한 그의 글 중 가장 기억에 남을 만한 것으로 손꼽히는 한 문구에서 이렇게 주장한다. "권능이 그의 손과 팔이요, 전지함은 그의 눈, 자비는 그의 배, 영원은 그의 시간, 거룩함은 그의 아름다움이다."[6] 그래서 하나님의 절대적이고 무한한 거룩하심은 똑같이 절대적이고 무한한 아름다움의 의미를 함축한다. 피조물은 타고난 가변성 때문에 본질적으로 거룩할 수 없지만, 변할 수 없는 하나님은 다른 속성들과 조화를 이루며 본질적으로 거룩하실 수 있다.

거룩함 중에 계신 하나님은 필연적으로 죄를 혐오하셔야 한다. 그래서 차녹은 선언하기를, 하나님은 자기 자신을 사랑하시기에 "자기 자신을 거스르는 모든 것을 필연적으로 미워하실 수밖에 없다"고 한다.[7] 차녹이 성경의 가르침을 생각하며 이렇게 증언하는 것처럼 하나님은 죄를 심히 미워하신다. "하나님은 죄를 보는 것을 못 견뎌 하신다. 하나님에게는 죄를 목격하는 것, 그 자체가 혐오를 불러일으킨다.[합1:13] 하나님은 상상 속에서 죄가 처음 촉발되는 것도 싫어하신다.[슥8:17]"[8]

실제로 차녹은 "죄는 하나님이 불쾌히 여기시는 유일한 주 대상"이라고 주장한다.[9] 인간은 하나님에게서 본성을 획득하며, 그래서 하나님께서 싫어하시는 것은 인간의 본성이 아니라 인간 본성의 타락이다. 하나님이 죄를 수긍하시려면 먼저 하나님 자신을 부인해야 하는데, 이는 전적으로 불가능한 일이다. 그러므로 하나님은 영원히 죄를 미워하시며, 죄에 대한 불쾌감을 표현하신다. 그리고 이는 영벌(永罰) 교리의 근거를 제공한다.

그리스도에게서 드러난 거룩함[10]

예수 그리스도의 공로 덕분에 죄인들은 죄에 대한 형벌을 피할 수 있지만, 하나님은 죄인들과 화해하기 위해 십자가라는 방법으로 그리스도를 벌하셔야 했다. 하나님의 다른 속성들과 조화를 이루기 위해 하나님의 거룩함과 죄에 대한 혐오는 공의를 요구했다. 차녹은 아주 생생한 비유적 표현을 동원해 기독교 신학에서 지극히 중요한 이 부분을 포착한다.

> 사악한 세상에 부어진, 혹은 부어질 모든 심판의 대접도, 죄인의 양심을 태울 맹렬한 풀무불도, 반역하는 마귀에게 선고된 돌이킬 수 없는 판결도, 저주받은 피조물의 신음 소리도 하나님께서 자기 아들에게 터뜨린 진노만큼 죄에 대한 하나님의 미움을 입증하지 못한다.[11]

차녹은 또 이렇게 설명한다.

> [성부께서는] 죄가 존속하느니, 그리고 자신의 율법이 위반됨으로써 자신의 거룩함이 영원히 멸시당하느니, 차라리 순서상 바로 자기 다음으로 탁월하며 본성의 모든 영광스러운 완전함 면에서 자기와 동등하신

> 빌 2:6 위격으로 하여금 수치스러운 십자가에서 죽게 하시며 신적 진노의 불길에 노출되게 하시고자 했다.……하나님은 아버지의 심정은 내려놓고, 화해 불가능한 원수의 의복을 입으신 것 같다.[12]

하나님의 거룩함이 십자가에서 죽으신 그리스도의 추함보다 더 아름답게 드러난 적이 있는가? 시편 22:1-3에서 보다시피 거룩함(3절―옮긴이)은 성부가 십자가에서 성자를 버릴 것을 요구한다. 하나님이 자기 아들을 "짓밟음"으로써 "공의가 참으로 충족되었지만, 거룩함이 이를 명했다."[13] 하나님은 왜 인간이 되셨는가? 죄인들을 위해 피 흘리고 죽어 자신의 신적인 거룩한 공의를 충족시키기 위해서였다.

하나님은 자신의 거룩함을 그리스도의 죽음뿐만 아니라 그리스도의 위격에서도 드러내신다. 그리스도는 하나님의 거룩함의 형상이다. 성육신 덕분에 택자들이 하나님의 거룩함을 바라보는 게 가능해졌다. 그게 아니었다면 하나님의 거룩함은 눈부셔서 바라볼 수 없다. 뿐만 아니라 성육신 덕분에 우리가 그리스도를 통해 하나님처럼 거룩해지는 것도 가능해졌다. 그리스도 안에서 우리는 율법의 살아 있는 초상, 하나님의 거룩한 성품의 반영을 보게 된다. 우리가 추구할 수 있는 구체적 표현 면에서 거룩함은 무엇을 닮았을까? 바로 그리스도를 닮았다.

하나님께서 중보자를 통해 우리에게 말씀하시지 않았다면 하나님의 거룩함은 (그리고 그 점에서라면 다른 어떤 속성도) 죄인인 인간으로서는 감당하기 너무 벅찼을 것이다. 그러므로 이사야가 이사야서 6장에서 본 것은 성부가 아니라 당연히 그리스도였다. "이사야가 이렇게

말한 것은 주의 영광을 보고 주를 가리켜 말한 것이라."요 12:41

거룩함을 주제로 한 책들에서는 하나님께서 그리스도 안에서, 그리고 그리스도를 통해 자기 영광을 드러낼 필요가 있다는 사실을 시종 간과하는 것 같다. 그런데 성령을 주제로 한 존 오웬의 책을 대략적으로 살펴보면, 이 개념이 거룩함을 다루는 우리의 신학에서 얼마나 중요한 개념인지를 바로 알 수 있다. 오웬이 생각하기에, 우리에게는 내재하는 죄가 여전히 있기 때문에, 하나님의 본질적 거룩함(즉, 하나님의 무한하고 영원한 거룩함)은 "우리가 거룩함에 이르는 직접적 근거와 동기"가 아니며 "그리스도 예수 안에서 우리에게 나타나고 계시된 하나님의 거룩함"이 바로 그 근거와 동기다.[14]

우리에게는 거룩함에 이르기를 힘쓰라는 권면이 필요하며, 그 권면은 예수 그리스도께서 우리를 위해 어떤 일을 하셨으며 우리에게 하나님을 어떻게 계시하셨는지를 바탕으로 하여 그리스도를 통해 온다. 더 나아가 하나님께서 언약을 통해 우리의 수준으로 자기를 낮추시지 않는 한 우리는 하나님의 거룩하심에 적절히 화답할 수 없는데, 하나님은 그리스도의 위격으로 그렇게 해주신다.

하나님과 하나님의 속성에 대해 우리가 지금 갖는 모든 지식은 "예수 그리스도 안에서, 그리고 예수 그리스도에 의해 갖고 있는 게 아닌 한, 우리에게 반드시 필요한 그 믿음과 순종의 삶으로 우리를 인도하거나 안내하기에 불충분하다."[15] 그리스도인으로서 우리는 "수건을 벗은 얼굴로" 그리스도의 영광을 보며, 그리하여 "그와 같은 형상으로 변화하여 영광에서 영광에" 이른다.고후 3:18 바울은 이 점을 계속해서 이렇게 설명한다.

우리는 우리를 전파하는 것이 아니라 오직 그리스도 예수의 주 되신 것과 또 예수를 위하여 우리가 너희의 종 된 것을 전파함이라. 어두운 데에 빛이 비치라 말씀하셨던 그 하나님께서 예수 그리스도의 얼굴에 있는 하나님의 영광을 아는 빛을 우리 마음에 비추셨느니라. _고후 4:5-6

하나님의 영광, 필연적으로 하나님의 거룩함을 포함하는 그 영광은 "예수 그리스도의 얼굴"에서 우리에게 계시된다.

적용

거룩함은 그리스도인에게 선택 사항이 아니다. "모든 사람과 더불어 화평함과 거룩함을 따르라. 이것이 없이는 아무도 주를 보지 못하리라."[히 12:14] 하나님의 거룩함은, 내재하는 죄와 함께 사는 자들인 우리로서는 전혀 닿을 수 없는 곳에 있다. 그리스도가 아니라면 하나님의 본질적 거룩함이 우리를 멸할 것이다. 왜냐하면 하나님은 "눈이 정결하시므로 악을 차마 보지 못하시"기 때문이다.[합 1:13] 그러나 그리스도 안에서 우리는 하나님의 거룩함을 사랑할 수 있고 찬미할 수 있다. 또한 그리스도의 모습에서 하나님의 거룩함의 살아 있는 형상을 사랑할 수 있다.

우리가 거룩해지고자 하는 동기, 그리고 거룩해질 수 있는 능력은 그리스도, 곧 하나님의 거룩한 자로 말미암은 우리의 큰 구원에서 나오니, 우리는 믿음으로 이분에게 연합했다. "성결의 영"이 우리 안에 그런 믿음을 이루고 이제 우리가 다가갈 수 있게 된 그리스도의 바로 그 거룩함으로 우리를 성화시킨다.[롬 1:4, 고전 1:30, 살후 2:13, 딛 3:5] 그 과정에서 자기 자신을 위해 우리를 구원하신 분을 점점 더 닮아감에 따라 우리는 "의와 진리의 거룩함으로" 그리스도의 형상을 입어 새롭게 될 것이다.^{엡 4:24} 실로 그리스도께서 우리를 위해 하신 일뿐만 아니라 그리스도가 어떤 분이신가 하는 것 때문에 그리스도를 사랑하게 됨에 따라 우리는 생각과 말과 행동에서 점점 더 그리스도를 닮아가기를 원하게 될 것이다. 하지만 그리스도의 복음과 유리된 거룩함은 율법주의적 형식주의만을 낳을 뿐이다. 그리스도 자체는 제쳐 놓고 그리스도인의 의무에 초점을 맞추려고 하는 교묘한 풍조를 경계해야 한다. 영혼을 파멸시키는 그런 짐을 우리는 질 수 없다.^{마 11:28}

더 나아가 우리가 그리스도께 속해 있다면, 그리스도와 함께 고난당할 것이다.^{빌 3:10, 살전 2:14-15} 그래서 우리는 거룩함을 추구할 때도 그리스도께서 겸손히 고난당하신 것을 본받으라고 한 바울의 말에 귀 기울이는 게 좋다. "너희 안에 이 마음을 품으라. 곧 그리스도 예수의 마음이니"(빌 2:5. 2:6-11도 보라). 우리가 그리스도 안에 있다면, 그리스도께서 행하신 대로 행해야 한다.^{요일 2:6} 실제로 로마서 15장은 그리스도를 본받는다는 말에 담긴 실제적 의미에 대해 놀라운 가르침을 준다. 복음에서 예수는 거룩함에 관한 최고의 모범과 본을 우리에게 보여 주신다. 거룩함을 추구할 때 우리는 그리스도의 마음을 갖는 것을 목표로 삼아야 한다.^{고전 2:16}

헤르만 바빙크는 우리의 거룩함과 관련해 중요한 점을 지적한다.

성화의 유익을 올바로 이해하려면, 그리스도가 우리의 의로움이라는 것과 똑같은 의미에서 그리스도가 우리의 거룩함이시라는 개념에서 앞으로 더 나가야 한다. 그분은 완전할 뿐만 아니라 모든 면에서 충분한 구주시다. 그분은 자기 일을 어중간하게 완수하시는 게 아니라 실제로 그리고 완전히 우리를 구원하신다. 그분은 우리의 양심 속에서 자기 일을 다 이행하셨다고 선언한 후에도 완전한 거룩함과 영광을 우리에게 전해 주시기까지 쉬지 않으신다.……[복음적 성화는] 의로움과 완전한 거룩함과 더불어 그리스도 안에서 하나님께서 우리에게 허락하시는 현실로 이루어지며, 단지 이를 전가만 하는 게 아니라 우리를 거듭나게 하시고 우리가 성자의 형상을 완전히 닮게 될 때까지 우리를 새롭게 하시는 성령의 역사로써 내적으로 우리에게 전해진다.[16]

달리 말해 거룩함에 관한 우리의 교리는 그리스도가 어떤 분이며 무슨 일을 하려고 실제로 오셨는가 하는 점과 유리되어서는 안 된다. 그리스도는 우리를 거룩하게 하기 위해 죽으려고 오셨다.[벧전 2:24]

칭의는 하나님의 의로움에 부응하고, 성화는 하나님의 거룩함에 부응한다. "그러므로 칭의와 성화는 똑같이 필수적이며, 성경에서 동일하게 강조되어 선언된다.……칭의와 성화는……동일한 유익을", 즉 "그리스도를 온전히 다 준다."[17]

거룩하신 분 하나님은 자신의 거룩함을 그리스도에게 전해 주시고, 이어서 그리스도는 자기 백성에게 자기 영을 주심으로써 이 백성 안에 자기 형상을 이루신다. 바로 이것이 그리스도인의 참 거룩함이다.

22 } 하나님은 신실하시다

여호와의 인자와 긍휼이 무궁하시므로 우리가 진멸되지 아니함이니이다. 이것들이 아침마다 새로우니 주의 성실하심이 크시도소이다. _애 3:22-23

교리

우리는 하나님의 성실하심(faithfulness는 개역개정 성경에서는 '성실하심'으로도 번역했고 '신실하심'으로도 번역했다. 이 책에서도 강조점에 따라 이 두 표현을 번갈아 사용했다—옮긴이)을 당연히 여기지 못한다. 특히 우리가 사는 세상이 불성실함으로 가득 차 있기 때문에 더욱 그렇다. 하나님은 신실하시다. "그런즉 너는 알라. 오직 네 하나님 여호와는 하나님이시요 신실하신 하나님이시라. 그를 사랑하고 그의 계명을 지키는 자에게는 천대까지 그의 언약을 이행하시며 인애를 베푸시되." 신 7:9

하나님은 모든 선한 것들, 이를테면 진리 같은 것으로 충만하시다. 참되며 살아 계신 하나님 렘 10:10 이란 말의 명시적 의미는 "하나님이 참되시다" 요 3:33. 참조 롬 3:4 는 표현과 똑같은 개념을 가리키지 않는다.

전자는 한분 하나님, 유일하신 하나님의 실존을 염두에 둔 표현인 데 비해 후자는 이 한 하나님이 진실하신 하나님, 즉 신실하신 하나님이라는 의미를 전달한다.

하나님이 신실하심은 하나님이 하시는 말씀이 참되기 때문이다. 하나님은 거짓말하실 수 없다. 우리는 하나님이 자기 말씀과 자기 본성에 늘 전념하시며 충실하시다고 믿을 수 있다. 하나님의 신실하심은 "거짓이 없으신 하나님이 영원 전부터 약속하신" "영생의 소망"의 근거를 제공한다.[딛 1:2] 이렇게 하나님의 신실하심은 우리 기독교 신앙의 초석 자체다. 그러므로 하나님의 백성은 이렇게 말한다. "주의 성실하심이 크시도소이다."[애 3:23]

우리를 향한 하나님의 성실하심은 자기 자신에 대한 하나님의 성실하심에서 비롯된다. 하나님께서 우리에게 무엇인가를 약속하실 때, 이는 하나님의 성품이 걸린 일이다. 우리에게 하신 약속을 깬다는 것은 하나님 자신을 부인하는 일이 될 것이다. "우리는 미쁨이 없을지라도 주는 항상 미쁘시니 자기를 부인하실 수 없으시리라."[딤후 2:13] 하나님의 백성은 심지어 신실치 못한 백성일지라도 언제나 하나님의 신실하심에 의지해 왔다. 특히 원수를 대적해야 할 때는 더욱 그러했다. 이사야는 이 점을 다음과 같이 감동적으로 표현한다.

> 만군의 여호와께서 맹세하여 이르시되
> 내가 생각한 것이
> 반드시 되며
> 내가 경영한 것을

> 반드시 이루리라.
> 만군의 여호와께서 경영하셨은즉
> 누가 능히 그것을 폐하며
> 그의 손을 펴셨은즉
> 누가 능히 그것을 돌이키랴. _사 14:24, 27

하나님의 신실하심 덕분에 하나님의 작정은 확실해진다. 사실 하나님의 모든 속성은 다 하나님의 신실함을 전제로 한다. 하나님은 언제나 여전히 불변하시고, 거룩하시고, 지혜로우시고, 선하시고, 영원하시고, 전능하시며, 그러므로 하나님은 자신의 말과 행위에서 신실하실 수밖에 없다. 하나님의 신실하심을 부인한다는 것은 곧 하나님을 부인하는 것이다.

하나님은 자기 백성과의 언약을 주도하시고 이 언약 관계를 통해 자신의 신실함을 우리에게 입증하신다. 하나님의 각 언약에는 약속이 포함되고, 때로는 위협도 등장한다. 그래서 하나님은 신명기 7:9-10에서 자신의 신실함에 대해 백성들과 맺은 "언약을 이행하시며" 백성들에게 "인애를" 보이시되 악한 자들에게는 보응하신다는 사실에 기초를 두고 말씀하신다. 그전에 하나님은 언약(즉, 행위 언약)의 맥락에서 아담에게 자신을 계시하셨다.

참된 신학은 모두 모종의 신적 언약에 기초를 둔다. 참된 신학은 하나님에 대한 우리의 이해를 수반하며, 그래서 필연적으로 관계 신학으로 그 신학 자체를 드러낸다. 그렇다고 해서 이 신학이 단순히 인지적이거나 추상적인, 혹은 이 신학이 계시하는 하나님과 절연된 신학이 되어서는 안 된다. 언약은 무한하신 하나님과 유한한 인간 사이의 큰 틈에 다리를 놓는다. 하지만 이 언약 관계는 성삼위 간에 영원 전에 시작되며, 이 사실은 하나님께서 언약으로 백성들을 대하실 때 이 관계에 신실하시리라는 근거를 제공한다.

영원한 구속 언약은 죄인을 구속하기 위한 성부·성자·성령 간 합의로 이해되어 왔다. 신인동형론적 표현을 쓰자면, 성자는 우리의 구속과 관련해 성부와 "협력을 약속하셨다"고 말할 수 있다.[시 89편] 성삼위 간의 이 언약은, 토머스 굿윈의 말을 빌리자면 "최고로 주권적이고 엄위하신 위격들 사이에서 벌어진 최대 사건으로, 하늘에서든 땅에서든 이런 일은 전무후무하다."[1]

성부는 성자를 보내셨고, 그렇게 하실 때 성자에게 영광과 상급을 약속하셨다. 그리스도께서 이루신 기념비적 역사를 고려할 때, 그런 만큼 그리스도께서는 하나님의 신실함에 의지하셔야 했다. 우리가 의지하는 것보다 더 많이 말이다. 실제로 수욕과 고난을 당하는 중에도 그리스도는 성부께서 창세전에 성자에게 하신 약속에 충실하시리라는 것을 알고 있었다.

이사야 49장에서 우리는 토머스 굿윈이 성부와 성자 사이의 "매우 기품 있는 대화"라고 칭한 곳을 보게 되는데, 여기서 성부께서는 유대인만이 아니라 이방인들까지 큰 상급으로 약속하신다.[사 49:6] 요한복음 17장은 신약성경에서 이사야 49장과 짝을 이룬다. 그리스도께서는 언약의 조건을 성부께서 만족할 만하게 충족시키셨기에, 자신에게 약속된 영광에 대해 요한복음 17:5에서 말씀하신다. "아버지여, 창세전에 내가 아버지와 함께 가졌던 영화로써 지금도 아버지와 함께 나를 영화롭게 하옵소서." 이런 영광에는 성부께서 택자에게 믿음·성화·영광을 주시는 것도 포함된다. 그리스도께 주어진 자들의 구원은 성부께서 성자에게 하신 약속에 성실하신지에 달려 있으며, 이 성실함은 성부께서 백성들에게도 동일하게 성실하시리라는 것을 보증한다.

그리스도께서는 이 사실을 잘 알고 계셨다. 그리스도께서 영생을 약속하실 수 있었음은 이 약속이 성부께서 직접 하신 약속임을 알고 있었기 때문이며, 성부가 바로 이 약속을 맨 처음 주신 분이었다.

> 나를 보내신 이의 뜻은 내게 주신 자 중에 내가 하나도 잃어버리지 아니하고 마지막 날에 다시 살리는 이것이니라. 내 아버지의 뜻은 아들을 보고 믿는 자마다 영생을 얻는 이것이니 마지막 날에 내가 이를 다시 살리리라 하시니라. _요 6:39-40

> 내가 그들에게 영생을 주노니 영원히 멸망하지 아니할 것이요 또 그들을 내 손에서 빼앗을 자가 없느니라. 그들을 주신 내 아버지는 만물보다 크시매 아무도 아버지 손에서 빼앗을 수 없느니라. 나와 아버지는 하나이니라 하신대. _요 10:28-30

이 구절에서 두 위격으로서의 성부와 성자 사이에는 한 가지 뜻과 목적밖에 없다. 그것은 바로 죄인을 구원하려는 것이다. 그런 하나 됨은 하나님으로서 두 위격의 본질뿐만 아니라 두 위격의 뜻과 생각에도 존재한다. 그리스도께서 구원에 관해 일련의 주장을 펼칠 수 있음은 그리스도와 성부가 동일한 바람을 갖고 있기 때문이다. 게다가 성부께서 성자에게 하신 약속에는 성자를 위한 복뿐만 아니라 택자를 위한 복도 포함된다.

그리스도의 신실함

성부의 대리자로서 그리스도는 하나님의 신실함을 보여 주는 살아 있는 초상이다. 그리스도를 일컬어 "충신과 진실"계 19:11이라고 하며, 이사야서에서 그리스도는 성실하게 정의를 시행하는 분으로 묘사된다.사 42:3 "공의로 그의 허리띠를 삼으며 성실로 그의 몸의 띠를 삼으리라."사 11:5

길이요 진리요 생명으로서요 14:6 그리스도는 성실하셔야 하며, 그래서 이 땅에서 쉼 없이 성부의 뜻에 순종함으로써 자신의 성실함을 나타내 보이셨다.눅 2:49, 요 5:30; 6:38; 8:29; 14:31, 히 3:2 또한 그리스도는 자신의 성실함을 충분히 인식하고 있었다. "아버지께서 내게 하라고 주신 일을 내가 이루어 아버지를 이 세상에서 영화롭게 하였사오니."요 17:4

하나님의 모든 말씀은 다 참될 뿐만 아니라,시 119:43; 89-90, 요 17:17 또한 하나님의 대변자로서 예수께서 그 진리를 선포하고 높인다. 예수께서는 두세 사람이 그의 이름으로 모인 곳에 임재하겠다고 약속하시며,마 18:20 제자들과 항상 함께하겠다고도 약속하신다.마 28:20 우리에 대한 예수의 신실함은 삶과 죽음이 걸린 문제다. 그의 삶, 죽음, 그리고 부활 생명 말이다. 이런 이유로 우리는 영생에 대한 예수의 약속과 관련해 예수를 의지할 수 있다. "내가 진실로 진실로 너희에게 이르노니 내 말을 듣고 또 나 보내신 이를 믿는 자는 영생을 얻었고 심판

에 이르지 아니하나니 사망에서 생명으로 옮겼느니라."^요 5:24

우리가 알기로 예수께서는 우리에게 신실하심에 틀림없다. 대제사장으로서 자격을 갖추려면 자비뿐만 아니라 신실함도 보이셔야 하기 때문이다. "그러므로 그가 범사에 형제들과 같이 되심이 마땅하도다. 이는 하나님의 일에 자비하고 신실한 대제사장이 되어 백성의 죄를 속량하려 하심이라."^히 2:17 존 오웬의 말에 따르면, 그런 신실함은 우리의 모든 영적 관심사를, 특히 시험이나 고난 문제를 "정확히, 부단히, 세심히 헤아리시는" 데서 볼 수 있다.[3] 신실하신 대제사장으로서 그리스도께서는 우리가 은혜 상태를 유지하는 일에 대해 여전히 우리보다 더 관심을 갖고 계시다. 우리의 신실함이 아니라 그리스도의 신실함이 천국에서 그분과 함께 받을 우리의 기업을 보장한다.

적용

우리 자신도 신실하라는 부름을 받는다. 우리의 믿음은 하나님의 신실하심에 화답한다. "믿음으로 사라 자신도 나이가 많아 단산하였으나 잉태할 수 있는 힘을 얻었으니 이는 약속하신 이를 미쁘신 줄 알았음이라."^히 11:11 성령을 소유한 자들로서 우리는 신실함을 성령의 열매로 나타내 보여야 한다.^갈 5:22

하나님께서는 우리의 신실함을 뭔가 아주 중요한 것으로 여기신다. 실제로 서머나 교회를 향해 그리스도께서는 이렇게 말씀하셨다. "너는 장차 받을 고난을 두려워하지 말라. 볼지어다. 마귀가 장차 너희 가운데에서 몇 사람을 옥에 던져 시험을 받게 하리니 너희가 십일 동안 환난을 받으리라. 네가 죽도록 충성하라. 그리하면 내가 생명

의 관을 네게 주리라."^계 2:10

예수께서 친히 마귀와 죽음을 정복하시고^히 2:14 그리하여 자신의 신실함을 증명하셨으므로, 그리스도인들도 시련과 박해 한가운데서 신실할 수 있다. 그런 신실함은 그리스도를 통해 자신의 신실함을 보여 주신 하나님과 별개로는 전적으로 불가능할 것이다. 그러므로 복음의 장엄한 진리에 비추어 우리는 신실할 수 있으며 신실해야 한다. 온갖 종류의 환경을 견뎌 내는 신실함이야말로 여전히 영광에 이르는 길이다. 사도 요한은 어려운 환경을 견뎌 낸 그런 사람으로 우리 앞에 서 있다.^계 1:9

하나님과 그리스도께서 우리에게 보이신 신실함에 비추어 우리 역시 하나님과 그리스도께 신실하면, 이것이 우리가 이생에서 타인에게 신실할 수 있는 토대가 된다. 수직 방향의 신실함은 수평 방향의 신실함으로 이어진다.

부부 사이는 사랑으로 이루어지는 경우는 많지만 성실한 사랑으로 이루어지는 경우는 거의 없다. 그리스도인의 사랑이 신실함은, 성령의 열매는 우리가 소유하고 싶은 은사를 고르고 선택하는 것을 허용하지 않기 때문이다. 우리는 그리스도인으로 살면서 그 열매를 다 맺든지 전혀 맺지 못하든지 둘 중 하나다.

교인들에게 무엇을 바라느냐고 성실한 목회자들에게 묻는다면, 성실함을 바란다고 그들은 주저 없이 대답할 것이다. 우리가 사람들에게 요구하는 것은 다윗의 권세와 경건도 아니고 솔로몬의 지혜와 부도 아니며 바울의 은사와 성화도 아니다. 우리는 그저 사람들이 왕이신 분을 성실하게 섬기기를 원할 뿐이다. 똑똑하라는 것도 아니고 부자가 되라는 것도 아니고 권세를 가지라는 것도 아니고 그저 신실하라는 것이다.

지금까지 보았다시피 하나님은 거룩하시고 자비로우시며, 자기 자녀들도 그와 같기를 바라신다. 마찬가지로 하나님은 신실하시며, 자기 자녀들도 성령의 능력으로 성부와 성자의 신실함을 닮기를 바라신다.

23 } 하나님은 은혜로우시다

여호와는 긍휼이 많으시고 은혜로우시며
노하기를 더디 하시고 인자하심이 풍부하시도다.
자주 경책하지 아니하시며
노를 영원히 품지 아니하시리로다.
우리의 죄를 따라 우리를 처벌하지는 아니하시며
우리의 죄악을 따라 우리에게 그대로 갚지는 아니하셨으니
이는 하늘이 땅에서 높음같이
그를 경외하는 자에게 그의 인자하심이 크심이로다.
동이 서에서 먼 것같이
우리의 죄과를 우리에게서 멀리 옮기셨으며
아버지가 자식을 긍휼히 여김같이
여호와께서는 자기를 경외하는 자를 긍휼히 여기시나니
이는 그가 우리의 체질을 아시며
우리가 단지 먼지뿐임을 기억하심이로다. _시 103:8-14

교리

성경은 하나님을 은혜로우신 분으로 분명히 밝히고 있다.

> 그러나 주여, 주는 긍휼히 여기시며 은혜를 베푸시며 노하기를 더디 하시며 인자와 진실이 풍성하신 하나님이시오니. _시 86:15

> 여호와는 은혜로우시며 긍휼이 많으시며 노하기를 더디 하시며 인자하심이 크시도다. 여호와께서는 모든 것을 선대하시며 그 지으신 모든 것에 긍휼을 베푸시는도다. _시 145:8-9

일반적으로 말해서 하나님의 은혜란, 하나님께서 자신의 은총을 받을 자격이 없는 피조물에게 값없이 은총을 보여 주시는 성향을 가리킨다. 하나님께서 성경에서 표현하신 대로 은혜를 생각해 본다면, 일반 은혜와 특별 은혜에 대해 말할 수 있다. 에드워드 리는 이렇게 구별되지만 서로 겹치기도 하는 하나님 은혜의 표현을 다음과 같이 논한다.

1. 일반적으로 하나님께서 모든 피조물을 향해 호의와 관대함을 보이사, 자연과 몸과 정신과 재물에 속한 모든 좋은 것들을 풍성히 부어 주시고, 그래서 마르지 않는 하나님의 축복과 선함의 샘물을 맛보지 않은 피조물이 없다.마 5:44-45, 시 36:5-6
2. 특별히 교회를 향해 보여 주시는 은혜로는 죄 때문에 타락했다가 그리스도 안에서 구속받은 일부 인간에게 영생을 허락하신다.딛 2:11; 3:4 1

이 패턴을 염두에 두면, 피조물을 향한 하나님의 은혜를 인간의 타락 후 하나님의 대응으로서뿐만 아니라 피조물과 관계를 맺으시는 기본 방식으로도 이해하게 될 것이다. 하나님은 자기 피조물에게 은혜를 주신다. 하나님은 은혜로우시기 때문에, 자기 형상으로 빚어진 자기 피조물과 관계를 맺으실 때 은혜를 통해 맺으신다. 이는 하나님의 은혜에 여러 측면이 있음을 부인하는 말이 아니라, 하나님이 어느 정도는 은혜롭지 않으시다고 누구도 말할 수 없다는 뜻이다.

아담은 동산에서 무슨 은혜든 '은혜'를 받았는가? 하나님은 아담이 죄로 떨어지기 전에도 그에게 은혜로우셨는가? 그렇다. 하나님은 인간을 대할 때 필연적으로 은혜로우셔야 했다. 하나님은 은혜로우시며, 우리를 대하는 태도는 물론 우리와의 관계를 통해 그런 은혜를 표현하신다.

역사적으로 (이단인) 소치니파 Socinians 는 아담의 타고난 무죄에 대해 말하는 한편, 아담에게 어떤 주입된 은혜나 거룩한 성향이 있다는 것은 부인했다. 그러므로 하나님께서 어떤 면에서든 아담과 은혜의 관계를 맺지 않았다는 게 이들의 생각이었다. 반대쪽 극단으로는 로마 가톨릭이 있었는데, 아담의 모든 거룩함은 초자연적인 것(즉, 부가된 은사)이라는 게 이들의 전형적 입장이었으며, 이는 사실상 은혜를 훼손시키는 입장이었다. 중도 노선을 지키려는 대다수 개혁파 신학자들은 하나님의 형상이 아담에게는 당연한 것이었지만, 그렇다고 해서 하나님이 에덴동산에서 아담에게 부가적 은사를 전혀 주시지 않았다는 뜻은 아니라고 주장했다.

동산에서 아담과 하와는 한결같이 거룩하지 않았다. 이들은 유혹에도 취약했고 죄에도 취약했다. 의존적 피조물인 아담은 에덴에서조차 자기 능력을 신뢰하는 게 허용되지 않았다. 그랬다가는 하나님께 반역하는 게 될 터였다. 그러므로 존 오웬은 동산에서 아담의 진짜 잘못은 성령께서 자신을 지탱시켜 주실 것을 신뢰하지 못한 것이라고 지적한다.²

토머스 굿윈 또한 비슷한 주장을 한다. 성령은 "아담이 받은 은사들을 지원하고, 이 은사가 흘러넘치게 하며, 아담을 감동시켜 자신에게 주어진 생명의 원리에 따라 살 수 있게 하려고 아담의 마음속에 계셨다."³ 그런데 그리스도인에게는 "그리스도 덕분에, 그의 이름으로, 그가 값 주고 사신 성령이 계시는데, 이는 그리스도께서 교회의 머리로서 맨 먼저 성령을 받았고 값 주고 사셨기 때문이다."⁴ 성령이 아담에게 주어진 것은 아담이 힘써 얻은 것이라기보다 하나님의 값없는 은사(은혜)의 결과였다.

학식 높은 청교도 프랜시스 로버츠는 언약 신학을 주제로 영어로 집필된 저작 중 가장 방대한 책을 남긴 사람인데, 그는 성경에서 은혜가 "다면적 어의語義를 지닌다"고 주장한다.⁵ 일차적으로 은혜는 하나님께서 피조물에게 보이는 값없는 은총과 이들에게 주시는 축복을 가리킨다. 행위 언약에서 아담은 선의^{benevolence}의 은혜를 받았다. 그리고 은혜 언약에서는 자비의 은혜를 받았다.

은혜 언약에서 우리는 '차고 넘치는' 은혜를 받는데, 이는 이 은혜가 그리스도의 죽음과 부활을 통해 오기 때문이다. 하나님께서는 우리가 받아 마땅한 것과는 정반대의 것을 주신다. 에베소서 2장에서 바울은 하나님이 "긍휼이 풍성하신" 것에 대해 말한다.⁴절 그래서 우리를 향한 "큰 사랑" 때문에 하나님은 영적으로 죽은 사람들을 그리스도 안에서 살리시며[5절] "이는 그리스도 예수 안에서 우리에게 자비하심으로써 그 은혜의 지극히 풍성함을……나타내"시기 위해서다.[7절] 이렇게 우리는 "은혜에 의하여" 구원받았다. 우리 자신의 행위에 의해서가 아니라 "하나님의 선물"로 구원받은 것이다.[8절] 이 구원이 만약 우리 행위에서 나왔다면 자랑해도 될 테지만,[9절] 우리의 선한 행위조차도 하나님께서 "전에 예비하사 우리로 그 가운데서 행하게" 하신 것이다.[10절] 따라서 이것이 바로 그리스도 안에 있는 하나님의 은혜라는 말의 의미다.

그리스도에 대한 하나님의 은혜[6]

하나님이 은혜로우시므로 우리는 하나님이 그리스도에게도 은혜로우시기를 기대해야 할까? 만약 그렇다면, 우리는 하나님의 은혜가 벌 대신 보이신 선함만은 아니라고 주장할 수 있다. 사실 성부께서는 자기 아들, 자기 종에게 성령을 주사 아들에게 정해 주신 일을 이행할 수 있게 하심으로써 그를 옹호하셨다.[사 42:1] 능력 있게 하시는 성령이라는 은혜로운 선물은 영원한 구속 언약이라는 조건에서 흘러나온다.

누가복음에서 우리는 그리스도에 대해 이런 말씀을 본다. "아기가 자라며 강하여지고 지혜가 충만하며 하나님의 은혜[헬라어로 **카리스**]가 그의 위에 있더라.……예수는 지혜와 키가 자라 가며 하나님과 사람에게 더욱 사랑스러워[헬라어로 **카리티**] 가시더라."[눅 2:40, 52]

누가는 예수에 대해 말하기를 **카리티**(헬라어 카리스에서 파생됨)가 자라 갔다고 한다. 이 단어는 여러 영역본 성경이 말하는 것처럼 '총애'^favor^ (개역개정 성경에서는 이 단어를 "사랑"으로 번역했다—옮긴이)를 뜻하는가? 아니면 우리는 이 헬라어 단어를 '은혜'로 해석해야 할까? 수많은 역본들이 누가복음 2:40의 **카리스**를 '은혜'로 번역한다(예를 들어 NASB, NIV, KJV). 신적 은혜는 단순히 구속사에서 하나님이 택자들에게 보이신 선함이나 범죄한 자들에게만 주어지는 무언가가 아님을 이해하기만 한다면, 어떤 번역어를 쓰느냐에 대해 너무 까다로울 필요가 없다.

신적 은혜는 하나님의 본질의 완전함이고, 그래서 하나님께서 심지어 죄와 별개로 유한한 피조물과 관계를 맺는 방식을 보여 주는 하나의 특징이다. 에덴동산에서 하나님의 은혜가 아담에게 임했다. 광야에서 두 번째 아담인 하나님의 아들에게 은혜가 쏟아 부어졌다. 하나님은 예수에게 '은혜로우실' 수 있었지만, 예수를 죄인으로 여겨 은혜를 베푸신 게 아니라 단지 하나님이 은혜를 주시는 하나님이기 때문이었다. 그리고 하나님이 자기 피조물에게 은혜를 보이신다면 사랑하는 자기 아들에게는 얼마나 더 큰 은혜를 보이시겠는가? 하나님은 당신께서 좋아하시는 아들에게 은총을 보이셨다. 그리스도의 인성은 은혜로써 성화되고 충만해졌다.^갈 5:22^

존 오웬의 말에 따르면 "영혼과 마음과 뜻과 성정의 타고난 능력이 정결하고 무구하고 깨끗하게 창조된다고 해보자. 마치 하나님께서 이와 달리는 창조하실 수 없는 것처럼. 그래도 이성을 지닌 어떤 피조물이 하나님을 위해 살 수 있게 하기에는 충분치 않다. 예수 그리스도 안에 있는 모든 것은 더더욱 그러했다"고 한다.[7] 마찬가지로 바빙크도 이렇게 주장한다. "인간이 성령으로써가 아니면 대체적으로 하나님과 교통할 수 없다면, 그리스도의 인성에는 이 사실이 훨씬 더 강력하게 적용된다."[8]

누가복음 2:40, 52과 전혀 별개로, 빌립보서 2:9의 예도 있다. 여기서 바울은 **에카리사토**라는 헬라어를 쓴다. 똑같은 헬라어가 빌립보서 1:29에도 등장하는데, 여기서 신자들에게는 그리스도를 믿으며 그리스도를 위해 고난당하는 특권이 "값없이/은혜롭게 주어진다." 그리스도에게 주시는 은혜로운 선물에서 하나님의 인자하심과 선하심이 드러난다. 그리스도에게는 이런 선물을 받기에 합당치 못한 점이 전혀 없다. 그런데 이렇게 되면 하나님이 그리스도에게 자비를 보일 의무라도 있는 것처럼 보인다. 그러나 이것이 하나님께서 자신의 사랑하는 아들에게 은사를 주심으로써 그 아들을 은혜롭게 대하시는 것을 막지는 못한다.

적용

그리스도인이라면 누구나 사도 바울처럼 "내가 나 된 것은 하나님의 은혜로 된 것이니"[고전 15:10]라고 고백할 수 있으며 그렇게 고백해야 한다. 이 유명한 구절은 하나님의 은혜가 단지 우리 마음대로 처신할 수 있게 해주는 '면책특혜' 카드는 아니라는 점을 보여 준다.

비극적인 사실은 오늘날 하나님의 은혜에 대해 이렇게 생각하는 이들이 많다는 것이다. 바울이 계속해서 이렇게 말하는 것을 주목하라. "내게 주신 그의 은혜가 헛되지 아니하여 내가 모든 사도보다 더 많이 수고하였으나 내가 한 것이 아니요 오직 나와 함께하신 하나님의 은혜로라."[고전 15:10] 바울은 오직 하나님의 은혜로써 자신이 다른 이들보다 더 많이 수고했다고 단언한다. 은혜가 일한다.

하나님께서는 자기 자녀들에게 여러 가지 은사를 주신다. 그 은사는 다 은혜에 속한 것들이다. 직함과 특권이라는 은사도 있고, 하나님 나라의 일을 위해 부지런히 애쓸 수 있게 해주는 은사도 있다. 그러나 우리가 무엇을 이루든 그것은 다 하나님의 은혜로써 한 일이다. 찰스 스펄전이 이 점을 적절히 가리키고 있다.

> 우리가 영광의 문지방을 넘어, 진주 문을 지나 하늘 도성의 황금 길에 들어설 때, 마지막 발걸음은 하나님의 은혜를 통해 떼어 놓게 될 것이다. 넝마를 걸친 비참한 행색으로 우리의 크신 아버지에게로 돌아섰을 때, 우리의 첫 발걸음이 그러했던 것처럼 말이다. 단 한 순간이라도 하나님의 은혜가 우리를 떠나면 우리는 멸망할 것이다. 육신의 생명을 위해 우리가 호흡하는 공기에 의지하듯 영적 생명을 위해 우리는 은혜에 크게 의지한다.[9]

하나님의 은혜 때문에 그리스도인의 삶에는 교만의 여지가 절대 존재하지 않는다. 없다. 어떤 종류가 됐든 교만은 있을 수 없다. 고린도 교회 교인들에게 바울은 말한다. "누가 너를 남달리 구별하였느냐. 네게 있는 것 중에 받지 아니한 것이 무엇이냐. 네가 받았은즉 어찌하여 받지 아니한 것같이 자랑하느냐." 고전 4:7

성경은 지치지도 않고 우리에게 주의를 주는 것 같다. 하나님의 은혜가 우리에게 감사와 찬양과 겸손을 불러일으켜야 한다고. 그래서 바울은 로마 교회 교인들에게 설명한다. "내게 주신 은혜로 말미암아 너희 각 사람에게 말하노니 마땅히 생각할 그 이상의 생각을 품지 말고 오직 하나님께서 각 사람에게 나누어 주신 믿음의 분량대로 지혜롭게 생각하라."롬 12:3 세례 요한도 비슷한 말을 한다. "만일 하늘에서 주신 바 아니면 사람이 아무것도 받을 수 없느니라."요 3:27

우리에게 보인 은혜는 우리가 하나님 앞에서는 물론(하나님에게서 온갖 좋은 은사가 온다. 약 1:17) 사람 앞에서도 겸손히 행하게 인도한다. 하나님께서 어떤 은사가 나보다는 다른 사람에게 더 적합하다 여기시고 그 사람에게 주셨을 때, 그를 시기하기보다는 하나님께서 여하튼 뭐라도 주셨다는 사실에 감사해야 한다. 내 은사는 내 안에 교만을 유발시키는 게 아니라 하나님 앞에 겸손하게 만들어야 한다. 오직 하나님만이 나를 남다르게 만드시니 말이다.

하나님의 은혜와 별개로는 우리의 모든 최선의 노력도 거룩하신 하나님 앞에 더러운 옷 같다.사 64:6 하나님이 우리 안에서 당신을 기쁘시게 할 만한 것을 찾아내고 창조하심은 하나님이 은혜로우시기 때문이다. 하나님께서 사랑하는 자기 아들, 모든 면에서 우리와 같으나 죄는 없으신 그분에게도 은혜를 보이셨다면, 하물며 우리에게는 얼마나 더 많은 은혜가 필요하겠는가? 그런 은혜는 공기가 우리를 물리적으로 지탱시키는 것과 똑같은 방식으로 우리를 영적으로 지탱시켜 준다.

24 } 하나님은 공의로우시다

사람의 행위를 따라 갚으사
각각 그의 행위대로 받게 하시나니
진실로 하나님은 악을 행하지 아니하시며
전능자는 공의를 굽히지 아니하시느니라. _욥 34:11-12

교리

하나님은 공의로우시다. 하나님은 본질적으로, 그리고 비길 데 없이 의로우신 분이다. 바로가 비록 의뭉스러운 사람이기는 했지만 그래도 우리는 바로처럼 말할 수 있다(심지어 집단적으로). "이번은 내가 범죄하였노라. 여호와는 의로우시고 나와 나의 백성은 악하도다."^출 ^{9:27} 하나님의 백성은 하나님의 공의도 하나님의 사랑만큼 좋아한다고 고백하기를 좋아해야 한다. 하나님의 사랑이 하나님의 공의이고, 하나님의 공의가 하나님의 사랑이기 때문이다.

그는 반석이시니 그가 하신 일이 완전하고

그의 모든 길이 정의롭고

진실하고 거짓이 없으신 하나님이시니

공의로우시고 바르시도다. _신 32:4

소돔 성에 하나님의 심판이 임박했을 때, 아브라함도 이 진리를 염두에 두고 소돔 성을 위해 중재했다. "주께서 이같이 하사 의인을 악인과 함께 죽이심은 부당하오며 의인과 악인을 같이하심도 부당하니이다. 세상을 심판하시는 이가 정의를 행하실 것이 아니니이까."창 18:25

에드워드 리의 말에 따르면, 하나님의 공의를 이해하고 입증할 때 도움이 되는 다섯 가지 범주가 있다.

1. 긍정적 범주: 하나님을 공의로운 분, 보응하는 자, 거룩하신 분, 의로우신 분으로 부르며, 하나님의 공의를 높이 찬미한다.출 9:27, 시 11:7, 렘 12:1

2. 소극적 범주: 하나님은 불공평과 불의가 없으시고, 사람을 외모로 보지 않으시며, 뇌물을 받지 않으시고, 부정 injustice의 원인과 결과가 아니시라고 말한다.신 32:4; 10:17, 단 9:14, 욥 8:3

3. 정서적 범주: 하나님을 열심·진노·맹렬함이 있는 분으로 말하되,출 20:5; 32:10, 민 11:10 하나님에게 있는 그런 격한 감정은 우리 안에 있는 그런 감정과 같지 않고, 다만 불변하는 공의의 행위일 뿐이다.

4. 상징적 범주: 하나님을 소멸하는 불신 4:24이라 부르고, 하나님을 성난 사자, 무장한 전사에 비유한다.사 38:13; [42:13]

5. 실제적 범주: 하나님은 모든 사람에게 그의 행위에 따라 갚으신다고 말한다.삼상 26:23 1

하나님은 거룩하시기 때문에 틀림없이 공의로우시기도 하다. 거룩함은 죄와는 완전히 반대되는 지점에 있고, 공의는 그런 대립을 나타내 보인다. 우리는 이를 일컬어 하나님의 보응적 공의 retributive justice 라고 한다. 살아가면서 악을 많이 본 사람들은 하나님의 공의를 대단히 소중하게 여기는데, 이는 하나님께서 악인에게 의롭게 보응하시리라는 것을 알기 때문이다.

> 하나님은 의로우신 재판장이심이여.
> 매일 분노하시는 하나님이시로다.
> 사람이 회개하지 아니하면 그가 그의 칼을 가심이여.
> 그의 활을 이미 당기어 예비하셨도다.
> 죽일 도구를 또한 예비하심이여.
> 그가 만든 화살은 불화살들이로다. _시 7:11-13

하나님은 이를 염두에 두고 사람들 안에 있는 거룩함을 사랑하시며 보상이 있는 공의를 시행하신다. 이 점은 성경에 아주 뚜렷이 밝혀져 있다. 이런 형태의 공의는 사람들의 의로운 행위에 대해 상급을 베푼다. 그래서 하나님의 공의는 공적인 관점에서 이해해야지, 사적인 관점에서 이해해서는 안 된다. 이렇게 성경은 하나님의 공의를 흔히 인간의 행위와 관련해서 말한다. 한 예로 사울의 목숨을 살려 준 뒤, 다윗은 이렇게 선언한다. "여호와께서 사람에게 그의 공의와 신실을 따라 갚으시리니 이는 여호와께서 오늘 왕을 내 손에 넘기셨으되 나는 손을 들어 여호와의 기름부음을 받은 자 치기를 원하지 아니하였음

이니이다."삼상 26:23

보상하고 보응하시는 하나님의 공의는 창조 기사를 바탕으로 명쾌하게 이해할 수 있다. 에덴동산에서 하나님이 아담과 맺은 관계는 언약적 관계였는데, 아담과 더불어 언약을 맺으셨을 때 하나님은 자신의 공의에 따라, 인간이 하나님과 교통할 수 있으며 언약의 의무를 이행할 수 있게 성의를 다하셨다. 하나님의 의의 요구에 따라 하나님은 만물을 선하게 창조하시고서 아담에게 하나님의 선함을 향유할 수 있는 능력을 부여하셨다.

하나님은 의롭고 거룩하고 선한 창조주이시기에, 피조물을 위해서 창조주-피조물 관계에 합당한 일을 해주신다. 하나님은 창조주라는 자신의 위치가 요구하는 것 그 이상을 행하실 아무런 의무가 없었다. 하나님은 아담과 하와가 행복하게 사는 데 필요한 것을 모두 주셨고, 그래서 이들은 언약의 의무를 이행하지 못해도 절대 하나님이 불공정했다고 비난할 수 있는 처지가 아니었다. 아담과 하와가 계속 순종하는 한, 하나님은 이들에게 계속 은총을 보이겠다는 언약을 의롭게 이행하셔야 했다.

하나님이 비록 자신의 의로움 때문에 피조물들을 대상으로 일정한 언약적 '당위'에 스스로 매이기는 하지만, 피조물들을 무죄한 상태로 보존해야 할 의무가 있는 것은 아니다. 아담은 실패했지만 하나님은 아니다. 하나님은 선하심 가운데에도 여전히 공의로우시다. 하지만 하나님께서 공의로 피조물들을 대하시는 방식이 꼭 하나님이 이들을 친절히 대하시지 않는다는 의미는 아니다. 아담과 하와의 경우에서 입증되다시피 말이다.

그리스도의 죽음의 필요성

하나님은 공의로우시기에, 하나님께서 정하시는 모든 일도 다 공의롭다. 하나님은 은혜로써 피조물에게 과분하게 주실 수는 있어도 피조물이 마땅히 받아야 할 것보다 절대 덜 주시지는 않는다. 공의로운 하나님께서 어떻게 죄인인 우리에게 과분한 은혜를 베푸실 수 있는지 의문이 생길 수도 있고, 당연히 의문이 생겨야 한다. 간단히 답하자면, 그리스도께서 십자가에서 이루신 속죄는 하나님이 공의롭기도 하시고 자비롭기도 하신 분임을 보여 준다.

수 세기에 걸쳐 신학자들은 하나님께서 그리스도의 속죄와 별개로 단지 자기 뜻의 행위로써 죄를 용서해 주실 수도 있었을까 하는 까다로운 문제와 씨름해 왔다. 그리스도의 죽음은 죄인 구원에 절대적으로 필요했을까?

17세기에 존 오웬은 그리스도의 죽음이 하나님께서 죄인을 구원하는 일에 반드시 필요했다는 입장을 훌륭하게 개진했다. 하지만 윌리엄 트위스 William Twisse 와 토머스 굿윈, 새뮤얼 러더포드 같은 몇몇 동시대 신학자들은(이들은 모두 웨스트민스터 회의 총대들이다) 생각이 달랐다. 이들은 하나님께서 자기 뜻의 자유로운 행위로써 그리스도의 죽음과 별개로 죄를 사해 주실 수 있다고 주장했다. 양측의 주장 모두 복잡하고 그래서 이 책에서 다룰 수 있는 범위를 넘어서지만, 짤막하게 검토해 보면 여기 어떤 문제가 걸려 있는지 이해하는 데 도움이 될 것이다.

세상을 창조한 것은 하나님의 자유로운 결정이었지 꼭 필요한 일은 아니었다고 우리는 말할 수 있다. 하지만 세상을 창조하실 때 하하나님은 자신의 속성과 유리된 방식으로 세상을 창조하실 수는 없었다. 즉, 하나님께서 전능하게 세상을 창조하심은 하나님이 전능한 하나님이시기 때문이다.

마찬가지로 하나님은 본질적으로 공의로우시기 때문에 죄를 한결같이 미워하시는 분으로서 죄를 징벌하셔야 한다. 자신의 영광을 영원히 보존하고 자신에게(그리고 인간에게) 공의를 시행하기 위해 하나님은 필연적으로 죄에 심판을 내리셔야 한다. 절대 지배권을 지닌 거룩하신 하나님으로서 하나님은 자신의 거룩한 본질을 증오하는 것을 용납하실 수 없다. 그것을 벌하셔야만 한다. 하나님은 자신의 본질을 사랑하시며, 이는 하나님이 공의와 공의를 시행하기를 사랑하신다는 말이다.

그 결과, 죄인을 사하기 위해 하나님께서는 속죄를 요구하신다. 안셀무스는 자신의 유명한 저작 『쿠르 데우스 호모?』$^{Cur\ Deus\ Homo,\ 하나님}$ $^{은\ 왜\ 인간이\ 되셨는가?}$에서 하나님의 공의와 영광에 근거해 이 질문에 답변한다. 하나님께서 인간이 되심은 인간이 하나님께 빚을, 그것도 너무 커서 오직 하나님만이 갚아 주실 수 있는 빚을 졌기 때문이다. 그래서 신인, 예수 그리스도가 오셨다.

수 세기 후의 신학자들은 안셀무스의 접근을 약간 수정해서, 그리스도의 죽음은 하나님의 본질적 공의를 입증한다고 주장했다. 프란키스쿠스 투레티누스는 이렇게 주장한다.

> 하나님의 공의를 손상시키지 않고도 죄를 벌하거나 벌하지 않는 것이 하나님에게는 자유롭고도 대수롭지 않은 일이었다면, 그래서 다른 이유

없이 단순한 뜻만으로 아들을 세상에 보내사 우리를 위해 죽게 하셨다면, 하나님께서 자신이 가장 사랑하는 거룩한 아들을 거리낌 없이 가장 잔혹하고 저주받은 죽음에 처하게 하신 것을 설명할 어떤 정당한 근거를 댈 수 있다는 것인가?[2]

투레티누스가 생각하기에, 하나님의 공의가 죄인을 위한 속죄를 요구하지 않는 한, 지혜롭고 선하신 하나님께서 "쓸데없이", 그리고 "가장 고결한 필요성 없이" 자기 아들이 십자가에서 죽는 것을 허용하셨다는 것은 도저히 받아들일 수 없는 일이었다.[3] 그래서 로마서에서는 죄인을 구원하는 일에서 하나님의 의※에 당연히 강한 강조점을 두고 있다.

> 이제는 율법 외에 하나님의 한 의가 나타났으니 율법과 선지자들에게 증거를 받은 것이라. 곧 예수 그리스도를 믿음으로 말미암아 모든 믿는 자에게 미치는 하나님의 의니 차별이 없느니라. 모든 사람이 죄를 범하였으매 하나님의 영광에 이르지 못하더니 그리스도 예수 안에 있는 속량으로 말미암아 하나님의 은혜로 값없이 의롭다 하심을 얻은 자 되었느니라. 이 예수를 하나님이 그의 피로써 믿음으로 말미암는 화목제물로 세우셨으니 이는 하나님께서 길이 참으시는 중에 전에 지은 죄를 간과하심으로 자기의 의로우심을 나타내려 하심이니. _롬 3:21-26

하나님은 공의로우실 뿐만 아니라 악인을 의롭다 여기시는 분이기도 하다. 하나님은 공의롭고 자비로우시다. 그런 하나님이시기에 우리를 구원하는 방식에서도 하나님은 우리에게 그런 모습으로 보이신다.

이에 미치지 못하는 하나님은 아무 일도 하지 못한다.

패트릭 길레스피는 그리스도를 통해 하나님의 "영광스러운 속성과 본성이 사람 눈에 똑똑히 보이게 되었고, 거기서 선포되는 영광은 창조와 섭리의 모든 일에 의한 영광보다 더 장엄한 광채를 지녔다"고 말한다.[4] 길레스피의 주장은 이 책 전체를 관통하는 지배적 주제다. 그 무엇도 인간이 되신 하나님의 아들만큼 하나님의 속성을 위대하게 보여 주지 못한다는 것이다.

적용

하나님의 공의는 하나님의 백성에게 큰 위로의 원천임에 틀림없다. 우리가 하나님이 아니기 때문에 이생에는 우리가 이해하지 못하는 일들이 많다. 하지만 이해하지 못할 일이 많을 때, 하나님의 공의가 우리를 안심시킨다.

예를 들어 하나님께서는 자기 백성들에게 자주 고난을 안기신다. "너희가 이같이 될지라도 내게 청종하지 아니하고 내게 대항할진대 내가 진노로 너희에게 대항하되 너희의 죄로 말미암아 칠 배나 더 징벌하리니."레 26:27-28 토머스 왓슨은 아우구스티누스의 말을 인용해 이렇게 말한다. "하나님의 심판 방식이 때로 비밀일 때는 있지만 절대 부당하지는 않다."[5] 왓슨은 또 이렇게 덧붙인다. "경건한 자가 당하는 시련과 고난은 이들을 정련하여 정결케 하려는 것이다."[6] 하나님은 절대 불의하게 우리를 괴롭히시지 않는다.

하지만 기독교 신앙의 영광은, 우리가 괴로움을 당하고 있을 때 하나님의 공의와 동시에 하나님의 자비·지혜·은혜·선하심 같은 다른 속성들을 계속 확언할 수 있다는 사실에서 볼 수 있다. 하나님께서는 우리를 대하실 때 언제나 자기의 전 존재와 일치하는 방식으로 대하신다.

하나님은 고난을 감경減輕시켜 주신다—자비!

하나님은 우리가 겪는 고난을 이용해 우리로 자신의 아들을 닮게 하신다—지혜!

하나님은 우리가 고난 중에 있을 때 우리를 부추겨 죄짓게 하지 않으신다—거룩하심!

하나님은 우리에게 고난을 주사 지옥에 가지 않게 하신다—선하심!

하나님은 그리스도를 통해 우리 죄를 사해 주시는 현저히 공의로운 분이시기 때문에 우리에게 예외적으로 자비롭고, 지혜롭고, 거룩하고, 선하시기도 하다. 우리가 받는 복은 우리가 아니라 그리스도께서 우리를 위해 값 주고 사신 복이다. 우리는 공의로우신 우리 하나님의 손에서 값없이 상급을 받는 빈털터리들일 뿐이다. 하나님 덕분에 우리가 선물을 받는다.

그러나 회개치 않는 자에 대해 말하자면, 그리스도가 아니라면 이들에게는 공의만 있을 뿐이다. 이 또한 우리 믿는 자들에게는 위로의 원천이다. 이생에서 악이 징벌받지 않는 광경을 보더라도 우리는 하나님이 불의하시지 않다는 사실에서 위로를 받을 수 있다. 하나님은 각 사람을 자기 행위에 따라 보응하실 것이다. 시편 기자는 악인의 종말을 "깨달았"을 때, 자신이 목격한 모든 악을 납득했다. 그는 하나님이 자신의 "분깃"이심을 기뻐할 수 있었고, 그 하나님께 "가까이" 있는 게 얼마나 좋은지를 알고 자랑스러워할 수 있었다.^{시 73:17, 26-28} 바울은 하나님의 공의로운 심판이 분명 임한다는 사실을 확실히 하고 있다.

알지 못하던 시대에는 하나님이 간과하셨거니와 이제는 어디든지 사람에게 다 명하사 회개하라 하셨으니 이는 정하신 사람으로 하여금 천하를 공의로 심판할 날을 작정하시고 이에 그를 죽은 자 가운데서 다시 살리신 것으로 모든 사람에게 믿을 만한 증거를 주셨음이니라 하니라. _행 17:30-31

하나님께서는 아들을 통해 의로 세상을 심판하신다. 그리스도의 부활은 하나님이 공의로우심을 증명한다. 그리스도가 썩음을 당하지 않게 하실 것이라 약속하신 바 있으니 말이다.^{행 2:22-34} 그러나 부활이 그리스도에게 준 것이 또 있으니, 그것은 그리스도 밖에 있는 자들을 심판할 권한이다. 왓슨은 이렇게 말한다.

이제 상황은 경로를 벗어났다. 죄가 만연하고, 성도는 모욕당하며, 이들은 의로운 주장 가운데 버려지고, 이들은 여기서 공의를 전혀 접하지 못하고, 공의는 골칫덩어리가 되어 버린다. 하지만 저기 한 날이 오고 있으니, 그날이 되면 하나님께서 모든 상황을 바로잡으실 것이다. 모든 이들에게 공의를 행하실 것이다. 의인에게는 관 씌우고 악인은 정죄하실 것이다.……하나님이 공의로운 하나님이라면 복수하실 것이다. 하나님은 인간에게 율법을 주어 그에 따라 살게 하셨는데, 인간은 이를 범한다. 율법을 범한 자에게 형을 집행할 날이 반드시 있을 것이다. 집행되지 않는 율법은 보여 주기용 목도^{木刀}에 지나지 않는다. 마지막 날, 하나님의 칼이 율법을 범한 자들을 향해 휘둘러질 것이다. 그리고 하나님의 공의가 온 세상 앞에 드러날 것이다.……악인은 진노의 바다를 마실 것이되, 그들이 마시는 잔에 부당함은 단 한 방울도 없을 것이다. 그날이 되면 모든 입들이 말을 멈출 것이고, 불의한 자들의 모든 트집과 아우성 앞에서 하나님의 공의가 완전히 변론될 것이다.7

하나님의 공의라는 현실, 그리고 그 공의가 확실히 시행되리라는 사실은 우리가 이 세상에서 인간의 악함 때문에 슬퍼할 때 다소의 위로를 준다. 실로 공의는 하나님에게 여전히 본질적인 것이기에, 우리는 다른 어떤 속성 못지않게 공의로 인해서도 하나님을 사랑해야 한다. 하나님께서 내생에서 악인을 멸하실 때 우리는 대단히, 그러나 절대 잔인하지는 않게 하나님의 심판의 일을 기뻐할 것이다.

25 } 하나님은 진노하신다

그런즉 내가 하는 대로 두라. 내가 그들에게 진노하여 그들을 진멸하고 너를 큰 나라가 되게 하리라. _출 32:10

교리

하나님의 노여움·진노·격분·증오는 하나님의 공의와 거룩함의 부정적 측면을 나타낸다. 하나님은 자신의 거룩한 본성을 대적하는 모든 것들을 미워하시며, 그래서 벌하신다. 이 테마는 신구약 성경 모두에 뚜렷하게 나타난다(예를 들어 시 69:24; 76:10, 렘 21:14, 요 3:36, 롬 1:18, 계 19:15).

하지만 하나님의 이 속성을 논할 때는 굉장히 조심해야 한다. 이는 하나님의 무감함 impassibility 이라는 교리 때문인데, 이 교리는 불변하시는 우리 하나님은 격한 감정 없이 존재하신다는 개념이다. 하나님의 무한하고 불변하는 복되심은 하나님이 자신의 신적 본질에 변화를 겪지 않으신다는 뜻이다. 우리의 행동은 하나님께 고통이나 괴로움을 끼치지 못한다. 그런 일은 하나님의 영광이 허용하지 않는다. 따라서 성경이 하나님을 화내시는 분 혹은 질투하는 분으로 말할 때, 우리는 이런 감정들을 은유나 신인동감론anthropopathism(즉, 인간의 감정을 비유적으로 하나님께 적용하는 것)적 표현으로 이해해야 한다. 하나님은 피조물로서 연약함을 지닌 우리 수준에 맞추기 위해 자기 자신이 그렇게 묘사되게 하실 수도 있다.

하나님은 피조물을 향한 자신의 외적 의지의 행위를 통해 자신의 화를 드러내신다. 하나님은 외적이고 지속적인 의지의 행위로써 죄를 미워하시고 죄인에게 징벌을 가하신다. 윌리엄 에임스는 성경에서 이를테면 증오 같은 감정을 하나님께서 느끼신다고 할 때, 이는 "하나님의 의지의 행위를 가리키거나 혹은 비유적으로만 하나님께 그런 감정을 적용하는 것"이라고 말한다.[1] 일부 개혁파 신학자들은 진노를 하나님 본성의 적절하고도 본질적인 덕목으로 여기지만, 내가 생각하기에는 에임스의 입장이 가장 안전하고 최선이다. 간단히 말해 하나님의 진노는 하나님의 외적 의지의 표현이지, 하나님의 본질적 존재의 표현이 아니다.

하나님을 거부하며 회개하지 않는 죄인은 이 세상에서 하나님의 일반적인 진노의 대상이다. "하나님의 진노가 불의로 진리를 막는 사람들의 모든 경건하지 않음과 불의에 대하여 하늘로부터 나타나나니."롬 1:18 죄는 필연적으로 하나님의 진노를 유발한다. "……음란과 부정과 사욕과 악한 정욕과 탐심이니 탐심은 우상 숭배니라. 이것들로 말미암아 하나님의 진노가 임하느니라."골 3:5-6

구약성경에는 하나님께서 악인에게 진노하시는 예가 많이 등장한다. 니느웨를 향한 이 장엄하고도 당당한 말씀을 생각해 보라.

여호와는 질투하시며 보복하시는 하나님이시니라.
여호와는 보복하시며 진노하시되
자기를 거스르는 자에게 여호와는 보복하시며
자기를 대적하는 자에게 진노를 품으시며
여호와는 노하기를 더디 하시며 권능이 크시며
벌 받을 자를 결코 내버려두지 아니하시느니라.
여호와의 길은 회오리바람과 광풍에 있고
구름은 그의 발의 티끌이로다.
그는 바다를 꾸짖어 그것을 말리시며
모든 강을 말리시나니
바산과 갈멜이 쇠하며
레바논의 꽃이 시드는도다.
그로 말미암아 산들이 진동하며
작은 산들이 녹고
그 앞에서는 땅 곧 세계와 그 가운데에 있는 모든 것들이
솟아오르는도다.
누가 능히 그의 분노 앞에 서며
누가 능히 그의 진노를 감당하랴.
그의 진노가 불처럼 쏟아지니
그로 말미암아 바위들이 깨지는도다. _나 1:2-6

노아 시대에 하나님은 홍수를 일으키심으로써 자신이 죄를 가벼이 여기지 않음을 보여 주셨다. 바빙크가 증명하는 것처럼 "이 진노는

무섭고,시76:7 공포를 불러일으키며,시2:5; 90:7 고통과,욥21:17, 시102:10 징벌과, 시6:1; 38:1, 렘10:24 파멸을 안긴다.렘42:18 "2 더 나아가 하나님의 진노의 심판은 "장차 있을 진노의 날에 그 위력을 최대한 드러낼 뿐이다.신32:41-42, 시94:1; 149:7, 사34:8; 35:4; 59:17; 61:2, 4, 렘46:10 "3

지옥이 영원한 형벌의 장소로 존재한다는 사실이 하나님의 진노를 잘 보여 준다. 복음에 순종하지 않는 이들은 "주의 얼굴과 그의 힘의 영광을 떠나 영원한 멸망의 형벌을 받"을 것이기 때문이다.살후1:9

하나님은 꺼지지 않는 지옥불로 악인을 심판하실 것이다. 그곳에서는 구더기도(예를 들어 죄인을 삼켜 버리거나 고통을 주는 것) 죽지 않을 것이다.막9:44-48 그리스도 밖에 있는 자들은 손발이 묶여 바깥 어두운 데 던져질 것이며, 거기서 슬피 울며 이를 갈 것이다.마22:13 요셉은 구덩이에 던져졌고,창37:24 바울과 실라는 감옥에 던져졌으나,행16:23 그리스도께서는 악인을 지옥 "무저갱"에 던지실 것이며, 이들은 거기 영원히 갇혀 있을 것이다. 느부갓네살의 맹렬히 타는 풀무불도 하나님의 진노의 열기와 비교하면 얼음처럼 차다 할 것이다.

하나님의 진노의 유형 중 또 한 가지 생각해 봐야 할 것은, 택자들에게 표출되는 진노다. 하나님께서는 오늘날 일부 사람들의 믿음과 달리 그리스도인들에게도 진짜 진노를 표현하신다. 이 현실을 긍정하는 데에는 목회적으로 중요한 의미가 함축되어 있다. 특히 하나님이 자기 백성의 죄에 대해 이들을 징벌하실 수 있고 실제로 징벌하신다는 점에서 그렇다. 「웨스트민스터 신앙고백서」는 신자가 칭의는 잃을 수 없지만 하나님께서 아버지로서 보이시는 노여움의 대상이 될 수는 있다는 성경의 가르침을 확언한다. "하지만 이들은 자기 죄로 말미암아 하나님의 부성적父性的인 노怒를 살 수 있으며, 자기를 낮추어, 죄를 고백하고, 용서를 구하며, 믿음과 회개를 새롭게 하기 전에는 하나님의 얼굴빛을 회복하지 못한다"(11장 5항).

그래도 하나님께서 아버지로서 보이는 노여움에 대해 말할 때, 우리는 조건 하나를 붙일 필요가 있다. 하나님께서 회개치 않는 자는 보응의 차원에서 벌하시지만, 자기 자녀는 부성애 때문에 징계하신다. 후자의 경우에서도 하나님은 자녀들의 죄를 노여워하사 이들의 유익을 위해 징계의 고통을 안기신다.히 12:4-11 예를 들어 다윗은 참으로 기괴한 방식으로 밧세바와 우리아에게 죄를 짓고 나서 하나님의 노여움을 샀다. "다윗이 행한 그 일이 여호와 보시기에 악하였더라." 삼하 11:27 사무엘하는 다윗의 죄가 낳은 결과들을 죽 나열해서 보여 주는 연대기다. 우리는 하나님께 사함받을 수는 있다. 하지만 죄의 고통스러운 결과와 여호와의 심판은 결코 면할 수 없다.

그리스도의 진노

하나님의 진노는 격한 감정 없이 표현되기에 하나님의 존재를 교란시키지 않는다. 그런데 이 땅에 계시는 동안 그리스도께서는 비록 무죄한 진노이기는 했지만, 진노의 격정을 체험하셨다. 그리스도께서 화를 내신 것은, 참 인간이기에 감정적으로 따라서 육체적으로 죄와 마음의 강퍅함을 무심히 넘기실 수 없었기 때문이다.막 3:5 만일 그리스도께서 불의 앞에서 진노를 드러내지 않으셨다면 경건하다 할 수 없을 터였다. 거룩한 사람이 죄 앞에서 아무 감정이 없기란 불가능하다. 하나님의 마음을 가지신 그리스도께서는 눈앞의 각 상황에 대응하는 자세로 아버지께 영광을 돌리셨다. 그렇기에 어떤 일이든 하나님을 진노하게(외적 의지의 표현이라는 면에서) 할 만한 일이라면, 그리스도 또한 진노로 반응하셨다.

예를 들어 안식일에 병자를 고치는 게 합당한지 예수께서 유대인들에게 묻자 이들은 묵묵부답이었다. 이 침묵이 그리스도를 화나게 만들었다. "그들의 마음이 완악함을 탄식하사 노하심으로 그들을 둘러보시고."막 3:5 그리스도께서는 상황의 요구에 따라 자비를 보이실 수도 있었고 진노를 보이실 수도 있었다. 회개치 않는 이 죄인들은 그런 악함에 대해 꾸지람과 징벌을 받을 만했다. 그래서 이들은 세상에서 받을 수 있는 가장 엄중한 징벌을 받았으니, 그것은 바로 마음의 완악함이었다. 하나님은 회개치 않는 자들에게 은혜를 주지 않음으로써 진노를 보이실 수 있을 뿐만 아니라, 자신의 은밀한 뜻과 목적에 따라 적극적으로 이들의 마음을 완악하게 하심으로써도 진노를 보이실 수 있다.

하지만 그리스도는 회개치 않는 모습에 대해서만 진노하신 게 아니다. 그리스도는 사랑하는 자기 제자들에게도 진노를 보이셨다. 예수께 축복을 받으려고 사람들이 어린아이들을 데려오자, 제자들은 평소 사람을 불쌍히 여기시는 그리스도와 상반되는 행동을 했다. 아이들을 데려왔다고 그 사람들을 꾸짖은 것이다. 그러자 예수께서는 이를 "보시고 노하시"었다.막 10:14 또한 그리스도께서 성전을 깨끗이 하신 적이 두 번 있었는데,막 11:15-19, 요 2:13-17 이때도 그분은 엄청난 도덕적·육체적 힘으로 아버지의 영광을 위해 격하게 행동하셨다.

마찬가지로 우리도 의로운 분노를 보일 필요가 있다. 분노하되 경건한 태도로 분노한다는 것은 우리로서는 가장 실천해 보이기 힘든 감정일 것이다. 그렇다고 해서 하나님의 영광을 위해 화를 내야 할 상황일 때, 성령 충만한 그리스도인으로서 화를 내서는 안 된다는 말이 아니다.

우리는 그리스도 안에서 하나님의 진노를 볼 수 있을 뿐만 아니라 죽음을 당하시는 그리스도에게 임한 하나님의 진노도 볼 수 있다. 토머스 굿윈의 말을 빌리자면, "하나님께서 죄 때문에 자기 아들을 죽음에 처하게 하셔야 했으며, 아들이 바로 이에 대한 보증이 되셨음은, 하나님의 진노의 명백한 표현이요 죄에 대항하는 공의의 고귀한 한 단편으로, 이는 세상 수백만 개를 만드시고 이를 희생 제물로 삼는 것보다 훨씬 더 명쾌하고 고귀하다."4

그리스도께서는 거룩한 진노가 어떤 것인지 여느 사람보다 잘 알고 계셨다. 그래서 당연히 그리스도는 십자가를 전망하면서 두려워하셨다. 십자가에서 우리가 받아야 할 벌을 대신 받으실 때, 하나님의 진노가 격랑처럼 자신에게 덮칠 터였으니 말이다. 살아 계신 하나님의 손에 떨어진다는 것이 그리스도께 그토록 두려운 일이었음은, 바로 정결하고 거룩한 자신의 관점에서 볼 때 그런 진노가 과연 어떤 진노일지 완벽히 알고 계셨기 때문이다.

적용

"살아 계신 하나님의 손에 빠져 들어가는 것이 무서울진저."히 10:31 히브리서 기자는 히브리서 전체를 통해 수신인들에게 이 같은 경고를 다양한 방식으로 여러 차례 한다. 신자는 하나님께서 자신들을 벌하실 수 있고 벌하시고자 한다는 면에서 아버지로서의 하나님을 두려워해야 하지 않는가? 사실 그런 두려움이 없다면 우리는 불경한 자라 할 것이다. 이는 결코 자녀에 대한 아버지의 사랑을 부인하는 말이 아니다. 이 세상의 관점에서 보면 이 말을 이해할 수 있다. 아빠가 나를 사랑한다고 철석같이 믿는 아이라 해도, 아빠 말을 듣지 않는다거나 버릇없이 굴면 아빠가 벌을 준다는 것을 알기에 여전히 아빠를 두려워할 수 있다. 아이는 주인에게서 도망치는 종으로서가 아니라 자기를 훈육하는 바로 그 사람에게서 피난처를 찾는 아이로서 아빠를 두려워한다.

에덴동산에서, 죄는 없고 아버지(하나님)와 아들(아담) 간에 사랑 넘치는 관계만 있던 상황에서도, 아버지께서는 만약 금지된 나무 열매를 먹을 경우에는 심판에 직면할 것이라고 아들에게 여전히 경고하셨다.^{창 2:17} 하나님이 죄 중에 있는 아담과 대면하셨을 때, 아담은 이렇게 대꾸했다. "내가 동산에서 하나님의 소리를 듣고 내가 벗었으므로 두려워하여 숨었나이다."^{창 3:10} 사랑하는 아버지를 거슬러 그렇게 엄청난 죄를 저지르고 나서도 아담이 마치 아무것도 걱정할 게 없다는 듯 동산을 활보하고 다녔다면 이는 매우 불경한 행위였을 것이다. 그러므로 동산에서 하나님의 경고는 죄에 대해 진노하실 것임을 입증한다. 그리고 아담의 태도는 사실상 그 상황에 적절한 자세였다.

그리스도께서는 열매 맺지 못하는 자는 잘라 낼 것이라고 경고하신다. "사람이 내 안에 거하지 아니하면 가지처럼 밖에 버려져 마르나니 사람들이 그것을 모아다가 불에 던져 사르느니라."^{요 15:6} 바울도 이스라엘에게 접붙여진 이방인을 향해 교만하지 말라고 경고하면서 비슷한 말을 한다. "옳도다. 그들은 믿지 아니하므로 꺾이고 너는 믿으므로 섰느니라. 높은 마음을 품지 말고 도리어 두려워하라. 하나님이 원가지들도 아끼지 아니하셨은즉 너도 아끼지 아니하시리라."롬 11:20-21 또한 바울은 하나님께서 자기 백성에게 내리는 심판에 대해 고린도 교인들에게 경고하면서, 특히 선 줄로 생각하는 자들은 넘어지지 않도록 주의하라고 말한다.고전 10:12 그리고 히브리서 기자는 불신앙에 대해 경고하고,히 3-4장 함께 모이기를 폐하는 것에 대해서도 경고한다.히 10:25-31

그리스도인으로서 우리는 이처럼 하나님의 심판을 결코 우리에게는 적용되지 않는 어떤 일로 간단히 치부할 수가 없다. 그리스도 안에 있는 이들에게는 정죄함이 없는 것이 사실이다.롬 8:1 하지만 하나님의 백성은 교만하게 살아서는 안 된다. 우리는 공공연히 하나님께 반역하지는 못한다. 하나님의 법을 고의로 범하는 행동 방식으로 살기로 결심한 그리스도인은 아버지에게 엄한 징계를 받을 각오를 해야 한다.

우리가 그런 심판을 피하는 한 가지 길은 그리스도, 곧 우리 믿음의 주요 우리 믿음을 온전하게 하시는 분을 날마다 바라보는 것이다.히 12:2 우리는 상을 받기 위해 다른 신자들과 나란히 인내로 경주한다.빌 3:14 또한 우리는 경건한 두려움으로 여호와를 두려워해야 한다.

여호와는 자기를 경외하는 자들과
그의 인자하심을 바라는 자들을 기뻐하시는도다. _시 147:11

하나님께서는 우리가 하나님을 경건히 두려워하는 것을 기뻐하신다. 우리는 하나님이 어떤 분이신지를 깊이 생각하고, 경건한 두려움으로 하나님 앞에서 살아가며, 사실상 이것이 바로 하나님의 무서운 심판을 두려워할 필요가 없도록 우리를 지켜 준다. 그리스도인이 하나님을 크고 중하게 여기지 않음으로써 하나님에 대한 두려움을 잃어버리는 순간, 사실상 그 순간이 바로 하나님을 가장 두려워해야 할 순간이다. 우리에게는 두 가지 선택이 있다. 경탄할 만큼 거룩한 하나님의 이름으로 인해 하나님께 대한 경건한 두려움 가운데 살든지, 아니면 하나님을 우리가 평생 찬미하며 살 가치가 없는 분으로 여기기로 한 탓에 하나님께서 우리에게 내리실 이 세상에서의 일시적인 심판은 물론 다가올 세상에서의 영원한 심판을 두려워하든지 둘 중 하나다. 우리 구주의 기도가 그 경건함 덕분에 하나님께 들렸다면,[히 5:7] 우리 또한 하나님을 두려워하는 자세로 살아야 하지 않겠는가?

26 } 하나님은 신인동형론적이시다

주여, 하늘에서 굽어 살피시며
주의 거룩하고 영화로운 처소에서 보옵소서.
주의 열성과 주의 능하신 행동이 이제 어디 있나이까.
주께서 베푸시던 간곡한 자비와 사랑이 내게 그쳤나이다.
주는 우리 아버지시라.
아브라함은 우리를 모르고
이스라엘은 우리를 인정하지 아니할지라도
여호와여, 주는 우리의 아버지시라.
옛날부터 주의 이름을 우리의 구속자라 하셨거늘
여호와여, 어찌하여 우리로 주의 길에서 떠나게 하시며
우리의 마음을 완고하게 하사 주를 경외하지 않게 하시나이까.
원하건대 주의 종들 곧 주의 기업인 지파들을 위하사 돌아오시옵소서.
주의 거룩한 백성이 땅을 차지한 지 오래지 아니하여서
우리의 원수가 주의 성소를 유린하였사오니
우리는 주의 다스림을 받지 못하는 자 같으며

주의 이름으로 일컬음을 받지 못하는 자같이 되었나이다. _사 63:15-19

교리

성경은 인간에게 있는 것은 거의 다 하나님께도 있는 것으로 말한다. 성경은 하나님의 "얼굴",^{출 33:20} "눈"과 "눈꺼풀",^{시 11:4} "귀",^{사 59:1} "코",^{사 65:5} "입",^{신 8:3} "입술",^{사 30:27} "혀",^{사 30:27} "손가락"^{출 8:19}(개역개정 성경에서는 하나님의 "권능"으로 번역했다—옮긴이)을 비롯해 그 밖의 여러 신체 부위에 대해 이야기한다. 게다가 하나님에게 인간의 감정도 있는 것으로 말한다. 하나님의 백성이 때로 하나님을 슬프게 만들고,^{시 78:40, 사 63:10} 하나님은 사람을 만든 것을 "한탄"하시고,^{창 6:6} 때로는 질투와 진노를 표현하신다.^{신 32:21}

성경 여러 구절이 하나님께 "격한 감정"이 있는 것으로 말한다. 하지만 「웨스트민스터 신앙고백서」는 성경에 근거하여 주장하기를, 하나님에게는 "격정이 없다"^{without passions}(2장 1항)고 한다. 웨스트민스터 신학자들은 하나님에게는 고통이나 슬픔이 없다("격정이 없다")는 입장을 취했는데, 왜냐하면 이들은 하나님을 불변하시는 분으로 봤기 때문이다. 17세기의 거의 모든 개혁파 신학자들이 하나님의 속성을 논하면서 하나님은 고통이나 슬픔이 없이 무감하다^{impassibility}는 개념을 뺀 것은 이것이 중요하지 않다고 생각해서가 아니다. 그보다 이들은 하나님의 불변성에 대해 이야기했는데, 불변성은 하나님에게 격정이 없다(혹은 있을 수 없다)는 뜻을 함축한다.

하나님이 무감하심을 시사함으로써 개혁파 신학자들은 하나님 안팎의 그 무엇도 하나님께 고통이나 괴로움을 끼칠 수 없다고 주장했다. 하나님의 불변성은 하나님의 무감함과 똑같은 내용을 좀 더 온건하게 표현한 것이다. 외부의 어떤 동인動因도 하나님이 자기 존재에 변화를 일으킬 만큼 하나님께 영향을 끼치지 못한다.

개혁파 신학자들은 하나님에게 신적 덕목 혹은 정서가 있는 것으로 말한다. 진노와 증오 같은 정서는 하나님의 외적 뜻의 행위이거나 혹은 하나님이 말 그대로 진노하시거나 증오하신다는 게 아니라, 비유적으로 그렇다는 말이다. 리처드 멀러의 말을 들어 보자.

> 그러므로 정서affections는 신적 의지의 내적이고 변경할 수 없는 성향이거나 혹은 외부ad extra 발현에 근거해 비유적으로 하나님께 귀속되는 속성이다. 더 나아가, 어떤 정서를 비유적으로나 은유적으로 하나님께 귀속시키게 되는 것은 겉으로 보기에 뚜렷한 그 정서의 변화, 일시성 혹은 변동 가능성 때문이다.[1]

하나님에게 있는 정서는 인간에게 있는 정서와 같지 않다. 신적 정서는 하나님의 본질에 변화가 생긴다는 말이 아니다. 신적 정서는 불변하는 성향이다. 따라서 정서는 격정과 구별된다. 멀러는 정서와 격정을 다음과 같이 구별한다.

> 정서는 대개 호의적 혹은 긍정적인 반면, 격정은 대개 부정적이다.……아주 엄격하게 말해 격정은 일종의 고통이며, 불변하는 성향이라는 함의含意를 지닐 수 없다.……격정은……어떤 개인이 원래의 혹은 타고난 상태에서 벗어나 자신의 근본 성격과 일치하지 않는 상태가 되는 것을

가리키며, 따라서 이는 힘 또는 자제력을 잃는 것을 말한다.²

그러므로 격정은 자기 외부에 있는 무언가와 관련해 내면의 감정에 생긴 변화를 가리킨다. 아주 간단히 말해 인간은 하나님을 원래 상태보다 덜 행복하게 만들지 못한다. 만약 하나님이 원래보다 덜 행복해진다면 그 하나님은 가변적인 하나님이실 뿐만 아니라 무한히 복된 하나님이 아니실 것이다. 하나님은 만사를 영원히 (따라서 오류 없이) 아시는 분이기에, 하나님 자신을 놀라게 하거나 슬프게 하는 방식으로 어떤 사건에 '반응'하실 수 없다. 하나님은 어떤 식으로도 자기가 만든 피조물에 종속되지 않는다. 하나님은 무한한 창조주이시고, 우리는 유한한 피조물이다.

하나님이 격정을 경험한다면, 이는 하나님이 변하신다는 뜻일 것이다. 예를 들어 분노라는 격한 감정은 평강(혹은 기쁨)이라는 한 가지 성질을 잃음으로써 화^{rage}라는 한 가지 성질을 얻는 것이다. 하나님은 자신의 무한한 복되심을 잃을 수가 없다. 따라서 하나님의 분노에 대해 말할 때, 우리는 오직 비유적으로만(혹은 변칙적으로) 그렇게 말한다. 분노는 악을 향한 신적 뜻이라는 정서다.

앞에서 주목했다시피 성경은 이 점을 염두에 두고 하나님에게 있는 격한 감정, 이를테면 분노·질투·슬픔·한탄 등에 대해 말한다. 하나님에게 있는 이른바 이런 격한 감정은 사실상 하나님의 외적 뜻의 행위를 반영하며, 그래서 이 감정들은 은유적으로 하나님에 대해 말한다. 은유적으로만 하나님께 이런 격한 감정들이 있는 것으로 보면, 이 책에서 하나님에 대해 말한 다른 모든 내용들이 조화를 이룰 수 있다. 불변하시고, 영원하시고, 능력 있으시며, 복되신 하나님을 말하는 부분이 바로 그 부분이다. 일부 사람들은 하나님을 사람과 똑같이 '격한 감정을 느끼는' 분으로 만들려고 몹시 애를 쓴다. 그러나 하나님이 무감하시지 않다고 한다면, 교회사 전체에 걸쳐 신학자들이 펼쳐 온 신론 전체가 완전히 무너진다.

존 오웬은 "변하기 쉬운 신은 똥더미의 신"이라고 평가한다.[3] 외부의 어떤 동인,動因 이를테면 인간이나 마귀 때문에 완전하고 복된 하나님의 복되심에 변화가 있을 수 있다면 그 하나님은 더 이상 하나님이 아니다. 하나님에게 정말 슬픔이라는 감정이 있다고 할 수 있다면, 이는 하나님의 무한한 복되심을 부인하는 것이며, 따라서 하나님은 연민의 대상이 된다. 그런 일은 절대 있을 수 없다.

성경은 하나님의 분노·진노·격노에 대해 많이 말한다.민 25:3-4, 신 13:17; 29:24, 수 7:26, 삿 2:14, 대하 28:11, 스 10:14, 시 69:24; 74:1; 78:31, 49, 사 13:9; 30:30; 34:2, 애 2:6, 겔 5:15, 합 3:8, 12, 롬 1:18 예를 들어 여호수아 7장에서는 아간의 죄에 대해 상세히 이야기하는데, 이 죄 때문에 이스라엘은 아이 성 싸움에서 패했다. 죄가 발각되면서 아간은 사형에 처해졌다. 여호수아 7:26은 이 이야기를 이렇게 끝맺는다. "그 위에 돌무더기를 크게 쌓았더니 오늘까지 있더라. 여호와께서 그의 맹렬한 진노를 그치시니."

이 이야기에서 우리는 하나님의 "맹렬한 진노"가 아간의 죄 때문에 하나님의 본질이 변화되었다는 의미에서 정말 하나님이 진노하셨다는 말인지, 아니면 하나의 비유적 표현, 구체적으로 신인동감론적 표현인지를 물어야 한다. 악인에 대한 하나님의 뜻이 징벌인 경우, 때로는 더할 수 없이 가혹한 징벌인 경우(예를 들어 노아 시대의 홍수처럼), 우리는 "여호와의 진노"에 대해 말할 수 있다. 하나님은 거룩하시고 의로우시기 때문에 죄를 벌하셔야 한다. 그래서 하나님께서 외적으로 징벌을 시행하실 때 성경은 흔히 하나님의 격노 혹은 진노를 말하지만, 이는 하나님의 본질적 속성(예를 들어 거룩함, 복되심)과 충돌하는 일 없이 비유적으로 하나님께 돌려지는 감정이다. 따라서 아간이 하나님을 진노케 했고 그래서 하나님이 덜 행복해지신다고 말한다면, 이는 아간을 하나님으로 만들고 하나님을 아간으로 만드는 것이다.

이 문제와 관련해 성경이 우리에게 던지는 또 한 가지 질문은, 여호와께서 정말 "후회"regret 하시느냐는 것이다. 대답은 "그렇다"이기도 하고 "아니다"이기도 하다. 예를 들어 사무엘상 15:29을 보면 "이스라엘의 지존자는 거짓이나 변개함regret이 없으시니 그는 사람이 아니시므로 결코 변개하지 않으심이니이다"라고 한다. 그런데 같은 배경의 다른 구절에서는 하나님이 사울을 왕으로 세운 것을 후회하신다고 말씀한다.삼상 15:11, 35 이 구절들이 어떻게 조화될 수 있는가?

베네딕트 픽테는 이 주제를 가지고 글을 써 온 여러 개혁파 신학자들의 생각을 반영해 이렇게 말한다.

> 후회라는 감정이 하나님께 적용될 수도 있다. 하나님이 때로 자기 일을 변경하시기도 하고, 그렇게 해서 사람이 후회할 때 하는 행동과 어느 정도 똑같이 하시기 때문이다.……이렇게 일을 변경한다는 것이 하나님의 생각의 변화를 뜻하지는 않는다. 하나님은 자기 뜻에 따른 한 가지의 동일한 행위로써 한 가지 일을 하시고 나중에 그 일을 변경하기로 작정

하시니 말이다. 예를 들어 하나님은 인간을 창조하시고 또 그와 동시에 몇 세대 후 홍수로 이들을 멸하기로 작정하셨다.⁴

하나님은 이처럼 본질과 성품 면에서 변하지 않는다. 그러나 우리가 변하기 때문에, 하나님께서 우리와 나누는 상호작용은 변한다. 그 상호작용은 절대 변하지 않는 하나님의 성품을 반영한다. 하나님은 변덕스러운 인간과 역동적 관계를 맺고 그 관계에서 자신의 불변성을 드러내신다. 이는 중요한 자격이다. 세심함 없이 신인동형론 구도(즉, 엄밀 대^對 변칙)를 단순히 수용하기만 한다면 이는 너무 기계적일 수 있다. 즉, 하나님을 신인동형론적 용어로 표현함으로써 성경은 하나님께서 세상을 대하시는 방식과 관련해 하나님에 대해 뭔가 현실적인 것을 계시한다. 우리를 대하실 때 하나님께서 우리에게 적응하신다는 현실을 우리는 피할 수 없다. 하나님의 사랑과 지혜는 적응을 요구한다.

하나님을 다 이해할 수는 없다. 자신에 관해 우리에게 계시하시기로 한 일들에서도 마찬가지다. 그럼에도 우리가 이해할 수 있는 형태로 우리에게 계시해 주시는 일들은 신적 진리에 바탕을 두고 있다. 하나님에 대해 우리가 아는 것들은 중보자를 통해 하나님 자신에게서 오며, 이 지식은 말씀^{Word}이라는 형태를 취한다. 이렇게 하나님은 중보자를 통해 말씀하심으로써 자신을 우리에게 적응시키신다. 그렇게 하시지 않으면 우리는 하나님을 이해할 수 없다. 하나님의 여러 이름들은 하나님께서 우리 수준으로 자기를 낮추시고 우리에게 적응하신 한 예일 뿐이다. 헤르만 바빙크가 주목하는 것처럼, 성경은 "여기저기 흩어져 있는 신인동형론적 표현 몇 가지를 담고 있기만 한 게 아니라 철두철미하게 신인동형론적이다."[5]

우리와 관계를 맺으실 때 하나님은 구속사를 바르게 나타내는 방식으로 맺으신다. 하나님은 우리를 위해 자기를 낮추시고, 때로는 격한 감정이 있는 분으로 자기를 드러내기도 하신다. 정확히는 그런 감정이 적용될 수 없는 분임에도, 자신의 목적과 뜻과 관련해 우리에게 어떤 방식으로 말씀하실지 이해를 돕기 위해 말이다.

실제로 바빙크는 하나님께서 우리를 대하시는 방식의 중요성, 그 방식의 은혜로움을 다음과 같이 강조한다. "하나님이 우리에게 신의 용어로 말씀하신다면 단 한 피조물도 그분의 말씀을 이해하지 못할 것이다. 하나님의 은혜를 설명해 주는 것은, 세상을 창조하던 순간부터 하나님은 피조물을 향해 몸을 굽히사 인간의 방식으로 말씀하시고 나타나셨다는 사실이다."[6]

신인동형론적인 그리스도

신인이신 그리스도의 존재는 구약성경에서 하나님이 왜 인간의 신체 기관과 인간의 격한 감정을 지닌 분으로 자기를 보이셨는지 그 이유를 설명해 준다. 성자께서는 구약의 교회 가운데 거하심으로써 그 교회에게 말씀하셨다.^{고전 10:4} 존 오웬에 따르면, 교회와 함께 거하시는 성자께서는

> 항상 인간의 정서를 스스로 취하사, 인간의 본성을 입고 직접 행동하실 때가 오리라는 것을 암시하셨다. 그리고 사실상 타락 후 구약성경에서는 하나님에 대해 아무 말도 하지 않고, 하나님께서 어떤 제도를 내셨다

는 말도 없고, 교회를 대하는 방식과 방법에 대해서도 아무 말이 없고, 다만 그리스도께서 장차 성육신하실 일에 관해서만 말씀한다.[7]

다시 말해 하나님께서 자신을 인간의 신체 기관과 인간의 격한 감정을 지닌 분으로 보여 주심은 자기 백성을 향한 목적을 우리가 더욱 명쾌히 이해할 수 있도록 돕기 위해서일 뿐만 아니라, 하나님 아들의 성육신을 위한 무대를 만들어 주기 위해서이기도 하다.

오웬은 다음과 같이 중요한 주장을 한다. "하나님을 언제까지나 신인동형론 속에 모셔 둔 채 슬퍼하고, 후회하고, 화내고, 기뻐하는 분으로 묘사하는 것은 터무니없는 일이다. 하나님이 계획하신 신인께서 그런 감정들이 거하는 본성을 입지 않으셨다면 말이다."[8]

즉, 하나님에게 정말 두 팔이 있고 하나님이 정말 슬퍼하기라도 하는 듯 신인동형론적으로 혹은 변칙적으로 하나님께 귀속되는 모든 것들은 사실상 신인이신 그리스도께 속해야 마땅하다. 예를 들어 성자께서는 자신의 인성을 따라 슬퍼하신다.[막 3:5] 하나님, 곧 변할 수 없는 분에게는 불가능한 일이 그리스도에게는 가능하다. 성육신의 영광 때문이다. 그리스도 안에서 우리는 그분의 신적 불변성 및 인간으로서 격한 감정을 드러낼 수 있는 그분의 능력을 단언할 수 있다. 하나님의 아들은 한 위격 안에 두 본성을 지닌 분으로서 변하실 수 없기도 하고 변하실 수 있기도 하다. 성자는 신성으로는 무한한 기쁨을 누리지만, 이 땅에 계시는 동안에는 인성을 따라 말로 다할 수 없는 슬픔을 겪기도 하셨다.

하나님은 신인동형론적이시다. 그런데 우리 수준으로 자기를 낮추심은 단순히 우리가 하나님을 이해할 수 있도록 하기 위해서가 아니라 우리가 구원의 참 소망을 가질 수 있도록 하기 위해서다. 그리스도 안에서 우리는 하나님을 본다. 그리스도 안에서 우리는 언젠가 하나님의 팔·눈·얼굴·입술을 볼 것이다. 그러나 그리스도를 빼놓는다면 하나님의 격한 감정과 신체 기관을 말하는 모든 성경 구절이 우리에게는 아무 쓸모가 없다.

적용

초대교회 교부 나지안주스의 그레고리우스가 남긴 유명한 말이 있다. "무엇이든 자기 것으로 삼지 않은 것은 치유/구속되지 않는다."⁹ 우리의 영육은 구속을 필요로 하는 상태다. 육체적으로나 영적으로 우리는 하나님 보시기에 날 때부터 나병 환자인 불결한 자들이다. 우리는 옆길로 빠져 자기 나름의 길을 갔다. 우리는 반역자들이요 또 그런 만큼 망가진 자들로서, 그 몸으로는 하나님께서 계획하신 대로 기능하지 못한다.

몸이 퇴화되며 나타나는 여러 질환을 막으려고 세상의 많은 사람들이 필사적으로 애를 쓴다. 선진국에서는 의학적 수단으로 육체의 아름다움을 고양시키고 죽음을 물리치는 일에 매년 수십억 달러의 돈을 쓴다. 우리에게 있는 생이 이생뿐이라면, 어떻게 하면 멋지게 보일까, 어떻게 하면 오래 살까 하는 문제에 그렇게 많은 사람들이 골몰하는 게 납득이 된다. 용모·정력·심장·폐·뇌·피부·눈·귀·코·입 등이 다 '도움'을 필요로 한다. 그러나 화장이나 의술이 됐든, 영양 보조제나 외과 수술이 됐든, 운동이나 체중 조절이 됐든, 그 밖의 그 무엇이든 우리는 이 세상 사람들이 눈에 보이는 이생의 일들에 집착하는 현상에 말려들어서는 안 된다. 그리스도인으로서 우리는 세상의 허탄한 원리에 스스로 종노릇해서는 안 되며, 이 종노릇에는 자신의 용모나 수명에 깊이 불만족하는 것도 포함된다. 그리스도 안에서 우리는 풍성한 생명과 장래의 부활 생명에 대한 소망을 소유한다. 얼굴과 얼굴을 맞대고 하나님을 보며, 모든 면에서 담대히 우리와 같아지신 분을 닮게 될 날을 말이다.

하나님께서는 죄인의 몸의 형상을 입혀서 아들을 보내셨다. 하나님은 아들을 위해 한 몸을 예비하셨다.[히 10:5] 낮아지신 상태였을 때 그리스도는 이 땅에서 존재하는 동안 하루도 빠짐없이 수욕을 당하게 될 사람에게나 어울리는 외모였다.

> 그는 주 앞에서 자라나기를 연한 순 같고
> 마른 땅에서 나온 뿌리 같아서
> 고운 모양도 없고 풍채도 없은즉 우리가 보기에
> 흠모할 만한 아름다운 것이 없도다. _사 53:2

참 인간으로서 그리스도는 이 땅에서 "아름다운 것"이 없는 외모를 소유하셨다. 부활 전후 그리스도의 외모에 관해 흥미로운 질문들이 제기되어 왔다. 이사야 53:2 같은 구절을 보면 예수는 이 땅에 계실 때 외모가 아름다운 사람은 아니었다는 생각이 들 수 있지만, 초대교회 교부들(예를 들어 테르툴리아누스, 오리게네스, 암브로시우스, 크리소스토무스, 아우구스티누스)은 시편 45:2을 근거로 다른 주장을 했다. "왕은 사람들보다 아름다워 은혜를 입술에 머금으니 그러므로 하나님이 왕에게 영원히 복을 주시도다."

필자가 생각하기에 그리스도께서 낮아지신 상태와 높아지신 상태 사이에는 명백한 차이가 있으며, 여기에는 육신의 변화도 있을 것이다. 낮아지신 상태일 때는 그리스도의 영광이 가려 있었지만, 부활은 높아지신 상태 때 그분의 육신도 변화시켜 모든 사람 중 '가장 준수한' 분이 되게 하셨을 것이다.

이로써 우리는 어느 날 우리의 육체적 아름다움이 변할 것이며, 죽을 수밖에 없는 우리의 성질은 죽지 않는 성질을 입게 될 것을 확신할 수 있다. 영광스러운 우리의 부활체는 이제 이 세대의 연약함을 지니지 않을 것이다. 게다가 우리의 용모도 지금보다 훨씬 나아질 것이다. 이것이 바로 이 세상 사람들처럼 육체의 아름다움과 장수에 집착하며 이에 종노릇할 필요가 없는 이유다. 하나님은 아름다움과 생명을 사랑하신다. 하지만 하나님은 아름다움과 생명을 내적으로, 외적으로 사랑하신다. 천국에서 우리의 내적 아름다움 및 생명은 외적 아름다움 및 생명과 완벽하게 조화를 이룰 것이다. 지금 그리스도가 바로 그러하시다. 그리고 우리도 장차 그렇게 될 것이다.

우리의 격한 감정들이 성령께 완벽히 인도를 받게 됨은, 이 격한 감정들을 완성된 상태로 우리에게 나눠 주시기 위해 하나님의 아들께서 인간으로서 그 격한 감정들을 취하셨기 때문이다. 그분은 우리 손과 발과 팔과 눈 또한 구속받을 수 있도록 그 자신도 손과 발과 팔과 눈을 취하셨다. 그런데 우리가 내면적으로 날마다 새로워지는 동안[고후 4:16] 우리 몸도 외면적으로 새롭게 될 것을 기다려야 한다.[고전 15:42-49]

내생에서 우리의 몸은 영광을 입으면서 지금과는 다를 텐데, 아마 이것이 우리가 이생에서 속사람에 더 신경 써야 할 이유다.

인간(몸과 영혼)을 구속하기 위해 하나님이 인간이 되셨다는 사실은 그리스도인의 삶을 위해 엄청나게 많은 실제적 의미를 함축한다. 가장 중요한 사실은, 우리가 아름다운 몸과 영혼을 영원히 소유하게 된다는 것이다. 몸과 영혼은 함께 무너지지 않았음에도 둘의 관계는 더 친밀하고 조화로워질 것이며, 생명을 주시는 성령과 더 멋지게 교통하게 될 것이다. 이처럼 우리는 이 세상이 줄 수 있는 것보다는 우리를 기다리고 있는 것에 더 큰 소망을 둔다. 이 세상이 줄 수 있는 것은 고작 우리가 노쇠해 감에 따라 결국 잠시의 아름다움과 생명뿐이다.

맺는말

주께서는 못하실 일이 없사오며
무슨 계획이든지 못 이루실 것이 없는 줄 아오니
무지한 말로 이치를 가리는 자가 누구니이까.
나는 깨닫지도 못한 일을 말하였고
스스로 알 수도 없고 헤아리기도 어려운 일을 말하였나이다.
내가 말하겠사오니 주는 들으시고
내가 주께 묻겠사오니 주여, 내게 알게 하옵소서.
내가 주께 대하여 귀로 듣기만 하였사오나
이제는 눈으로 주를 뵈옵나이다.
그러므로 내가 스스로 거두어들이고
티끌과 재 가운데에서 회개하나이다. _욥 42:2-6

"그러면 당신은 어떤 분이십니까, 하나님?" 아우구스티누스가 묻는다. 그리고 아래와 같이 답변한다.

당신은 지극히 높으시고 선하시며, 전지 전능하시며, 지극히 자비로우면서도 의로우시며, 지극히 은밀히 계시면서도 가장 가까이 현존하시며, 지극히 아름다우면서도 지극히 강하시며, 항상 계시되 어디에 의존해 계시지 않으시며, 스스로는 변하지 않으시되 모든 것을 변화시키시며, 새롭게 되거나 옛것으로 돌아가지 않으시되, 모든 것을 새롭게 하십니다. 그러나 당신은 교만한 자들을 노쇠하게 하시니 그들은 이것을 알지 못합니다.

당신은 항상 일하시되 안식하시고, 부족함이 없으시나 거두시며, 계속 받들어 주시고, 채워 주시고, 보호해 주십니다. 당신은 항상 창조하시고, 양육하시며, 완성하십니다. 당신은 부족함이 없으시나 찾으시고, 사랑을 하시되 (욕심으로) 불타지 않으시며, 질투를 하시나 괴로워하지 않으시고, 뉘우치시나 슬퍼하지 않으시며, 노하시되 안정하십니다. 당신이 하시는 일을 바꾸시되 당신의 뜻과 계획은 바꾸지 않으시며, 당신이 무엇을 찾으셨다 할 때 아주 잃어버린 것을 찾음이 아니십니다.

당신은 결코 궁핍함이 없으시나 무엇을 얻을 때 기뻐하시며, 욕심이 없으시나 이자를 요구하십니다. 사람들은 당신께 필요 이상 더 바쳐 당신을 인간에게 빚진 자로 만들려 하나 사실 인간이 가진 것 중에 당신 것 아닌 것이 어디 있습니까?^{고전 4:7} 당신은 인간에게 빚진 것이 하나도 없으시나 마치 빚진 것처럼 그들에게 갚아 주십니다. 또한 당신에게 진 빚을 없이 해주신다 해도 그것 때문에 당신은 손해 보는 것이 없으십니다.

오, 나의 생명, 나의 거룩한 즐거움이 되신 하나님, 내가 지금 무엇을 말했습니까? 인간이 당신에 대하여 말할 때 무엇을 감히 말할 수 있습니까? 그러나 당신에 대하여 침묵을 지키는 자들에게는 화가 있을 것

입니다. 왜냐하면 당신에 대하여 말을 많이 하는 사람도 실은 벙어리와 같기 때문입니다.[1]

하나님에 대해 말할 때, 우리는 정말 무슨 말을 하는 것일까? 우리가 하나님에 관해 뭔가를 말할 수 있다는 것은 놀라운 일이다. 하지만 하나님께서는 그렇게 하라고, 올바르게 잘하라고 명하신다.

그렇다면 우리는 얼마나 잘하고 있는가? 교회에서 목회 기도를 잘 들어보라. 그 기도가 공예배 때 드려지는 기도라면 더더욱. 하늘과 땅의 하나님께서 성경에서 자기를 계시하심에 따라 이를 바르게 나타내는 성경적 어휘가 많건만 그 풍성한 어휘가 결핍된 목회 기도가 얼마나 많은지. 하나님에 관한 일반적 사실들을 공허하게 떠벌이는 수많은 워십송 worship songs들은 또 어떤가. 이 노래들을 시편과 비교해 보라. 성령의 인도를 받아 시편을 쓴 경건한 이들은 자신이 사랑하는 엄위하신 하나님에 대해 하고 싶은 말을 하고 또 해도 다 고백하지 못했다.

한번은 패커가 마틴 로이드 존스 설교에서 가장 인상적인 특징이라고 생각되는 부분을 내게 이야기해 주었다. "그는 하나님을 설교단으로 모셔 오지." 오늘날 하나님을 설교단으로 모셔 오는 설교자가 과연 얼마나 되는가? 하나님의 백성들은 이사야의 하나님을 알고 있는가?

그런즉 너희가 하나님을 누구와 같다 하겠으며
무슨 형상을 그에게 비기겠느냐.

우상은 장인이 부어 만들었고
장색이 금으로 입혔고
또 은사슬을 만든 것이니라.
궁핍한 자는 거제를 드릴 때에
썩지 아니하는 나무를 택하고
지혜로운 장인을 구하여
우상을 만들어 흔들리지 아니하도록 세우느니라.

너희가 알지 못하였느냐. 너희가 듣지 못하였느냐.
태초부터 너희에게 전하지 아니하였느냐.
땅의 기초가 창조될 때부터 너희가 깨닫지 못하였느냐.
그는 땅 위 궁창에 앉으시나니
땅에 사는 사람들은 메뚜기 같으니라.
그가 하늘을 차일같이 펴셨으며
거주할 천막같이 치셨고
귀인들을 폐하시며
세상의 사사들을 헛되게 하시나니. _사 40:18-23

다른 어디에서 하나님에 관한 이런 표현들을 보겠는가?
    우리가 정말 십자가에서 죽으시고 부활하신 그리스도를 설교하고자 한다면, 그런 설교에는 반드시 하나님을 장엄하게 묘사하는 표현들이 동반되어야 할 것이다. 그리스도의 위격과 사역은 우리의 상상 이상으로 크신 하나님을 입증한다. 달리 말해 빈약한 신론은 빈약한 그리스도 이해로 이어지고, 빈약한 그리스도 이해는 빈약한 신론으로 이어진다.

하나님을 아는 것이 우리에게는 큰 유익이다. "신선한 기쁨이 그분의 얼굴에서 계속 솟아나온다"고 토머스 왓슨은 힘주어 말한다. "그분은 영화롭게 된 영혼들이 수백만 년 후에도 첫 순간 못지않게 소망하는 분이다."[2]

하나님만이 이생과 내생에서 영원히 만족을 주실 수 있다. 하나님은 선하심과 지식과 지혜와 복되심이 무한하신 분으로 우리와 마주하신다. 그러므로 영원히(언제까지나) 새롭게 자기 자신을 우리에게 베풀어 주실 수 있다.

누구든 이생에서 성령의 능력으로 그리스도와 연합한 사람은 내세에서도 여전히 그 신분을 유지하는 특권을 지니며, 그때 우리는 하나님을 추구하며 점점 더 큰 복을 영원히 누리게 될 것이다. 아우구스티누스의 탄식은 실로 얼마나 옳고도 놀라운가! "하나님을 모르는 자들은 얼마나 어리석은가! 눈앞에 좋은 것들을 그렇게 많이 두고도 하나님이 어떤 분이신지 보지 못하도다."[3]

아멘.

주

서문

1. Thomas Watson, *Body of Divinity* (Edinburgh: Banner of Truth, 1970), 194.
2. Watson, *Body of Divinity*, 194.
3. Jonathan Edwards, "God Glorified in the Work of Redemption, by the Greatness of Man's Dependence upon Him, in the Whole of It (1731)," in *The Sermons of Jonathan Edwards: A Reader*, ed. Wilson H. Kimnach, Kenneth P. Minkema, and Douglas A. Sweeney (New Haven, CT: Yale University Press, 1999), 74-75. (『구속 사역을 통해 영광 받으시는 하나님』 부흥과개혁사)

들어가는 말

1. James Henley Thornwell, *The Collected Writings of James Henley Thornwell*, ed. John B. Adger (Richmond, VA: Presbyterian Committee of Publication, 1871), 1:107.
2. Charles H. Spurgeon, "The Immutability of God," in *The New Park Street Pulpit* (Pasadena, TX: Pilgrim Publications, 1975), 1:1.
3. Anselm of Canterbury, *Proslogion, in Anselm of Canterbury: The Major Works*, ed. Brian Davies and G. R. Evans, Oxford World's Classics (New York: Oxford University Press, 1998), 87. (『모놀로기온 프로슬로기온』 아카넷)
4. Thomas Goodwin, *A Discourse of the Glory of the Gospel, in The Works of Thomas Goodwin* (Edinburgh: James Nichol, 1862), 4:267.

01 } 하나님은 삼위일체시다

1. Gregory of Nazianzus, Oration 40: *On Holy Baptism, in Nicene and Post-Nicene Fathers*, 2nd series, ed. Philip Schaff and Henry Wace (New York: Christian Literature, 1893), 7:375.
2. John Owen, *A Brief Declaration and Vindication of the Doctrine of the Trinity*, in *The Works of John Owen*, vol. 2, *Communion with God*, ed. William H. Goold (1862; repr., Edinburgh: Banner of Truth, 1965), 378.
3. Owen, *Vindication of the Trinity*, in *Works*, 2:379.
4. Owen, *Vindication of the Trinity*, in *Works*, 2:379.
5. Owen, *Vindication of the Trinity*, in *Works*, 2:379.
6. Francis Cheynell, *The Divine Triunity of the Father, Son, and Holy Spirit* (London: T. R. and E. M. for S. Gellibrand, 1650), 42.
7. Thomas Goodwin, *The Objects and Acts of Justifying Faith*, in *The Works of Thomas Goodwin* (Edinburgh: James Nichol, 1864), 8:378-79. (『믿음의 본질 1, 2』 부흥과개혁사)
8. Owen, *Of Communion with God the Father, Son, and Holy Ghost*, in *Works*, 2:33-34. (『교제』 복 있는 사람)
9. 같은 책, 2:32.
10. 같은 책, 2:262.

02 } 하나님은 단순하시다

1. Augustine, *On the Trinity* 6.4.6, in *The Fathers of the Church*, vol. 45, *Saint Augustine: The Trinity*, trans. Stephen McKenna (Washington, DC: Catholic University of America Press, 1963), 205. (『삼위일체론』 분도출판사)
2. Irenaeus, *Against Heresies* 2.13.3, in *The Ante-Nicene Fathers*, vol. 1, *The Apostolic Fathers: Justin Martyr, Irenaeus* (New York: Charles Scribner's Sons, 1903), 374.
3. Stephen Charnock, *The Existence and Attributes of God*, in *The Works of Stephen Charnock* (1864; repr., Edinburgh: Banner of Truth, 2010), 2:124. (『하나님의 존재와 속성 1, 2』 부흥과개혁사)
4. Thomas Boston, *An Illustration of the Doctrines of the Christian Religion, with Respect to Faith and Practice*, in *The Whole Works of the Late Reverend Thomas Boston of Ettrick* (Aberdeen: George and Robert King, 1848), 1:158.
5. 이 문장은 Joel R. Beeke and Mark Jones, *A Puritan Theology: Doctrine for Life* (Grand

Rapids, MI: Reformation Heritage Books), 72에서 가져옴. Reformation Heritage Books의 허락 아래 인용함. (『청교도 신학의 모든 것』 부흥과개혁사)

6. Thomas Goodwin, *Of Christ the Mediator*, in *The Works of Thomas Goodwin* (Edinburgh: James Nichol, 1863), 5:16.

7. A. W. Tozer, *The Attributes of God: A Journey into the Father's Heart* (Camp Hill, PA: Christian Publications, 1997), 71. (『GOD 하나님』 규장)

8. Jonathan Edwards, "Christian Graces Concatenated Together," sermon 12 of *Charity and Its Fruits*, in *The Works of Jonathan Edwards*, vol. 8, *Ethical Writings*, ed. Paul Ramsey (New Haven, CT: Yale University Press), 328, 330.

03 } 하나님은 영이시다

1. "Immortal, Invisible, God Only Wise," by Walter C. Smith, first published in *Hymns of Christ and the Christian Life* (1867).

04 } 하나님은 무한하시다

1. Stephen Charnock, *The Existence and Attributes of God*, in *The Works of Stephen Charnock* (1864; repr., Edinburgh: Banner of Truth, 2010), 1:279. (『하나님의 존재와 속성 1, 2』 부흥과개혁사)

2. Maximus the Confessor, *In Epistula Dionysii* 1, in Patrologia Graeca, ed. J.-P. Migne (Paris, 1857-1886), 4:529A.

3. John Flavel, *The Works of John Flavel* (1820; repr., Edinburgh: Banner of Truth, 1997), 3:147.

4. Herman Bavinck, *Reformed Dogmatics*, vol. 2, *God and Creation*, ed. John Bolt, trans. John Vriend (Grand Rapids, MI: Baker Academic, 2004), 160. (『개혁교의학 1-4』 부흥과개혁사)

5. Thomas Goodwin, *Of Christ the Mediator*, in *The Works of Thomas Goodwin* (Edinburgh: James Nichol, 1863), 5:104.

6. Goodwin, *Of Christ the Mediator*, in *Works*, 5:119.

7. 질문이 매우 복잡한 데다가 이 장의 목표를 넘어서므로 Dolf te Velde, ed., *Synopsis Purioris Theologiae, Synopsis of a Purer Theology: Latin Text and English Translation*, vol. 1, *Disputations 1-23*, trans. Riemer A. Faber, Latin text ed. Rein Ferwerda (Leiden: Brill, 2014), 215를 보라.

8. Francis Turretin, *Institutes of Elenctic Theology*, ed. James T. Dennison Jr., trans. George Musgrave Giger (Phillipsburg, NJ: P&R, 1997), 2:328. (『변증신학 강요』 부흥과개혁사)
9. Goodwin, *Of Christ the Mediator*, in Works, 5:119.
10. Goodwin, *A Discourse of the Glory of the Gospel*, in Works, 4:267.
11. Matthew Mead, *The Almost Christian Discovered; or, the False Professor Tried and Cast* (London: William Baynes and Son, 1825), 241.

05 } 하나님은 영원하시다

1. Stephen Charnock, *The Existence and Attributes of God*, in *The Works of Stephen Charnock* (1864; repr., Edinburgh: Banner of Truth, 2010), 1:368.
2. Louis Berkhof, *Summary of Christian Doctrine* (Tigard, OR: Monergism Books, 2011), Kindle edition, chap. 6. (『기독교 교리 요약』 소망사)
3. Charnock, *Existence and Attributes of God*, in Works, 1:349. (『하나님의 존재와 속성 1, 2』 부흥과개혁사)
4. Anselm, *Monologion and Proslogion, with the Replies of Gaunilo and Anselm*, trans. Thomas Williams (Indianapolis: Hackett, 1996), 106. (『모놀로기온 프로슬로기온』 아카넷)
5. 이 단락은 Mark Jones, "Hell's Horrors vs. Heaven's Happiness (Updated)"에 실린 글을 각색했다. 마크 존스의 이 글은 Alliance of Coffessing Evangelicals와의 공동 작업으로 *reformation21* (blog), May 4, 2015. http://www.reformation21.org/blog/2015/05/hells-horrors-vs-heavens-happi.php에 처음 게재되었다.
6. Thomas Goodwin, *Two Discourses* (London: J. D. for Jonathan Robinson, 1693), 195.

06 } 하나님은 불변하시다

1. Herman Bavinck, *Reformed Dogmatics*, vol. 2, *God and Creation*, ed. John Bolt, trans. John Vriend (Grand Rapids, MI: Baker Academic, 2004), 156. (『개혁교의학 1-4』 부흥과개혁사)
2. Thomas Vincent, *A Family Instructional Guide* (1980; repr., Simpsonville, SC: Christian Classics Foundation, 1996), Logos ebook, 28.
3. Stephen Charnock, *The Existence and Attributes of God*, in *The Works of Stephen Charnock* (1864; repr., Edinburgh: Banner of Truth, 2010), 1:401. (『하나님의 존재와 속성 1,2』 부흥과개혁사)
4. 같은 책, 1:401.

5. Bavinck, *Reformed Dogmatics*, 2:143.

07 } 하나님은 독립적이시다

1. Herman Bavinck, *Reformed Dogmatics*, vol. 2, *God and Creation*, ed. John Bolt, trans. John Vriend (Grand Rapids, MI: Baker Academic, 2004), 152. (『개혁교의학 1-4』 부흥과개혁사)
2. Anselm of Canterbury, *Proslogion*, in *Anselm of Canterbury: The Major Works*, ed. Brian Davies and G. R. Evans, Oxford World's Classics (New York: Oxford University Press, 1998), 17. (『모놀로기온 프로슬로기온』 아카넷)

08 } 하나님은 편재하신다

1. Edward Leigh, *A Treatise of Divinity: Consisting of Three Bookes* (London: E. Griffin for William Lee, 1647), 2:36.
2. Stephen Charnock, *The Existence and Attributes of God*, in *The Works of Stephen Charnock* (1864; repr., Edinburgh: Banner of Truth, 2010), 1:423. (『하나님의 존재와 속성 1,2』 부흥과개혁사)
3. 같은 책, 1:424.
4. 같은 책, 1:423.
5. Herman Bavinck, *Reformed Dogmatics*, vol. 2, *God and Creation*, ed. John Bolt, trans. John Vriend (Grand Rapids, MI: Baker Academic, 2004), 169. (『개혁교의학 1-4』 부흥과개혁사)
6. John Murray, *Principles of Conduct: Aspects of Biblical Ethics* (Grand Rapids, MI: Eerdmans, 1971), 236.

09 } 하나님은 전지하시다

1. Stephen Charnock, *The Existence and Attributes of God*, in *The Works of Stephen Charnock* (1864; repr., Edinburgh: Banner of Truth, 2010), 1:466-67. (『하나님의 존재와 속성 1,2』 부흥과개혁사)
2. Herman Bavinck, *Reformed Dogmatics*, vol. 2, *God and Creation*, ed. John Bolt, trans. John Vriend (Grand Rapids, MI: Baker Academic, 2004), 196. (『개혁교의학 1-4』 부흥과개혁사)

3. Greg Boyd, "Molinism and Open Theism, Part 2," Re|Knew (blog), May 2014, http://reknew.org/2014/05/molinism-and-open-theism-part-ii/.
4. Gregory A. Boyd, *God of the Possible: A Biblical Introduction to the Open View of God* (Grand Rapids, MI: Baker, 2000), 58.

10 } 하나님은 전능하시다

1. Stephen Charnock, *The Existence and Attributes of God*, in *The Works of Stephen Charnock* (1864; repr., Edinburgh: Banner of Truth, 2010), 2:106. (『하나님의 존재와 속성 1, 2』 부흥과개혁사)
2. 이 구별을 문제 삼을 때, 유명론 신학에서는 절대 권능을 언제든 작동 가능한 권능으로 대하는 경향이 있는 반면, 초기 스콜라 사상에서는 이 권능을 그저 개념적이고 가설적인 관념으로 생각했으며, 하나님의 권능을 그 권능이 실제 해내는 일과 무조건 동일시하는 것을 막으려면 이 관념이 필요하다고 여겼다.

12 } 하나님은 복되시다

1. Benedict Pictet, *Theologia Christiana Benedicti Picteti* (London: R. Baynes, 1820), 2.4.7. 필자가 번역.
2. Edward Leigh, *A Treatise of Divinity: Consisting of Three Bookes* (London: E. Griffin for William Lee, 1647), 2:200.
3. John Owen, *Meditations and Discourses on the Glory of Christ*, in *The Works of John Owen*, vol. 1, *The Glory of Christ*, ed. William H. Goold (1862; repr., Edinburgh: Banner of Truth, 1965), 325. (『그리스도의 영광』 지평서원)
4. 같은 책, 1:368.
5. C. H. Spurgeon, "The Parable of the Lost Sheep," in *The Metropolitan Tabernacle Pulpit* (Pasadena, CA: Pilgrim Publications, 1973), 30:525-26.
6. Owen, *Meditations*, in *Works*, 1:414.
7. George Swinnock, *The Blessed and Boundless God*, Puritan Treasures for Today (1672; repr., Grand Rapids, MI: Reformation Heritage Books, 2014), 167.

13 } 하나님은 영화로우시다

1. Thomas Watson, *A Body of Practical Divinity* (London: Thomas Parkurst, 1692), 1.

2. Thomas Goodwin, *The Knowledge of God the Father, and His Son Jesus Christ*, in *The Works of Thomas Goodwin* (Edinburgh: James Nichol, 1862), 4:455.

3. Thomas Goodwin, *An Exposition of the Second Chapter of the Epistle to the Ephesians*, in *Works*, 2:118.

4. John Arrowsmith, *Theanthrōpos, or, God-man: Being an Exposition upon the First Eighteen Verses of the First Chapter of the Gospel according to St. John* (London: Humphrey Moseley and William Wilson, 1660), 236.

5. Thomas Goodwin, *The Heart of Christ in Heaven towards Sinners on Earth* (London: R. Dawlman, 1642), 98.

6. John Owen, *Meditations and Discourses on the Glory of Christ*, in *The Works of John Owen*, vol. 1, *The Glory of Christ*, ed. William H. Goold (1862; repr., Edinburgh: Banner of Truth, 1965), 366. (『그리스도의 영광』 지평서원)

7. John Piper, *Let the Nations Be Glad!: The Supremacy of God in Missions*, 3rd ed. (Grand Rapids, MI: Baker Academic, 2010), 50. (『열방을 향해 가라』 좋은씨앗)

14 } 하나님은 엄위하시다

1. Stephen Charnock, *The Existence and Attributes of God*, in *The Works of Stephen Charnock* (1864; repr., Edinburgh: Banner of Truth, 2010), 2:408. (『하나님의 존재와 속성 1, 2』 부흥과개혁사)

2. John Calvin, *Institutes of the Christian Religion*, ed. John T. McNeill, trans. Ford Lewis Battles, Library of Christian Classics (Philadelphia: Westminster, 1960), 1.2.3. (『기독교 강요 상·중·하』 CH북스)

3. Anselm of Canterbury, *Proslogion*, in *Anselm of Canterbury: The Major Works*, ed. Brian Davies and G. R. Evans, Oxford World's Classics (New York: Oxford University Press, 1998), 17. (『모놀로기온 프로슬로기온』 아카넷)

15 } 하나님은 주권자시다

1. Francis Turretin, *Institutes of Elenctic Theology*, ed. James T. Dennison Jr., trans. George Musgrave Giger (Phillipsburg, NJ: P&R, 1997), 1:219. (『변증신학 강요』 부흥과개혁사)

2. William Ames, *The Marrow of Theology*, trans. and ed. John D. Eusden (1968; repr., Grand Rapids, MI: Baker, 1997), 1.6.1, 2; 1.9.3, 6, 14, 15, 19, 21을 보라.

3. William Pemble, "A Treatise of the Providence of God," in *The Workes of that*

Learned Minister of Gods Holy Word, Mr. William Pemble (London: Tho. Cotes for E. F., 1635), 271.
4. John Owen, *A Display of Arminianism*, in *The Works of John Owen*, vol. 10, *The Death of Christ*, ed. William H. Goold (1862; repr., Edinburgh: Banner of Truth, 1965), 31.
5. Dolf te Velde, ed., *Synopsis Purioris Theologiae, Synopsis of a Purer Theology: Latin Text and English Translation*, vol. 1, *Disputations 1-23*, trans. Riemer A. Faber, Latin text ed. Rein Ferwerda (Leiden: Brill, 2014), 263.
6. Obadiah Sedgwick, *Providence Handled Practically*, ed. Joel R. Beeke and Kelly Van Wyck (Grand Rapids, MI: Reformation Heritage Books, 2007), 9.
7. Velde, *Synopsis Purioris Theologiae*, 279.
8. 이 단락 일부는 마크 존스의 "A Strangled Baby and a Gold Cup"을 각색한 것으로, Alliance of Confessing Evangelicals와의 협동 작업으로 2014년 8월 22일 reformation21 (blog)에 처음으로 발표되었다. http://www.reformation21.org/blog/2014/08/a-strangled-baby-a-gold-cup.php.
9. Willem J. van Asselt, Michael D. Bell, Gert van den Brink, Rein Ferwerda, eds., *Scholastic Discourse: Johannes Maccovius (1588-1644) on Theological and Philosophical Distinctions and Rules* (Apeldoorn: Instituut voor Reformatieonderzoek, 2009), 173에 인용됨.

16 } 하나님은 사랑이시다

1. J. I. Packer, *Knowing God* (Downers Grove, IL: InterVarsity Press, 1973), 117. (『하나님을 아는 지식』 IVP)
2. Augustine, quoted in John Calvin, *Institutes of the Christian Religion*, ed. John T. McNeill, trans. Ford Lewis Battles, Library of Christian Classics (Philadelphia: Westminster, 1960), 2.16.4에 인용됨. (『기독교 강요 상·중·하』 CH북스)
3. William Bates, *The Harmony of the Divine Attributes in the Contrivance and Accomplishment of Man's Redemption* (1853; repr., Birmingham, AL: Solid Ground Christian Books, 2010), 152.
4. Bates, *Harmony of the Divine Attributes*, 153.
5. Bates, *Harmony of the Divine Attributes*, 153.
6. John Love, *Discourses on Select Passages of the Scripture* (Edinburgh: Andrew Jack, 1829), 23.

17 } 하나님은 선하시다

1. Herman Bavinck, *Reformed Dogmatics*, vol. 2, *God and Creation*, ed. John Bolt, trans. John Vriend (Grand Rapids, MI: Baker Academic, 2004), 210. (『개혁교의학 1-4』 부흥과개혁사)
2. Stephen Charnock, *The Existence and Attributes of God*, in *The Works of Stephen Charnock* (1864; repr., Edinburgh: Banner of Truth, 2010), 2:285. (『하나님의 존재와 속성 1, 2』 부흥과개혁사)
3. 같은 책, 2:290.
4. 같은 책, 2:290.
5. 같은 책, 2:315-16.
6. 같은 책, 2:318.
7. 같은 책, 2:319.
8. 이 단락은 마크 존스의 "More Goodness Shown to Us Than to Christ"를 각색한 것으로, Alliance of Confessing Evangelicals와의 협동 작업으로 2016년 1월 11일 reformation21 (blog)에 처음 발표되었다. http://www.reformation21.org/blog/2016/01/god-loved-us-more-than-his-son.php.
9. John Owen, *The Death of Death in the Death of Christ*, in *The Works of John Owen*, vol. 10, *The Death of Christ*, ed. William H. Goold (1862; repr., Edinburgh: Banner of Truth, 1965), 285.
10. Charnock, *Existence and Attributes of God*, in *Works*, 2:322.
11. Charnock, *Existence and Attributes of God*, in *Works*, 2:322-23.
12. Benedict Pictet, *Theologia Christiana Benedicti Picteti* (London: R. Baynes, 1820), 318-19. 필자가 번역.

18 } 하나님은 오래 참으신다

1. Edward Leigh, *Treatise of Divinity: Consisting of Three Bookes* (London: E. Griffin for William Lee, 1647), 2:99.
2. Stephen Charnock, *The Existence and Attributes of God*, in *The Works of Stephen Charnock* (1864; repr., Edinburgh: Banner of Truth, 2010), 2:504. (『하나님의 존재와 속성 1, 2』 부흥과개혁사)
3. 같은 책, 2:506.
4. 같은 책, 2:518-19.

5. Leigh, *Treatise of Divinity*, 2:186.
6. Charnock, *Existence and Attributes of God*, in *Works*, 2:528.
7. Charnock, *Existence and Attributes of God*, in *Works*, 2:544.
8. Charnock, *Existence and Attributes of God*, in *Works*, 2:544.

19 } 하나님은 자비로우시다

1. Thomas Goodwin, *An Exposition of the First Chapter of the Epistle to the Ephesians*, in *The Works of Thomas Goodwin* (Edinburgh: James Nichol, 1861), 1:144.
2. Thomas Watson, *Body of Divinity* (Edinburgh: Banner of Truth, 1974), 93.
3. Francis Turretin, *Institutes of Elenctic Theology*, ed. James T. Dennison Jr., trans. George Musgrave Giger (Phillipsburg, NJ: P&R, 1992), 1:12-13.
4. Thomas Brooks, *A Cabinet of Jewels*, in *The Works of Thomas Brooks*, ed. Alexander Balloch Grosart (Edinburgh: James Nichol, 1866), 3:272.
5. Thomas Goodwin, *A Discourse of the Glory of the Gospel*, in *Works*, 4:270.
6. John Owen, *An Exposition of the Epistle to the Hebrews*, ed. William H. Goold (1862; repr., Edinburgh: Banner of Truth, 1991), 3:469.
7. Owen, *Exposition of Hebrews*, 3:470.
8. Owen, *Exposition of Hebrews*, 3:485.
9. Watson, *Body of Divinity*, 99.
10. Thomas Watson, *The Beatitudes* (1660; repr., London: Banner of Truth, 1971), 151.

20 } 하나님은 지혜로우시다

1. Edward Leigh, *Treatise of Divinity: Consisting of Three Bookes* (London: E. Griffin for William Lee, 1647), 2:65.
2. John Calvin, *Institutes of the Christian Religion*, ed. John T. McNeill, trans. Ford Lewis Battles, Library of Christian Classics (Philadelphia: Westminster, 1960), 1.5.2. (『기독교 강요 상·중·하』 CH북스)
3. 이 단락 일부는 Joel R. Beeke and Mark Jones, *A Puritan Theology: Doctrine for Life* (Grand Rapids, MI: Reformation Heritage Books), 72-73을 각색했다. Reformation Heritage Books의 허락 아래 사용. (『청교도 신학의 모든 것』 부흥과개혁사)
4. John Owen, *Meditations and Discourses on the Glory of Christ*, in *The Works of John Owen*, vol. 1, *The Glory of Christ*, ed. William H. Goold (1862; repr., Edinburgh:

Banner of Truth, 1965), 300. (『그리스도의 영광』 지평서원)
5. John Owen, *An Exposition of the Epistle to the Hebrews*, ed. William H. Goold (1862; repr., Edinburgh: Banner of Truth, 1991), 3:30.
6. Owen, *Exposition of Hebrews*, 3:31.
7. Stephen Charnock, *The Existence and Attributes of God*, in *The Works of Stephen Charnock* (1864; repr., Edinburgh: Banner of Truth, 2010), 2:51. (『하나님의 존재와 속성 1, 2』 부흥과개혁사)
8. 같은 책, 2:51.
9. Thomas Ridgley, *A Body of Divinity: . . . Being the Substance of Several Lectures on the Assembly's Larger Catechism* (New York: Robert Carter and Brothers, 1855), 73.

21 } 하나님은 거룩하시다

1. Edward Leigh, *Treatise of Divinity: Consisting of Three Bookes* (London: E. Griffin for William Lee, 1647), 2:189.
2. Stephen Charnock, *The Existence and Attributes of God*, in *The Works of Stephen Charnock* (1864; repr., Edinburgh: Banner of Truth, 2010), 2:194. (『하나님의 존재와 속성 1, 2』 부흥과개혁사)
3. 같은 책, 2:194.
4. Leigh, *Treatise of Divinity*, 2:188.
5. Thomas Watson, *Body of Divinity* (Edinburgh: Banner of Truth, 1974), 83.
6. Charnock, *Existence and Attributes of God*, in *Works*, 2:192.
7. Charnock, *Existence and Attributes of God*, in *Works*, 2:197.
8. Charnock, *Existence and Attributes of God*, in *Works*, 2:198.
9. Charnock, *Existence and Attributes of God*, in *Works*, 2:198.
10. 이 단락 일부는 Joel R. Beeke and Mark Jones, *A Puritan Theology: Doctrine for Life* (Grand Rapids, MI: Reformation Heritage Books), 76-77을 각색했다. Reformation Heritage Books의 허락 아래 사용. (『청교도 신학의 모든 것』 부흥과개혁사)
11. Charnock, *Existence and Attributes of God*, in *Works*, 2:211.
12. Charnock, *Existence and Attributes of God*, in *Works*, 2:211.
13. Charnock, *Existence and Attributes of God*, in *Works*, 2:211.
14. John Owen, *A Discourse concerning the Holy Spirit*, in *The Works of John Owen*, vol. 3, *The Holy Spirit*, ed. William H. Goold (1862; repr., Edinburgh: Banner of Truth, 1965), 570.

15. Owen, *Discourse concerning the Holy Spirit*, in *Works*, 3:571.
16. Herman Bavinck, *Reformed Dogmatics*, vol. 4, *Holy Spirit, Church, and New Creation*, ed. John Bolt, trans. John Vriend (Grand Rapids, MI: Baker Academic, 2008), 248. (『개혁교의학 1-4』 부흥과개혁사)
17. 같은 책, 4:249.

22 } 하나님은 신실하시다

1. Thomas Goodwin, *Of Christ the Mediator*, in *The Works of Thomas Goodwin* (Edinburgh: James Nichol, 1861), 5:7.
2. Goodwin, *Of Christ the Mediator*, in *Works*, 5:28.
3. John Owen, *An Exposition of the Epistle to the Hebrews*, ed. William H. Goold (1862; repr., Edinburgh: Banner of Truth, 1991), 3:486.

23 } 하나님은 은혜로우시다

1. Edward Leigh, *Treatise of Divinity: Consisting of Three Bookes* (London: E. Griffin for William Lee, 1647), 2:175.
2. John Owen, *A Discourse concerning the Holy Spirit*, in *The Works of John Owen*, vol. 3, *The Holy Spirit*, ed. William H. Goold (1862; repr., Edinburgh: Banner of Truth, 1965), 168–69.
3. Thomas Goodwin, *The Work of the Holy Ghost in Our Salvation*, in *The Works of Thomas Goodwin* (Edinburgh: James Nichol, 1863), 6:54.
4. Goodwin, *The Work of the Holy Ghost in Our Salvation*, in *Works*, 6:55.
5. Francis Roberts, *The Mysterie and Marrow of the Bible: viz. God's Covenants with Man. . . .* (London: R. W. for George Calvert, 1657), 105.
6. 이 단락은 Mark Jones, "Can Humans Merit before God? (2 of 2)"를 각색한 것으로, Alliance of Confessing Evangelicals와의 협동 작업으로 2015년 4월 21일 reformation21 (blog)에 처음 발표되었다. http://www.reformation21.org/blog/2015/04/can-humans-merit-before-god-2.php.
7. Owen, *Discourse concerning the Holy Spirit*, in *Works*, 3:168–69.
8. Herman Bavinck, *Reformed Dogmatics*, vol. 3, *Sin and Salvation in Christ*, ed. John Bolt, trans. John Vriend (Grand Rapids, MI: Baker Academic, 2006), 292. (『개혁교의학 1-4』 부흥과개혁사)

9. C. H. Spurgeon, "A Testimony to Free and Sovereign Grace," in *The Complete Works of C. H. Spurgeon*, vol. 33 (Harrington, DE: Delmarva, 2013), sermon no. 1953.

24 } 하나님은 공의로우시다

1. Edward Leigh, *Treatise of Divinity: Consisting of Three Bookes* (London: E. Griffin for William Lee, 1647), 2:181-82.
2. Francis Turretin, *Institutes of Elenctic Theology*, ed. James T. Dennison Jr., trans. George Musgrave Giger (Phillipsburg, NJ: P&R, 1997), 1:239. (『변증신학 강요』 부흥과개혁사)
3. 같은 책, 1:239.
4. Patrick Gillespie, *The Ark of the Covenant Opened: Or, A Treatise of the Covenant of Redemption between God and Christ as the Foundation of the Covenant of Grace* (London: Tho. Parkhurst, 1677), 40.
5. Thomas Watson, *Body of Divinity* (Edinburgh: Banner of Truth, 1974), 90에 인용됨.
6. Watson, *Body of Divinity*, 90.
7. Watson, *Body of Divinity*, 92.

25 } 하나님은 진노하신다

1. William Ames, *The Marrow of Theology*, trans. and ed. John D. Eusden (1968; repr., Grand Rapids, MI: Baker, 1997), 87. (『신학의 정수』 CH북스)
2. Herman Bavinck, *Reformed Dogmatics*, vol. 2, *God and Creation*, ed. John Bolt, trans. John Vriend (Grand Rapids, MI: Baker Academic, 2004), 222-23. (『개혁교의학 1-4』 부흥과개혁사)
3. 같은 책, 2:223.
4. Thomas Goodwin, *A Discourse on the Glory of the Gospel*, in *The Works of Thomas Goodwin* (Edinburgh: James Nichol, 1862), 4:269.

26 } 하나님은 신인동형론적이시다

1. Richard A. Muller, *Post-Reformation Reformed Dogmatics: The Rise and Development of Reformed Orthodoxy, ca. 1520 to ca. 1725*, vol. 3, *The Divine Essence and Attributes* (Grand Rapids, MI: Baker Academic, 2003), 553. (『종교 개혁 후 개혁주의 교의학』 이레서원)

2. 같은 책, 3:553.
3. John Owen, *On the Death of Christ*, in *The Works of John Owen*, vol. 10, *The Death of Christ*, ed. William H. Goold (1862; repr., Edinburgh: Banner of Truth, 1965), 451.
4. Muller, *Post-Reformation Reformed Dogmatics*, 3:558에 인용됨.
5. Herman Bavinck, *Reformed Dogmatics*, vol. 1, *Prolegomena*, ed. John Bolt, trans. John Vriend (Grand Rapids, MI: Baker Academic, 2003), 99. (『개혁교의학 1-4』 부흥과개혁사)
6. 같은 책, 1:100.
7. John Owen, *Meditations and Discourses on the Glory of Christ*, in *Works*, vol. 1, *The Glory of Christ*, 350. (『그리스도의 영광』 지평서원)
8. 같은 책, 1:350.
9. Gregory of Nazianzus, Epistle 101.7.32, in St. Gregory of Nazianzus, *On God and Christ: The Five Theological Orations and Two Letters to Cledonius*, trans. Lionel Wickham, Popular Patristics Series 23 (Crestwood, NY: St. Vladimir's Seminary Press, 2002), 155.

맺는말

1. Augustine, *The Confessions*, trans. Maria Boulding, ed. John E. Rotelle, pt. 1, vol. 1 of *The Works of Saint Augustine* (Hyde Park, NY: New City Press, 1990), 4.4.; 선한용 옮김, 『성 어거스틴의 고백록』(서울: 대한기독교서회, 2003), p. 48.
2. Thomas Watson, *Body of Divinity* (Edinburgh: Banner of Truth, 1974), 23.
3. Augustine, *Confessions*, 8.2. Italics original.

찾아보기

ㄱ

거룩함 49, 208, 218-227
격정 172, 268-270
결과를 발생시키는 거룩함 221
겸손 244
경건함과 두려움 156
고난과 하나님의 공의 253-254
고백자 막시무스(Maximus the Confessor) 16, 62
"고유한 본질 특유의"(essence-appropriate) 용어 32, 52, 65
"고유한 위격 특유의" 용어 32, 52, 65
공간성 99
공의 246-256
    공의와 거룩함 248
    공의와 그리스도의 죽음 251
교만 244-245
구속 174, 186, 276-279
    구속은 하나님의 지혜를 보여 준다 215
구속 언약 231-233
굿윈, 토머스(Goodwin, Thomas) 27, 37-38

구속 언약에 관하여 231
그리스도의 가치에 관하여 64-65
그리스도의 영광에 관하여 144
그리스도의 죽음에 관하여 250
그리스도의 희생에 관하여 68-69
에덴동산에서의 아담에 관하여 239-240
지옥에 관하여 80-81
하나님의 자비에 관하여 200, 206
하나님의 진노에 관하여 263
권능 119-121, 149-152
    옳은 목적을 위해 행동할 수 있는 권능 212
    절대 권능과 질서적 권능 121-125
그리스도와의 연합 70, 103, 284
그리스도의 마음 217
그리스도의 신부로서의 교회 144-146
긍정의 방식 53
기업의 백성 180
길레스피, 패트릭(Gillespie, Patrick) 253
끊이지 않는 시간 77

ㄴ

"나는 스스로 있는 자" 128
나지안주스의 그레고리우스(Gregorius of Nazianzus) 30-31, 276

ㄷ

다윗의 죄 261
대제사장 207
더비, 스티븐(Duby, Stephen) 26
도덕적 권능 151
돌절, 제임스(Dolezal, James) 26

ㄹ

러더포드, 새뮤얼(Rutherford, Samuel), 그리스도의 죽음에 관하여 250
러브, 존(Love, John) 178
로버츠, 프랜시스(Roberts, Francis), 은혜에 관하여 240
로이드 존스 마틴(Lloyd-Jones, Martyn) 282
리, 에드워드(Leigh, Edward)
　하나님의 거룩하심에 관하여 218-220
　하나님의 공의에 관하여 247-248
　하나님의 오래 참으심에 관하여 192-193, 195-197
　하나님의 지식과 지혜에 관하여 212
　하나님의 편재성에 관하여 99-100
　하나님의 행복에 관하여 134-135

ㅁ

머리, 존(Murray, John) 105

멀러, 리처드(Muller, Richard) 269-270
목회 기도 282
몰리나, 루이스 데(Molina, Luis de) 111-112
몰리니즘(Molinism) 112-113
몸과 영혼 59, 278-279
무한대성 99-100
물리적 권능 151
미드, 매튜(Mead, Matthew) 70

ㅂ

바르트, 칼(Barth, Karl) 11
바리새인 117
바빙크, 헤르만(Bavinck, Herman)
　그리스도의 인성에 관하여 242-243
　그리스도의 임재에 관하여 102
　성경의 신인동형론에 관하여 273-274
　하나님의 거룩함에 관하여 226-227
　하나님의 무한성에 관하여 62-63
　하나님의 불변성에 관하여 82-83, 88-89
　하나님의 자존성에 관하여 91-92
　하나님의 전지성에 관하여 109-110
　하나님의 진노에 관하여 259-260
벌코프, 루이스(Berkhof, Louis) 74
베이츠, 윌리엄(Bates, William) 177
변화하는 존재로서의 인간 87-88
보나벤투라(Bonaventura) 77
보상이 있는 공의 248-249
보스턴, 토머스(Boston, Thomas) 47
보응하는 공의 248-249
보이드, 그렉(Boyd, Greg) 112-113
복됨 133-140
복음과 하나님의 오래 참으심 195-196
본원적 거룩함 220

본질적 영광 143, 146
볼튼, 새뮤얼(Bolton, Samuel) 196
부가된 영광 145
부가된 은사 239
부부 사이의 성실함 235
부정의 방식 53
브래드워딘, 토머스(Bradwardine, Thomas) 168
브룩스, 토머스(Brooks, Thomas) 205
빈센트, 토머스(Vincent, Thomas) 84

ㅅ ─────────────────

사랑
  기쁨 혹은 호의의 사랑 174
  은혜의 사랑 174
  이웃에 대한 사랑 180-181
  자비의 사랑 174
  하나님께 대한 사랑 178-181
삼위일체 30-41
  성삼위 간의 사랑 172
새 계명 180
선견(prescience) 108
선의의 은혜 240
선택 174
선하심 43-46, 182-191, 253-254
선행 189-191
설교 188
섭리 161-163, 183
  섭리와 고난 166-170
  섭리와 지혜 213-214
성령
  성결의 영이신 성령 225-226
  성령과의 교제 40

성령의 신성 31
성령의 연속적 임재 103-104
에덴동산에서 아담과 함께하신 성령 240
진리의 영이신 성령 58
성령의 열매 49-50
성부
  성부와의 교제 39
  성부의 신성 31
  성자를 낳으심 65
  성자에 대한 사랑 175-176
  성자에게 진노를 쏟아 부으심 186-189
  성자와의 관계 94-96
성육신 35, 95, 115, 207, 215-216
성자 '예수 그리스도'를 보라.
  성부의 사랑의 특별한 대상 175
  성부의 진노가 성자에게 쏟아 부어졌다 186-188
  성자는 하나님의 속성을 보여 준다 253
  성자와의 교제 39-40
  성자의 신성 31
  성자의 영원한 발생 95
  종으로서의 성자 95
  중보자로서의 성자 216
  하나님의 지혜로서의 성자 214-216
성찬, 여호와의 선하심을 맛보기 189
성화 198
  성화와 거룩함 226-227
세례 때 이름이 불림 132
세즈윅, 오바댜(Sedgewick, Obadiah), 섭리에 관하여 163
소치니파(Socinians) 239
속성의 교류 66-67
속죄 66-68

손웰, 제임스 헨리(Thornwell, James Henley) 22
『순수신학개요』(Synopsis of a Purer Theology, 1625) 163-164
  공의로서의 거룩함 247-248
  그리스도인에게는 선택 사항이 아닌 거룩함 224-226
  아름다움으로서의 거룩함 221
스위녹, 조지(Swinnock, George) 139
스펄전, 찰스(Spurgeon, Charles) 23-24
  그리스도의 기쁨에 관하여 137-138
  하나님의 은혜에 관하여 244
시간 73-80
시련과 환난 때의 신실함 235
신실함 228-236
신인(神人) 39, 67, 95, 102, 131, 143, 147, 157, 216, 251, 274-275
신인동감론 258
신인동형론, 성경에서 85, 273-276
신인동형론자 55
신인동형론적인 성경 273-276
신적 정서 268-270
신현(theophanies) 55
실천적 무신론 105
심판이 지연됨 193
십자가와 하나님의 거룩하심 224

ㅇ

아담
  상급을 위한 순종 185
  아담의 죄 264
  에덴동산에서 은혜를 받다 239
아르미니우스, 야코부스(Arminius, Jacobus) 112
아름다움 278-279
  아름다움과 거룩함 221
아벨라르(Abelard) 24
아우구스티누스(Augustinus) 11, 24, 102, 277, 280-282, 284
  하나님의 공의에 관하여 253
  하나님의 사랑에 관하여 175-177
  하나님의 속성과 본질에 관하여 43
  악과 하나님의 진노 270
안셀무스(Anselmus) 16, 24-25
  하나님의 공의에 관하여 251
  하나님의 엄위에 관하여 157
  하나님의 영원성에 관하여 75
  하나님의 자존성에 관하여 92
암브로시우스(Ambrosius) 209, 277
애로스미스, 존(Arrowsmith, John) 144
야훼 126-132
언약에 충실함 127-129, 229-232
언약적 임재 101-102
엄위 148-158
에드워즈, 조나단(Edwards, Jonathan) 18, 51
에임스, 윌리엄(Ames, William) 258
열린 신론(open theism) 112-113
영광 141-147
영생 76-77, 232-233
영원성 72-74
영원한 형벌 260
예배 17, 58-60
예수 그리스도 '신인'을 보라.
  대제사장이신 예수 207, 234
  복합적 존재로서의 예수 그리스도 143
  불변하시는 분으로서의 예수 그리스도 86-87, 132

성자 예수 그리스도의 진노 261-263
신인동형론적인 분으로서의 예수 그리
  스도 274-276
야훼로서의 예수 그리스도 129-131
예수 그리스도가 당하신 수욕 157, 180-
  181, 277-278
예수 그리스도께서 받은 시험 123
예수 그리스도는 하나님을 계시한다 16-
  18, 24, 35-37
예수 그리스도의 거룩함 222-225
예수 그리스도의 기쁨 140
예수 그리스도의 높아지심 115, 153, 278
예수 그리스도의 복됨 136-138
예수 그리스도의 신성 144
예수 그리스도의 신실하심 233-234
예수 그리스도의 아름다움 277-278
예수 그리스도의 엄위 153-157
예수 그리스도의 연약함과 능력 123
예수 그리스도의 영광 143-146, 153
예수 그리스도의 인성 35-36, 144
예수 그리스도의 임재 102-104
예수 그리스도의 죽음 65-69; 예수 그리
  스도의 죽음의 필요성 250-253; 예수
  그리스도의 죽음은 하나님의 오래 참으
  심을 나타낸다 195-198; 예수 그리스
  도의 죽음은 하나님의 단순성을 나타낸
  다 46-48
예수 그리스도의 지식 113-116
예수 그리스도의 치유 사역 208
은혜 안에서 자라가신 예수 그리스도
  241-243
하나님께서 예비하신 자비로서의 예수
  그리스도 204-208
예정 162, 174

예지 108, 110-113
"옛적부터 항상 계신 이" 73
오리게네스(Origenes) 277
오웬, 존(Owen, John) 11
  그리스도의 신실하심에 관하여 233-234
  그리스도의 인성에 관하여 243
  그리스도의 자비에 관하여 208
  그리스도의 죽음의 필요성에 관하여
    250-251
  삼위일체에 관하여 32-34
  섭리에 관하여 162
  성육신에 관하여 275
  성자에게 임한 성부의 진노에 관하여
    187-188
  성자의 지혜에 관하여 214
  아담의 죄에 관하여 239-240
  하나님과의 교제에 관하여 38-41
  하나님의 거룩하심에 관하여 224
  하나님의 복됨에 관하여 135
  하나님의 불변성에 관하여 271-272
  하나님의 자비에 관하여 207-208
왓슨, 토머스(Watson, Thomas) 17
  하나님을 아는 것에 관하여 283
  하나님의 거룩함에 관하여 220-221
  하나님의 공의에 관하여 253, 255-256
  하나님의 영광에 관하여 141
  하나님의 자비에 관하여 202, 209
외적 사역 182
욥, 하나님의 엄위와 관련하여 149-151
워십송 282
원초적 거룩함 220
「웨스트민스터 신앙고백서」
  삼위일체에 관하여 35
  선하고 필연적인 결과에 관하여 34

선행에 관하여 190
속성의 교류에 관하여 66
하나님에 관하여 54
하나님의 무감함에 관하여 268
하나님의 부성적인 노(怒)에 관하여 260-261
웨이넌디, 토머스(Weinandy, Thomas) 26
위격적 영광 143, 146
육체와 성령 49
은혜 238-245, 253
은혜 언약 195, 240
의로운 분노 262
인내 192-199
인류의 번성 197
일반적 자비 203-204
일신론 30
일정한 목표를 이루기 위해 정해진 기도 124
임마누엘 102

중간 지식(middle knowledge) 112
중보자의 영광 145, 147
지배권 149-153
지식과 지혜 212
지옥 77-81, 260
지혜 211-217, 254
질서적 권능(ordained power) 121-125

ㅊ ────────────

"차고 넘치는" 은혜 240-241
차녹, 스티븐(Charnock, Stephen) 25
 하나님의 거룩하심에 관하여 218-221
 하나님의 권능에 관하여 120, 152
 하나님의 무한성에 관하여 61-62
 하나님의 선하심에 관하여 184
 하나님의 영원성에 관하여 72-73
 하나님의 오래 참으심에 관하여 193-194, 196-197, 199
 하나님의 전지성에 관하여 109
 하나님의 진노에 관하여 187-188
 하나님의 편재성에 관하여 100-101
창조 135, 182-183, 212-213
창조주-피조물 관계 249
천국 78-80
천사들 46, 87, 194
체이넬, 프랜시스(Cheynell, Francis) 34
초월적 거룩함 221
출애굽 180
충만하게 존재하심 99-101

ㅋ ────────────

ㅈ ────────────

자비 200-210, 254
자연신학 47
자존성(aseity) '하나님의 독립성'을 보라.
자충족성 96-97
작정 162, 230
적응 86, 273
절대 권능 121-124
제한적으로 존재 100
존재론적 불변성 83
죄 사함과 그리스도의 속죄 250
죄, 하나님께서 불쾌히 여기시는 주 대상 221
주권(lordship) 151

칼뱅, 장(Calvin, Jean) 16, 26

창조에 관하여 213
하나님의 사랑에 관하여 176-177
하나님의 엄위에 관하여 156-157
크리소스토무스(Chrysostomus) 277
클레르보의 베르나르(Bernard of Clairvaux) 209

ㅌ

테르툴리아누스(Tertullianus) 277
토마스 아퀴나스(Thomas Aquinas) 24
토저, A. W.(Tozer, A. W.) 48
투레티누스, 프란키스쿠스(Turretinus, Franciscus) 66
　그리스도의 죽음에 관하여 251-252
　하나님의 뜻에 관하여 160
　하나님의 자비에 관하여 203-204
트위스, 윌리엄(Twisse, William) 250
특별한 자비 203-204

ㅍ

파이퍼, 존(Piper, John) 146
판단 116-118
판단하는 태도 117-118
패커, J. I.(Packer, J. I.) 26, 171, 282
펨블, 윌리엄(Pemble, William) 162
플라벨, 존(Flavel, John) 62
피녹, 클라크(Pinnock, Clark) 112
픽테, 베네딕트(Pictet, Benedict)
　복되신 분으로서의 하나님에 관하여 134
　선행에 관하여 190
　하나님의 후회에 관하여 272

ㅎ

하나님
　그리스도 안에 계시된 하나님 16-17, 56-57
　복되신 하나님 133-140
　불변하시는 분으로서의 하나님 82-89
　성삼위로서의 하나님 30-41
　알려지시고 알려지지 않으신 하나님 21-23
　야훼로서의 하나님 126-132
　영이신 하나님 52-60
　영화로우신 하나님 141-147
　완전히 실현된 가능성으로서의 하나님 64
　우리의 연약함을 향해 몸을 굽히시는 하나님 55, 70, 274
　은혜로우신 분으로서의 하나님 237-245
　참되신 하나님 228
　하나님께서 악을 허용하심 165
　하나님의 거룩함 218-227
　하나님의 공의 246-256
　하나님의 단순성 42-51, 193
　하나님의 독립성 90-97
　하나님의 무감함 194, 257, 268, 271
　하나님의 무한성 61-71, 108
　하나님의 본질 52
　하나님의 불가해성 64
　하나님의 불변성 73, 82-85, 128, 257, 268
　하나님의 사랑 88, 171-181
　하나님의 선함 182-191, 202, 254
　하나님의 신실하심 201, 228-236
　하나님의 엄위 148-158

하나님의 영원성 62-64, 72-81, 82-84,
197
하나님의 은혜 253
하나님의 인내 192-199
하나님의 자비에 드러난 하나님의 영광
203
하나님의 자존 127-128
하나님의 적응 85, 273
하나님의 전지성 74, 107-118
하나님의 주권 159-170
하나님의 지배권 150-153
하나님의 지혜 108, 211-217, 254
하나님의 진노 257-266, 269-272
하나님의 충족성 92-97
하나님의 편재성 62, 98-106
하나님의 한탄/후회 268, 272
하나님과의 교제 37-41
하나님에 대한 두려움 105, 149-150,
265-266
하나님에게도 있는 것으로 간주하는 감정
들 257-258, 268-270
하나님을 봄 54-57
하나님을 앎 21-24, 57, 70
하나님의 뜻 159-162
  하나님의 단일한 뜻 32
  하나님의 뜻과 악 165-166
  하나님의 뜻의 단순성 160
  하나님의 뜻의 독립성 160
  하나님의 외적인 뜻 258
하나님의 목적상의 수단과 목표 166
하나님의 불가해한 실재를 현시함 22
하나님의 불변성에서 비롯되는 확신 84
하나님의 속성 25-26
  다른 속성들을 설명하다 82

하나님의 속성의 완전성 64
하나님의 속성의 일관성 43
하나님의 속성의 일관성 43-44
하나님의 이름 126-132
하나님의 정서 171, 258, 268-269
하나님의 진노 257-266
하나님의 질서적 권능에 의해 사용된 인간
적 도구 125
하나님의 형상과 거룩함 223
한정적으로 존재 99
행위 언약 230, 240
헴, 폴(Helm, Paul) 26
홍수 259
후회 85
  엄밀한 의미에서의 후회와 상대적 의미
  에서의 후회 86
흔들리지 않는 사랑 88, 230